编译曲直

苏福忠 著

商务印书馆
The Commercial Press

2014年·北京

图书在版编目(CIP)数据

编译曲直/苏福忠著.—北京:商务印书馆,2014
ISBN 978-7-100-07516-9

Ⅰ.①编… Ⅱ.①苏… Ⅲ.①编辑工作—研究
②翻译—研究 Ⅳ.①G232②H059

中国版本图书馆 CIP 数据核字(2010)第 236156 号

所有权利保留。
未经许可,不得以任何方式使用。

BIĀN YÌ QŪ ZHÍ
编 译 曲 直
苏福忠 著

商 务 印 书 馆 出 版
(北京王府井大街36号 邮政编码 100710)
商 务 印 书 馆 发 行
北京瑞古冠中印刷厂印刷
ISBN 978-7-100-07516-9

| 2014年8月第1版 | 开本 850×1168 1/32 |
| 2014年8月北京第1次印刷 | 印张 10⅙ |

定价:28.00元

序　　言

没想到写第一本关于翻译的书,就更想不到写第二本关于翻译的书。第一本书写出来了,便有了写第二本书的可能性。因此,要说几句第二本书,还需从第一本书的出版说起。

拙著《译事余墨》出版后三个多月,我收到的第一封来信,是深圳大学的一位英语老师;他说了一些好听话,我听了自然舒服。过去我的一些翻译作品赢得过一些好听话,但是我不敢当真,因为我不敢确定到底是原著好,还是我的译文说得过去。翻译毕竟不同于原创,因此我听了好听话,也没有真正的舒服感觉。大约七八个月后,我的朋友从香港写信来,信中夹了三页豆腐块文章,是从香港报纸上剪下来的,三篇小文章差不多全是抄写了《译事余墨》中的一些文字。朋友说,那是一个在香港有些名气的专栏作家所为。这些都让我高兴,因为小书走了那么远的路,还服水土,而且还有一国两制的水土,至少证明它有些价值。

这样的反馈,又证明我的朋友和同事,对拙著的赞同,不是虚应故事。这让我更受用。

不过,让我最由衷感动的,是一位至今也不认识的读者,在《译事余墨》出版一年后,劝我接着再写一本关于英汉翻译的书,理由是我在小书的《序言》中,有这样一些话:"到萌生写这个小册子时,我手头不过百余张翻译例句,但它们是从几百张卡片里精选出来的……所以,我认为入选的几十个例子,是很有代表性的。"他或她认为百余张卡片上,至少有二百多个例子,只选出几十个例子,不管有怎样的代表性,其余的不能与读者见面都很可惜,因为有说服力的例子不是信手拈来的。我估计,这位读者是一位老师,很可能有翻译课的阅历。不错,以认真的态度,找到可在课堂上讲解的例子,确实不容易。他或她这样的分析和劝说都很厉害,因为我的每张卡片上,至少写了两个例子,没有选用的例子不是没有代表性,是在小书的语境里代表性不够。因此用在书中的例子"是很有代表性的"说法,当然和我所写的内容有关系,不是泛指。实际上,所剩的例子基本上都是更有难度的翻译句子,它们的"是非曲直"分析和评论起来有难度,分析到通俗易懂的水准,更难。所以,尽管感动,我还是没有再写一本专著的念头。尽管英语热带动了翻译活动,但是更深层次的翻译讲解,我以为,有兴趣的读者还是有限的。

但是,出于习惯,在编辑工作中,见到了有价值的翻译例子,作为写文章的材料,还在不断积累。一些错译误译和翻译出彩的例子,琢磨起来很有意思,就随时随地记下来,然后录入电脑。不知是电脑带来的方便,还是阅历多了更容易发现译稿中的好与坏,这两三年中,竟然又积累下来几十个翻译例子。写文章也用点儿,但是发表困难,也显零散,没有集中起来的优势。正巧,一个做外文编辑工作的年轻编辑从上海来京出差,在一个会上我们认识了,说要请我吃饭。我说,尽管是初次见面,要请也只能我做东,等到上海去,她来做东。我以为是说着玩,中午了她还没有走,我只好做东了。这样的事情，在我的经历中并不多见，因为我不是一个特别喜欢进餐馆的人。然而，事实证明，这次请客太值得了。等我们吃起来，她才说拙著《译事余墨》她是一口气看完的，尽管根本没有消化，但她还是劝我再写一本。她的理由是，《译事余墨》是从翻译的角度写作的，而我做了几十年编辑工作，应该从编辑的角度写一本。她还说，她英语不够好，到老也好不到哪里去了，可她真的是想借鉴一些经验，编辑出更好的译本。

她的话一定有谦虚的成分，但是却让我有恍然大悟之感。是啊，说起编辑工作，那不是一切都是现成的吗？编辑工作伊始，我赶上了二十世纪八十年代出版业最正常最辉煌的时期，接着是改革开放对出版业的冲击和救赎，然后是出版业的迷惘和混乱……大形势讲不好，但是从个人的经历和感受说事，还是有话可说的。果然，角度有了，重新审视那些积攒下来的例子，分析和点评起来顺利多了。于是，先把所有的例子进行分析和点评，勉强的例子统统淘汰，历时三个多月，这项工作就做完了。然后，进行分类的工作比较困难，因为这涉及一本书的雏形。反反复复却兴致勃勃，这个阶段进行了六个多月。最后是一个增与减的阶段，比较痛苦；增来费劲，减去心疼。好在我一生奉行减法，痛苦中倒也下得了手，这个阶段延续了不足三个月。这样，前后算起来，一年左右，相对第一本书，用时短得多，有点儿出乎意料。当然，如果算上长期积累的那部分例子，这本小书还可以说是几十年编辑和翻译工作的沉淀，说它数十年磨一剑也不过分。

主要内容，从"目录"上一目了然，这里不赘述。为了分析和点评的方便，书中分别用了"不挑不行"、"名著欣赏"、"译文点评"、

"一点通"、"以理纠错"、"五十岁点评"、"老黄的点拨"和"老黄的范文"等叫法,主要是应了每章、每节和各单位所涉及的内容的需要,当然也有取悦读者的意思。毕竟,这样的写作容易枯燥无味。

书名不好确定,为了和第一本呼应,取了"编译曲直"四个字。编,指编辑工作;译,指翻译工作。这两项工作做好都不容易,错误和闪失都难免,会走弯路,但是只要态度认真,终会越做越好,把弯路走成直道。

第一本书《译事余墨》出版后,我的一些老同事、老前辈和年轻朋友,提出了很多不足,挑出了许多错误;尤其绿原先生和屠岸先生,一个写了述评,一个写了长信;我的大学老师谷启楠给我写了一份纠错表,专门用信寄给我。尽管那些舛误让我脸红,但是我却非常高兴,因为一本书出版了最可怕的是不见动静,不听声响。知道了错误,才有改正的机会。因此,衷心希望这本小书,同样受到他们的关注。

当然,广大的读者永远是书籍产生和存在的最正当的理由。

苏福忠

于太玉园二人居

2014 年 3 月

目 录

第一章 编辑这个职业 …………………………………… 1
  第一节 小引 ………………………………………… 1
  第二节 代人捉笔 …………………………………… 1
  第三节 代人修辞 …………………………………… 5
  第四节 编辑的使命 ………………………………… 7
  第五节 当好一个编辑的料 ………………………… 9
  第六节 编辑与文稿 ………………………………… 11
  第七节 编辑与选题 ………………………………… 16
  第八节 编辑与书 …………………………………… 20
  第九节 小结 ………………………………………… 25

第二章 编辑和作者译者的关系 ………………………… 26
  第一节 小引 ………………………………………… 26
  第二节 从历史个例窥视关系实质 ………………… 27
  第三节 尊重别人才能尊重自己 …………………… 31
  第四节 培养编辑的鉴别能力 ……………………… 41
  第五节 守住职业行规 ……………………………… 46
  第六节 小结 ………………………………………… 53

第三章　外文编辑这个职业 …… 54
- 第一节　小引 …… 54
- 第二节　逻辑混乱 …… 62
- 第三节　语法困扰 …… 67
- 第四节　熟语滥用 …… 72
- 第五节　增减无度 …… 77
- 第六节　不求精当 …… 82
- 第七节　脑力不达 …… 88
- 第八节　小结 …… 92

第四章　从事英语工作的终身老师 …… 93
- 第一节　小引 …… 93
- 第二节　好词典重视基础 …… 95
- 第三节　好词典的吸收和提炼 …… 99
- 第四节　好词典的特色必须鲜明 …… 102
- 第五节　词典的老师作用 …… 107
- 第六节　小结 …… 118

第五章　翻译作品的淘汰和沉淀 …… 119
- 第一节　小引 …… 119
- 第二节　经典小说开头有讲究 …… 124
- 第三节　写行为却处处连着心迹 …… 128
- 第四节　委婉传神的写作 …… 132
- 第五节　人物行为举止的连贯性 …… 137

第六节　小结 …………………………………………… 143

第六章　名著名译的标准和弹性 ………………………… 144
　　第一节　小引 …………………………………………… 144
　　第二节　简单句子不可简单处理 ……………………… 149
　　第三节　短句子之间的联系不可忽视 ………………… 152
　　第四节　短句子内在组合的连贯性 …………………… 160
　　第五节　让译文成为文章 ……………………………… 164
　　第六节　小结 …………………………………………… 170

第七章　汉译英种种 ……………………………………… 171
　　第一节　小引 …………………………………………… 171
　　第二节　《围城》英译本的一些例子 ………………… 174
　　第三节　《洗澡》英译本的一些例子 ………………… 181
　　第四节　《古船》英译本的一个段落 ………………… 187
　　第五节　《红楼梦》两个译本的长短 ………………… 194
　　第六节　小结 …………………………………………… 218

第八章　说不清的诗歌翻译 ……………………………… 219
　　第一节　小引 …………………………………………… 219
　　第二节　翻译的概念是相通的 ………………………… 224
　　第三节　怎样的诗译更可取 …………………………… 227
　　第四节　诗歌翻译也必须以准确为上吗？ …………… 233
　　第六节　小结 …………………………………………… 239

第九章　翻译作品中常见的错误 …… 240
第一节　小引 …… 240
第二节　语法问题 …… 241
第三节　似是而非 …… 245
第四节　望文生义 …… 248
第五节　糊弄搪塞 …… 255
第六节　词义混淆 …… 262
第七节　不求甚解 …… 270
第八节　母语不精 …… 274
第九节　小结 …… 282

第十章　文字翻译的沉淀 …… 284
第一节　小引 …… 284
第二节　判断译文是非曲直并不容易 …… 286
第三节　核心词 …… 292
第四节　关键是语法 …… 297
第五节　老师的遗产 …… 311
第六节　小结 …… 313

第一章　编辑这个职业

第一节　小引

【编辑】——对资料或现成的作品进行整理、加工。

——摘自《现代汉语词典》①

【编辑】——An editor is a person who checks and corrects text before they are published.（译文：在文章出版之前对其进行检查和校订者为编辑。）

——摘自《柯林斯高阶英汉双解辞典》②

第二节　代人捉笔

二十世纪八十年代,我曾和我所在的人民文学出版社资深编辑龙世辉先生处了几年邻居。龙世辉的老伴儿是谢素台,我和她同在一个编辑室共事。她是托尔斯泰的名著《安娜·卡列尼娜》的译者之一,不过在出版社这种环境里,译者这个身份比较敏感,不

---

① 商务印书馆,2013年7月北京第480次印刷。
② 商务印书馆,2008年10月北京第1次印刷。

如编辑身份名正言顺。按当时的称呼习惯,我称她老谢;她平常有资格在家里办公,逢到每周的固定日子和开会的时候,她才到社里上班。平日里,我从社里给她带稿件和通知什么的,是常有的事儿。每次去给她送东西,总要和龙世辉先生聊一会儿天。那时候,我称他老龙。老龙很喜欢聊天,也很能说,我又是一个喜欢听别人谈天说地的人,老龙受到鼓舞,说得就更带劲些。老龙很民主,待小字辈很平等,如果他在喝酒,他会问我:

"来一杯?"

他喝白酒,可我死活喝不了白酒,便连连摇头。

如果他在喝茶,他又会问:

"泡一杯?"

他守着一个茶杯,我不能夺人所爱,便连连摆手。其实,我每次去,差不多是在晚饭后,而晚饭后我一般不喝茶;一个原因,是我毛病多,喝茶比较讲究;再一个原因,是我如果坐下和老龙聊天,就是想听他侃,喝什么都没有滋味。老龙很会奉承人,每次开口,都要说:

"咳,我们出版社的四楼可不是好上的。四楼都是大名人,我们三楼的人敢上去的没有几个!"

在老龙说这话的时候,我所在的出版社传统上的重大编辑室的所在位置确实如此。古典文学编辑室和外国文学编辑室都设在四楼。古典文学编辑室,不仅出书讲究,而且曾经很有学术地位,自然编辑地位不在话下。当初打右派,一共八九个有学问的人,就打了七个右派。外国文学编辑室呢,有名气的编辑不少,有真才实学的编辑更多;加之编辑出版的书都是莎士比亚、歌德、但丁、托尔斯泰、陀思妥耶夫斯基、巴尔扎克、雨果、狄更斯、萨克雷、哈代、马克·吐温、杰克·伦敦,等等,确实有点震慑力。在相当长的时间里,出版社也流传一句口头禅:绿叶衬托红花。"绿叶",指古典文学和外国文学;"红花",指中国当代人创作的书。所谓"衬托",主要是"绿叶"挣来的钱支持"红花"的编辑出版,或者说养活编辑出版"红花"的编辑和出版人员。

现在看来,这是一种空想。如果当时出版的古典文学和外国文学都是"绿叶",那么它们现在还是绿莹莹的,只是它们"衬托"的"红花",百分之百的都是主流意识形态支配下的政治通俗出版物,难有一本半本能够流传后世的。

当然,这是事后诸葛亮式的结论。当初操作的过程,却是煞有介事、甚至热火朝天的。主流意识的力量有多大?生产资料被垄断的力量有多大,它就有多大。只要你身置其中,没有侥幸逃脱的,而且你也不需要侥幸逃脱。就个体来说,大家恨不得都把自己包括进去。一个人没有了生产资料,什么尊严都不会有。所以,我和老龙谈起他做编辑的逸事,是很投入的。老龙说过四楼的名人逸事,十之八九要说三楼的事情,而三楼最著名的事件的主人公,就是老龙,龙世辉也。

五十年代,不管怎么样说,也属于百废待兴的时代。战乱终于结束了,人们重新寻找自己的职业;有不少南征北战的士兵和班长排长什么的,忘不了老家的老婆孩子热炕头,回家种地去了,很多年之后才明白过来,自己犯了一个终生的错误。当官的,官位越大越明白打江山吃江山这个道理,自然一定要寻找一个吃香喝辣的饭碗。最例外的,恐怕要算梦想当作家的一类。曲波就属于这一类。他把自己的一段丰富的战争经历,写了出来,投到出版社来了。按今天出版业的风气,他的稿子死定了,没有人会对一摞原始材料感兴趣。但是,那时候我们在空想非非,以为只要我们扶持"红花","红花"就会永远开下去。龙世辉接到这样的来稿,并没有怵头,是党交给的任务,要认真对待,全力投入。于是,把自己的文学功底全盘使出来,攒成章回小说,加了章回标题,这就是后来红了四分之一个世纪的《林海雪原》。这部作品是我在中学时代看的,后来看了电影,再后来让样板戏把眼睛和脑子都弄呆板了,印象深到反感,但听老龙活灵活现地谈及这样的趣闻逸事,我却又好像身置林海雪原之中了。

我不知道老龙给我讲的这些东西有多少属于虚构,有多少属于事实,但是,老龙说,因为他编辑加工这部小说,当时的社长王任叔,大笔一挥,给他加了两级工资。那时候,两级工资不是小数目,也不是一件小事情,没有充分的理由,就是再敢说了算的领导,也不敢这样办的。从这点上推论,老龙在《林海雪原》上的功劳,肯定有目共睹。

功劳归功劳,编者与作者建立这种关系,却不是开了一个好头。因为后来政治高压下发展的情况是,编辑不管怎么要作者改稿、编辑自己怎么改作者的稿子,都视为正常。随着政治上的紧箍咒越来越紧,这种专业上的修改转变成了政治上的修改,而且理所当然,编辑甚至可以直截了当地告诉作者应该在小说里增加什么情节,删去什么内容。至少在一九四九年到一九八〇年的近三十年间,编辑实际上充当了主流意识的工具。我所在的出版社老社长韦君宜,在她发表的不少文字里,都忏悔了这点。可惜,从那个时代走过来的绝大多数编辑,都只讲过五关斩六将,不讲自己曾经做过拙劣的政治工具。

这话不针对老龙,因为他帮助修改并出版的《林海雪原》,基本上是纯技术上的活儿,这部小说怎么也算得上一部引人入胜的通俗读物,相对说来有一定档次。但是,编辑和作者的这种关系并不正常,只应该算作新中国历史上的一个特殊现象。编辑和作者的正常关系,不应该是这样的,即代人捉笔。

第三节 代人修辞

我到出版社的初期,经常听到一个关于改稿子的故事。

著名作家孙犁的散文《荷花淀——白洋淀纪事之二》,也许是孙犁最广为人知的散文之一,在很长时间里一直是中学课本里的读物。在孙犁的笔下,抗日战争的腥风血雨被白洋淀的汪洋大水荡涤得淡淡的、寡寡的,如同穷苦人艰难的日子。日本鬼子来了,日子没法过下去了,村里的小伙子们要到白洋淀里打日本鬼子。男人们去了,女人留在村子里。"女人们到底有些藕断丝连"一句出现在这篇散文的中间部分,好像文章的男女主人公们被迫分离,一篇文章也随之"藕断丝连"了。这时候,编辑把手伸出来,将"藕断丝连"改成了"牵肠挂肚",好像要把文章连缀得更紧凑些。但是,作者说改不得,改不得,一改味道就全变了,快快改回来。编辑说,改得,改得,写女人心事,"牵肠挂肚"才是常规。作者说,常规不常规我不懂,我只知道这里只能用"藕断丝连"。据说,好像出版社方面都认为"牵肠挂肚"在这种语境里更合适,庇护了编辑。作者孙犁一贯为人温厚,生性散淡,但是这次他表示愤慨,上书了有关方面,要求出版社必须改回来。

我在中学的课本里读过这篇散文,后来在中国青年出版社出版的《白洋淀纪事》一书里读过这篇散文,记得都是"藕断丝连",想必是在这场笔墨官司之后。不过我当时从这个故事里听来的印象是:作家不好伺候。我说:那就别改人家的稿子了嘛。我被教导说:那不行,编辑不改稿子,还叫编辑吗?

这话是对的。编辑是一定要改动稿子的,尤其在没有电子文档之前,大部分稿子都是抄写过一遍的,仅仅抄写过程中出现的漏、错问题,编辑就必须负责修改过来,因为这是最后一道关。此后,一部稿子就要进入排版、校对和通读过程,而后面的所有操作程序,都要以编辑发的稿子为准绳。

但是,此"改"和彼"改"不是一回事儿。编辑的改动,是要把错误的改成正确的,而不是改换成另一种表达方法。作家不是神,笔下出错是常有的现象。编辑发现了错误,改正过来,理所当然。但是,作家就是作家,作家必须有创造性,而表达上的创新,也是一种。在这点上,编辑不仅应该尊重作家,更应该鼓励他们标新立异。当然,前提是苦练到一定水平的作家。其作品达不到出版水平的作家,不在此列。

还回到本节一开始的例子。不错,"牵肠挂肚"用在女人对丈夫的关心上,是很贴切,但是它给读者想象的可能性就要少得多了。作者用了"藕断丝连"来叙述青年男女分开,这样的表达的可能性则要大许多。人家过得好好的,突然就必须分开了,断开了,用"藕断"来形容,既新颖也贴切。两口子不得不断开,可是心思和感情还连着,像"丝连"一样,形象生动。另外,"藕断"还有"偶然断开"之意,暗含小伙子们突然离去,只是临时的,打完仗,很快就会回来。"丝连"则更有蕴意:见过藕断开的人都知道,那些丝不止一根,而是许多根,多不胜数。这种"丝连"是多极的、多线的、复杂的。再者,"丝连"还能谐音"思念"……

当然,聪明的读者,还能从"藕断丝连"中想象出更多的意味。可是,再聪明的读者,从"牵肠挂肚"的表达中,也只能体会出心里惦记这层意思,就算五脏六腑都在挂念,区别也只是程度上的不同,没有本质上的区别。

第四节　编辑的使命

以上两节,一说编辑"代人捉笔",一说编辑"代人修辞",实质上都是超出编辑职责范围的业务。严格说来,都是"越俎代庖"的作为。那么,编辑这个行当,主要干什么呢?我以为,编辑拿到一部已经认定符合出版条件的稿子,有这样几件事要做:

A. 改正错误。首先是改正错别字,这点毫不含糊。一个编辑如果在用词上分辨力很强,那就是一个很了不起的编辑了。汉字的历史很长,用词的演变很大,字和词的演变很深,白话文发展很快……这些因素都需要编辑不断提高自己,多和字典词典打交道。在使用工具书上,要手勤——多查不常见的字词和表达方式;在对待疑点难点上,要嘴勤——多向身边同事和有学问的人请教;在对待专业和技术上,要不怕麻烦——多请教专家,多翻阅专业书籍。

B. 改掉病句。这是一个最没有确定性的差事。书面文字来自口头语,而说话是很容易出现病句的。如果没有受过训练,一般人说话可以说句句都有毛病。这种现象反映在书面语里,就是病句。因为书面语在发展,在随着口语演变,过去的病句现在也许就不是病句了。因此,修改病句是一件不容易的事情。因为不容易,这也就成了一个编辑资历和修养的标志。

C. 正确使用标点。因为应试教育的种种弊端,为了提高分数而引导学生在条条框框里打转转,很少注重提高学生的应用能力,现在从事文字工作的人在应用标点方面的能力很低。"一逗到底"和"动辄句开"的现象都不算问题了,"一顿又顿再顿"的现象也睁只眼闭只眼了,因为乱用标点的现象越来越严重了。因此,编辑在编辑稿子时更正标点,倒是一个新兴的任务了。

D. 把关注释。严格说来,注释是作者写作的一部分,却又与知识量有密切关系。如果作者对某个知识区域不够熟悉,加注释出错,也不少见。所以,编辑在阅读注释时,应该有一种挑剔的目光。不能认为是作者的注释,尤其是有些名气的作者的注释,就放松警惕。一般说来,好编辑在注释领域要比一般作者有修养,因为看稿子多了会积累这方面的经验。

E. 润色文字。这是一个好编辑的最高使命。有句话说:文责自负。还有句话说:一字之师。这些话不仅包括内容,也应该包括文字质量。但是,一般作者正在全力以赴写作内容时,往往会忽略文字上的用功。如果编辑能在稿子的文字上进行加工,好上加好,那是功德无量的好事儿,对作者好,对读者更好。润色文字,不是改稿子,而是关键的地方施展自己增一字减一字的功夫。

我以为,一个编辑,如果能够做好如上五点,就是称职的编辑,好编辑,真正的高级编辑。

第五节　当一个好编辑的料

编辑领域,曾经流行一句话:为人做嫁衣裳。这话很病态。这话的根据,大概是因为某个作家在起始阶段,求助编辑多,编辑确实也帮扶了一些,甚至凭借自己的经历指点了一下。后来,这位作家出了成绩,甚至大红大紫了。人一阔,脸就变。编辑这下受不了,便哀叹说:为人做嫁衣裳了。其实,只要人家作家反击说:你写,我给你编辑。编辑一准傻眼,因为你就是个编辑的料。如果你的写作冲动搅得你睡不着觉,脑子里的人物活蹦乱跳,闹得你餐饮不香,你迟早会脱离编辑行当,从事写作的。写作的活儿,不是随便什么人都能从事的。别说顶级作家,就是比较像样的作家,也是有一定特质的人。编辑这差事却只是个差事,技术活儿,一份工作。一些从事编辑工作不久走上创作道路的人,最能说明这点。叶圣陶是一个成功的例子。美国当代著名作家约翰·厄普代克是一个成功的例子。古今中外,这样的例子很多。当然,还有作家写出一些作品后认识到自己成不了气候,最终在编辑行列找到位置,做到油灯耗尽。还有一些人,在编辑行当做了一辈子,熬到七老八十,禁不住媒体起哄,以为自己是老几了,说:做编辑时不能一心二用,退下来才从事自己喜欢的写作什么的。这自然是倚老卖老,因为年轻不再,说什么也只能证明自己老了……总之,编辑只是一种技术性很强的活儿,如同所有的技术活儿一样,有高下之分,做得越高,越证明你是一块编辑材料,不能说明你是作家的材料。如果要想往写作的行当多少靠一靠,你首先得付出持之以恒的努力,再看你有没有一点点天分。

不过,你要真正做一个好编辑,也是很高的要求,而且最终的结果也不会很差。好编辑的首要条件是热爱文字,对文字敏感,喜欢和文字打交道,对文字组成的所有东西都倍感亲切。其次是善于总结经验,积累经验,一点一滴扩大知识面,开拓视野,争取成为一个杂家。其三是学会整理稿件,比如,一堆日记或者信件交到了你手里,你要找出纲目,分门别类,该加注加注,该加按加按,该考证考证,最后做到出版水准。这三点修炼到了,一个好编辑基本上能胜任三种工作:一、编辑单本书驾轻就熟,小说、诗歌、散文、论文……不论什么体裁,都能把编辑工作做得干净利落,十分到位。二、胜任文学史的编辑工作:一个好编辑,一辈子能编辑一本中型文学史,就很有些资历了。三、胜任选集、文集和全集的编辑工作:一个高级编辑,一辈子能编辑一两部选集,"高级"二字当之无愧。

必须说明的是,这些工作都要亲自做,在一线做,而且错误量应该保持在万分之一以下。这个条件很重要,因为现在充当主编、总编的多不胜数,尤其当了头儿的,什么活儿都没干,什么丛书的主编、总编都要署名,脸皮很厚,品质很低,很屎。这类人,是不属编辑行当的。

这些资历都具备了,就是名副其实的好编辑了。真正能做到这样的好编辑,难道不是一块好编辑的料吗?这样的编辑,距离学者型编辑大概就不远了。

第六节　编辑与文稿

一辈子当编辑,说不准你会碰上什么稿子,更说不准会碰上什么文字。如果稿子的内容令人满意,那么稿子文字就是主要面对的东西了。文字是内容的载体,文字好了,内容也会增色不少。下面用几个具体的例子,从欧化句子(即超长句子)、失衡的句子和标点符号乱点等方面,谈一些有趣的表达现象。在平时的阅读中,发现有些大长句子委实有点儿吓人;它们不仅有欧化趋势,还有些怪模怪样,读来似懂非懂,而真要读懂,不读两三遍几乎很难完全弄清作者要说些什么。

> 乾隆时,三十多年中曾在浙江一带先后作过金山、武进知县、常州知府、苏松常镇太粮道、长洲、秀水、平湖、仁和、乌程、钱塘、海宁、嘉善、富阳知县、宁绍台兵备道、慈溪知县、海宁知州以及龙游、归安知县的师爷汪辉祖,该是回答我们这个问题的最佳人选。

显然,这个句子不是从讲解外国文学或文化的书中摘来的。用它作为第一个句子来剖析,是因为它讲的是地道的中国内容,但是文风却是非常欧化的例子,读着会觉得别扭和滑稽。乍读会觉得读到很多东西,但是按主谓语的结构去读,读到的不过是:"乾隆时,师爷汪辉祖,该是回答我们这个问题的最佳人选。"但是,如果把这个句子减缩成这个样子,作者肯定不答应。看得出,作者是想说明汪辉祖这个人的经历很丰富,可实际效果却很难达到。首先是这个句子的平衡被打乱了,主语部分太大;其次是"师爷汪辉祖"的定语太长,读着前边能把后边的忘了;再细看,定语部分的内容不仅乱,还省掉了"师爷"与"汪辉祖"之间很重要的"的"。因为这个"的"的省略,读着会误以为汪辉祖在那么多地方做过知县这类的官员,实际上此公一辈子只是个师爷。定语部分需要清理一下,至少把"知县"分在一栏,其他官名分成一栏,避免在一个定语里"知县"一词出现四次,"知州"一词出现两次;重复即啰唆,啰唆则是汉语的大忌。汉语一贯以简练为特色。文言文如此,现代汉语也应该如此。在主谓宾的结构里,主语从来是小头,好比老鼠拖木锨,人称代词作主语更当如此。文言文里的主语基本会省略掉。白话文受西方语言的影响,变化是应该的,但必须尊重汉语的基本特点,注意平衡、对称、简练。

以下再看一例更有毛病的句子:

母亲和妹妹没有认出他,他希望寻找适当机会和适当词汇说明,可是始终难以与她们建立真正的对话,最后他被没有怜悯和同情,心中只有仇恨和向往幸福的,并要为自己在世界上争得一席之地的妹妹,和具有铁石心肠,以开旅店杀人谋财,并日夜思念儿子的母亲亲手杀死。

典型的一"逗"到底的病句,读者如不连续读上三五遍,根本不知道句子的内容到底是什么。这个大长句子的前半部分基本是没有问题的,但是后半句读者需要剥离许多东西才看得见句子的主语——"妹妹"和"母亲"。造成这种混乱现象的不仅因为定语太长,还因为标点符号用得太差。如果作者利用顿号和适当的连词把"妹妹"和"母亲"前边的定语处理一下,至少这一部分可以让读者读起来轻松一点。不过,关键的问题还是主语前边的定语不能过长、过繁、过重。写作如吃饭,一口一口吃才有滋味,只管往嘴里猛塞,不仅毫无滋味,还会把人噎着了。

再看一例因为长而无当造成混乱的句子:

> 复活节那天,她和莎格穿着崭新的蓝花裤子,分别戴着玫瑰红、黄色的复活节大帽子,在开放着百合花、长寿花、水仙花、无名小黄花的田野上,和有着绿色姆瓦屋顶、绿色百叶窗的黄色楼房,万物翠绿的村镇间漫游。

这个句子倒不是一"逗"到底了,出现了几个顿号,可是句子没有因此更容易阅读,反而更难懂了。首先"分别"一词是把顿号两边的"玫瑰红"和"黄色"分开了,还是指每个人物"分别"带着玫瑰红和黄色相间的帽子,读者恐怕永远读不出来。其次是因为顿号和逗号的使用没有分出轻重,"万物翠绿"前边也应该用顿号,也许作者觉得"万物翠绿"和前边的几个名词和谓语"有着"不大和谐,使用了逗号,可逗号在这里显然使用不当。不过,这个句子的更大毛病是"在"这个方位词管辖的东西太多,中间不仅有众多的名字和形容词,还有多个顿号和一个逗号,造成了句子的混乱和含糊。毫无疑问,病句的总根源仍然是因为定语的使用不当。

从以上几个病句的分析看得出,现代汉语或说白话文的标点

符号的作用很重要,但是过分强调标点的作用或者滥用标点,文字的情况会更糟糕:

> 处女作《雷雨》,把周家和鲁家两代人错综复杂的感情纠葛和紧张激烈的矛盾冲突,全部集中到从上午到午夜的十几个小时、周家客厅和鲁家住宅的两个场景的有限时空之中来表现,使这个具有浓厚传统色彩的资产阶级家庭三十年来发生的各种故事:周朴园和蘩漪的对立,周朴园对鲁侍萍的"始乱终弃",蘩漪和周萍的乱伦之恋,周萍、周冲对四凤的追求……演变为一场具有深广社会和人性的内容的家庭悲剧,因此造成了惊心动魄的戏剧性效果和丰富深邃的思想蕴涵。

书名号、逗号、顿号、冒号、引号、省略号和句号,全用上了;如果再用一个破折号,汉语中的标点符号就用绝了,不过读者也吓跑了,因为读者是阅读文章的,不是来解方程式的,什么大括号小括号方括号圆括号往一起堆,弄出一个哥德巴赫让人猜想。句子的前半部分的主语"《雷雨》",使用了"把……集中……来表现"的谓语结构,六七十个汉字、一个逗号和一个顿号的填充物,又把后半部分用"使……故事……演变……"这样一个不可思议的谓语结构管辖起来,让主语"各种故事"和谓语"演变为"两者之间出现了三个逗号、一个引号、一个顿号和一个省略号。这样连分析起来都十分困难的句子,别说让读者阅读,就是让专家当作方程式来解也需要下些功夫。

这样冗长而复杂的句子像一个怪胎,是对汉语的异化。这些书里虽然有这样的异化句子,但整体质量当然是好的,这些书的作者都是大学的教授,学问做得很不错。他们有的是教中文的,有的是教外国文学的,他们为什么喜欢这样的大长句子,挺值得琢磨。句子长不是有学问的标志。不善用标点与滥用标点,也不是有学问的符号。现代汉语的书面语源自白话文小说,而白话文小说仍然继承了文言文的简洁特色。上述病句永远不可能在四部古典和三言二拍这样的经典白话文文学作品里出现。文言文的"雅"就是指文字的简洁,所以白话文应该向简洁而传神的方向发展。

值得一提的是作者着意在追杀白鲸之前写了埃哈伯对"疯孩子"比普的慈父般的关怀和《交响乐章》一章中对在家中守候着天际归帆的娇妻稚子的难以割舍的亲情。这感人肺腑的两笔恰好反衬出这个复仇狂的残人以逞的铁石心肠。

和前几个句子相比,这倒是两个合乎语法的句子。但是,第一个句子一共六十七个字,算上两个引号的话,多达七十一个字。句子长了,阅读起来必然费劲,"作者……写了……关怀和……亲情"这样的核心成分,不仔细看上三四遍并且用心分析一下句子,读者很难找得到这"两笔"。不是非要求读者寻找每个句子的核心成分,而是作者在第二个句子里提到了"这感人肺腑的两笔",读者不得不回过头来从第一个句子里寻找"两笔"在哪里,讲了些什么,怎么就没有看出来呢?显然,这样的表达是不成功的。如果内容不难懂,语言这个工具就必须表达清楚。不能让读者一目了然的句子,都是很要命的,算不上好文字。

实际上,仅仅加上几个标点符号,这句话就给人很不一样的效果,比如:

> 值得一提的是,作者着意在追杀白鲸之前,写了埃哈伯对"疯孩子"比普的慈父般的关怀,和《交响乐章》一章中对在家中守候着天际归帆的娇妻稚子的难以割舍的亲情。

这样标点过后,至少后面一句"这感人肺腑的两笔"是指什么,比较清楚了。读者回头琢磨这个句子的内容,不需要费那么大的劲了。当然,一些地方写得不够干净利落,增大了这个句子的含糊性,是主要问题。这是作者受欧化句子影响的结果。

小时候,每逢我一大堆话说不清楚又急于表达时,父母总会在一旁说:别急,一句一句说。上学了,遇到了好老师,总会在作文课上说:把事说明白。我想,不管你人长成多大,学问有了多少,"一句一句说"和"把事说明白",永远是衡量一个人表达能力的基本标准,自然也是编辑审稿与编稿的准则。

最后要特别强调的是,编辑文稿的基本法则,应该是减法而不是加法。文字要往简洁凝炼的水准编辑,内容要往简明扼要的水准编辑;尤其进入二校次和三校次的阶段,切忌别乱添文字,尽量减少改动,避免一处改动而引发多处舛误的结果。

第七节 编辑与选题

以上五节是纯粹谈论编辑工作。但是,编辑这个职业,还有另外两样与编辑密切相关的工作:其一是选题,其二是书。这一节专门说一说选题。从编辑工作传统上讲,一般编辑是不做选题的。是不是好编辑,是不是高级编辑(这只是当前体制下的一个级别),都和做选题以及选题做得好不好没有关系。编辑做得有了经验,对来稿的源头熟门熟路,对做选题有兴趣,能组织选题,这样的编辑可以成为资深编辑。这种人分两种:一种是对选题有兴趣、有想法,喜欢做出自己想出版的书,与读者分享。一旦出一部书赚了钱,而且钱越赚越多时,就进入了为了赚钱而出书的魔咒里。只要有读者买他的书,这似乎没有什么不对的。另一种是对书产生了兴趣,选题围绕着好书转,成为文化的积累者。这两种人都可以成为出版家,但不一定是好编辑。因为想做出版社必须有雄厚的资金和机遇,这世界能拥有自己出版社的人不多,因此在西方就分化成了发稿编辑和策划编辑。尽管都是编辑,但是,如果都在编辑这个行业混一辈子,结局很可能大不一样。这话的前提是出版自由。

我们这个出版体制是亟待改革的,因此编辑究竟怎样当,是不大容易说清楚的。至少是怪象多多,比如说:但凡是个头目,就能混个出版家,却一辈子做不出一本好书;但凡是个头目都是高级编辑,却不知道怎么把文字编辑漂亮;但凡是一个头目,虽然不知道选题怎么做,却能做丛书和文集的主编和主编。加上现在时兴资助出书,编辑可以从资助的款项里得到若干比例的奖励,一时间,好像每个编辑都能搞选题了。这当然是可怕的事情。想想看,一个从学校到出版社的编辑,他或她能搞出什么选题来?即便在出版社混了三五年,他或她对究竟应该搞什么选题,也还是无从下手啊。如果为了完成什么经济指标或者只想通过做书赚钱,那就更会把选题往邪门歪道上做了。中国号称每年出多少亿种图书,读书人的手里一年比一年没有好书可看,藏书人的书架上一年比一年没有好书可藏,正是这种荒唐的体制作祟的结果。

然而,这并不是说,想做个好编辑的人,在做选题上就无所作为了。如果被逼无奈,每年非要被迫提交选题,有一点是可行的,这点是什么呢?以培养读者为中心酝酿选题。培养读者,不是蒙哄读者。自打只有金钱在出版业说话算数以来,出了一些大哥大、大姐大之类的江湖编辑,号称自己有"点铁成金"的本领,因此被请来请去地做报告。真是荒唐体制自有荒唐的做法,连起码的判断力都搅乱了。试想一下,一部稿子属于铁的质量,一个编辑怎么能点成金呢?更别说是江湖编辑了。是像龙世辉先生一样,把一堆原始稿,翻来覆去地阅读和思考后重新写作呢,还是让作者重写一遍?显然,当今这个时代,即便是高素质的编辑,也不会做"代人捉笔"的事情了。至于江湖编辑,他或她连编辑的能力都没有,何谈"代人捉笔"?唯一能做的事情,就是在包装上下点工夫,利用媒体炒作,大炒特炒,此外,还能有别的招数不成?如果这就是"点铁成金",那就是不折不扣地蒙哄读者了。因为这样的"点铁成金"只是"点屎成粪"或者"点垃成圾"的忽悠说法。这是一种病入膏肓的时代病。

真心的、真正的培养读者的做法是什么呢?

这里我想借用高级餐馆里的一种食物加以说明。这种食物是这样制作的:

第一步,把腰果用油炸了,火候要恰到好处。

第二步,把芝麻用火焙过,火候要恰到好处。

第三步,把糖稀熬好。

第四步,把腰果在糖稀里蘸过,旋即倒入芝麻里裹匀。

第五步,把裹匀芝麻的腰果倒在操作台上尽快冷却,倒入器皿储藏。

给客人上正餐前,盛一小碟摆在餐桌上,供客人品尝。这道小吃,称为"餐引",能起到吊人胃口的作用。据称,有些餐馆把这道小吃做得恰到好处,让客人过口难忘,成为餐馆的鱼饵,从而吸引顾客。我有幸吃过这道小吃,脆、甜、香,每味都丝丝入微,堪称最佳食品之一。这道小吃的奥妙,就是好上加好。

编辑做选题,如果能学习这种制作食物的精神和方法,就是好编辑了。编辑这个职业,和别的任何职业都一样,首先要把编辑的基本业务做好,然后逐渐学会识别好选题,发现好选题,做出好选题,把选题做成书后,通过各种渠道,向读者推荐并认真观察读者的反馈。过去,推荐好书的方法就是自己读过或者编辑的书,推荐或者送给喜欢读书的人看。这样一传十十传百地扩大影响。现在推荐的方法多了,书展、书评、改编电影和电视剧,更有网络宣传。但是核心是:你推荐的书,一定要是好书,货真价实,首先自己喜欢,由己及人。当然,读者的胃口各种各样,但是只要是真正的好书,即使不符合某部分读者的胃口,相信读者也会认可,转而推荐给他认为合适、喜欢的读者看。这涉及两种属性:其一是优秀的人都能识别好东西;其二是书是可以传看的东西,不像苹果,你吃了别人就吃不上了。如果以这样的精神和工作态度做书,一个编辑一辈子可以培养许多读者,十个编辑便可培养大量读者,成千上万编辑便可培养无数个读者,一代接一代,生生不息,形成一个巨大的良性循环。

其实,在这个影视和网络使尽招数吸引观众眼球的时代,培养读者就是编辑的神圣使命。因此,一个好编辑的衡量标准,是看他一辈子能做多少重版书、常版书、经典书。一个好出版社的衡量标准,是看这个出版社能积累多少重版书、常版书和经典书。显然,这二者之间有着密不可分的关系。在中国这样一个"唯有读书高"的国度,做好书是可以赚钱的,也就是说,是可以得到读者回报的。

如果精神文明建设的说法成立的话,这是建设精神文明的唯一途径。

可惜,我们缺乏耐心、诚心、好心,在这个非常容易搅乱人心的时代,我们经常迫不及待地先把自己的心搅乱了。心乱了,选题还怎么做?

所以,优秀的、积德的编辑心里只要时刻想到读者,为读者做好选题,心乱也乱不到哪里去。

第八节　编辑与书

编辑和书是零距离,但是多数编辑对书未必有感觉。和任何一个职业一样,多数编辑是跟风而行,刮哪种风,就随哪种风走。比如,时兴哪种封面、装帧、版式、开本,他们就迫不及待地追捧哪种。为什么追捧?——利益。有趣的是,在图书领域,编辑冲着利益去,却未必能得到多少利益。社会上的利益再多,也从来都是要分配的。你只管跟风,以为跟风就能得到利益,但是被利益障眼后,不顾别人的利益,比如读者的利益,也许得到些许短期的利益后,便再也得不到利益了。好编辑,就是要渐渐对书产生感觉,把握图书的一些基本规律,把图书做得基本符合读者的利益,编辑自己的利益也就在其中了。毕竟,书也是一种商品。这也许是一个比较大的话题,这里只谈图书尺寸的大小问题,即图书的开本问题。

书,只有两种基本成分,一是内容,二是形式。内容永远是第一位的。常言道:作者译者是出版社的衣食父母,就是强调内容的重要性。内容确定之后,形式的重要性不可忽视,这也是常识。中国人强调"唯有读书高",传统上却对书的形式不大重视,很奇怪的现象。线装书好像是唯一一种形式。这与古代用竹子、丝绢等材质做书有关系,或许与汉字竖排的形式有关系,或许与文言文简短的词句有关系,或许与文人阅读习惯有关系(比如,把书卷起来)。总之,书的形式比较单一。不过,我总认为,这是中国文人对书的尊重不够的结果。两年前,我有幸在都柏林的三一学院图书馆参观了《凯尔斯之书》的展览,颇有感触。西方人做书,最早把文字写在羊皮上,用绳子装订,把书紧紧地绑缚在一起,书脊因此出了几道突出的绳脊,而封面只能配合绳脊做出来,给西方的图书奠定了基本样式。后来,文字印刷在了纸上,但是书的形式依然如故,都是坚固的硬壳儿书。西方人如此做书,是对书的尊重,也是相信文字不朽的一种观念。迟至二十世纪,平装书才在西方图书业大行其道,是西方传统书样的革命性变化,但是平装书的出现是为了迎合现代人读书方便,因为现代人出门旅游和经商多起来。尽管这样,首版书和经典书系仍然以传统精装为主体。

在相当长的时间内,西方的书,在开本上变化不大。一九一九年新文化运动以来,汉语图书逐步统一为横排形式,应该说是受了西方图书的影响。因此,汉语图书的开本变化也不大。这或许与印刷技术有关系,但是根本因素是与读者的阅读习惯基本吻合。读者的阅读习惯,既有视力方面的,也有心理方面的,视力方面与图书的形式关系更为密切,而心理方面的与图书的内容有关系。

首先,文字太小或者太大,都不符合视力的要求。字体大小适中,是读者选择的结果;或者可以说是读者、编者和出版者长期共谋的结果,因为编者和出版者首先也是读者。例如,绝大多数图书的汉字确立了五号字体,说明五号字体基本上符合读者的阅读习惯。其次,行距和字行的长短。字行太短,会导致读者频频换行,引起视力忙乱,导致对内容的领会的忙乱;字行太长,会导致读者看错行和阅读疲劳;行距太稀,会搅乱读者的阅读节奏以及轻视内容的心理变化;行距太密,会破坏读者的视力,从而导致乱行并失去阅读兴趣。最后,字样的选择,即字体的书法形式。在印刷字体没有出现之前,手写体是主要形式;手写体又以楷体为主。印刷体选择了宋体,而宋体横平竖直、点勾见峰、撇捺分明、横细竖粗,是楷体演化的结果,或者说是继承楷体的结果。有趣的是,西文的印刷体和汉字印刷体极其相像,例如英语的 Times New Roman,和汉字宋体的特点,如出一辙。

由此,我们的图书开本主要有下列四种基本规格:

大 32 开,850×1168 毫米,27×27=729 字。
小 32 开,787×1092 毫米,24×24=576 字。
诗开,787×960 毫米,24×22=528 字。

正16开，43×22×2栏＝1692字。

在相当时间内，甚至迟至二十世纪九十年代末，上述四种开本的图书占据了图书市场的主要份额；其中，大32开和小32开又是主体。大32开，27×27＝729字，行数和字数相等，七百余个字，仅从这样的统计数据上看，就非常令人信服，自然阅读起来非常舒服了；小32开，24×24＝576字，行数和字数相等，接近六百个字，阅读起来更为舒服。这个开本可能与纸张利用更有关系，开本整体看上去有点小气，读起来舒服而摆在书架上可能不够展样，因此没有大32开受欢迎，不过只要内容好，作为藏书还是很受欢迎的。这两种开本的书长期以来一直广受欢迎，说明既符合了读者阅读上的习惯，也对了收藏者收藏的胃口，也是出版者非常乐意出版的图书，其中当然包括了编辑的劳动和取向。

诗开本是阅读最舒服的版本，也是适合诗歌这种文学形式的结果。真正喜欢读书的读者，对这样的版本钟爱有加，因为这种开本不仅阅读起来方便，携带起来也很方便。西方许多畅销书都选择这样的平装开本，也称"口袋书"，方便读者。一些读者在飞机、火车和长途汽车上看书，一般都选择这样的开本。做书需要纸张，而纸张离不开木头。在越来越提倡环保的今天，这种开本的图书应该值得我们大力提倡，尤其在环境保护越来越重要的今天。

正16开，是词典、辞典、画册和百科全书的主要形式。这类图书内容含量特大，需要插图；像画册，则主要是为了印制画儿、图片和相片。涉及文字的部分，都要分为两栏，利于读者阅读。

随着纸张规格的丰富，国流开本和国流诗开的图书，现在也时兴起来。这样的开本,如果掌握不好字体、行距和字数的比例,对读者阅读图书是不利的。如果按规格做书,这两种书是可以为读者接受的。

多年前,一位作者要求我把他的小说做成小16开,我问他为什么,他说现在时兴做大书,我这样的老编辑怎么会不知道呢?我本是个喜欢逛书店的人,但是近年来发现图书抄袭现象严重,内容重复,鲜有值得购买的好书,便疏于逛书店了。除了定期到王府井的外文书店浏览,进了中文书店基本上是小孩儿打醋,直来直往,图书形式的变化浑然不觉。我抽时间赶紧去逛了逛书店,还真是大开了眼界。书店里摆放的书,在显眼位置的差不多都是"狼夯之物",书架上放不下,便平放在摊位上。我暗自吃惊,觉得自己真是落伍了。但是,当我打开那些狼夯之物翻看,发现开本那么大,文字密密麻麻,一行多达近四十个字,行距也很密,看串行是常有的事儿。内容就更恶心,都是垃圾,而垃圾是绝对需要包装的。做了一辈子书,看见这样亵渎读者的书,真是觉得不如退出这个行业。回到家里,翻了翻近些年别人送的书或者老伴儿买的一些书,这才发现属于"狼夯之物"之类开本的书还真有几本。这好比过去拿标准的砖墁地,挺好的,突然有人发现自己的砖卖不出去了,便"做大做强",拿大个儿来砸读者的脑袋,拍读者的脸。一怒之下,我把那些"狼夯之物"统统捆绑起来,叫来了小区里收垃圾的,统统当废纸卖了。此后,偶尔买一两本书,我统统按我的书柜规格为标准,凡是尺寸超标(放不进去传统书架格子)的书,统统不买;几年下来,新添置的图书,倒都是很有品位的好书。这从一个侧面说明,真正做书人和读书人,是有共通之处的。

我本来要给这位作者做成国流开本,看他要用"狼夯之物"来掩盖自己写作上的不足,立即写伊妹儿问他:大32开,出不出?不出,另找别的出版社出版。他也只好乖乖认同了。

当然,我这样做,丝毫阻止不了"狼夯之物"一类的图书满天飞,因为唯利是图的书商和沽名钓誉的作者合谋起来,在图书的形式上玩花样,目前已成趋势。然而,如果真正读书的广大读者识破了这样的陷阱,在购买图书时认真选择,不让"狼夯之物"钻进自己神圣的书柜,"狼夯之物"自然会一步步失去立足之地。

问题的严重性在于,很多出版社不在书籍的内容上下功夫,却在书籍尺寸上打主意,做的书越来越大,只有为数不多的几家出正经书的大出版社,例如商务印书馆、东方出版社、上海译文出版社、人民文学出版社等,还有勇气出一些传统的正常尺寸的书。

中国目前有两种杂志最受知识人欢迎,一种是《读书》,一种是《随笔》。这两种杂志一直是大32开,为读者提供了阅读和携带的方便,应该成为各家出版社的榜样。

编辑呢?当然有责任规范图书的开本,而不是随波逐流,迁就和纵容"狼夯之物"肆虐,甚至主动参与。

第九节 小结

编辑应该是文字工作的守护神和清道夫。

第二章 编辑和作者译者的关系

第一节 小引

英国有一个名叫汤姆·麦奇勒的出版家,被英国《书商》杂志评选为二十世纪世界出版业最有影响的出版家。在四十多年的出版生涯中,他出版了加西亚·马尔克斯、多丽丝·莱辛、聂鲁达等十多位诺贝尔文学奖得主的作品,又是菲利普·罗斯、库特·冯尼古特、托马斯·品钦、约瑟夫·海勒、约翰·福尔斯、萨尔曼·拉什迪、伊恩·麦克尤恩、马丁·艾米斯、朱利安·巴恩斯等英美重要作家作品的出版者,还亲自创办了英国最重要的长篇小说奖——布克奖。在他的自传《汤姆·麦奇勒回忆录》的《自序》中,他说:

> 在我看来,出版最重要的环节是与作者交往和编辑他们的作品。

这话是经验之谈,接近真谛,尤其对编辑这个职业来说。要想得到作者的稿子,和作者保持交往,是起码的要求。编辑只有和作者、译者保持交往,你才能知道作者在写什么,写出了什么。这种交往是一种信任。西方许多作者坚持把自己的作品交给一个出版社出版,是双方坚持交往的结果。谁也不愿意把自己的心血交给自己不信任的人。如果编辑等到那个作家出名了才去挖稿子,手段首先不光明,心态属于投机性质,结果也往往不会很好。过去讲培养作者,这话显然是胡扯。一九四九年到一九八〇年三十年间培养了几个作家?你不掐苗扯秧把人家置于死地就烧高香了。一个作家要成长起来,不需要编辑培养,也不需要出版社培养,是他自己吃喝拉撒铆足劲成长起来的。

得到作者的稿子,编辑成册,是编辑的分内之事。编辑质量的高低,是一个编辑水平的体现。稿子质量好坏,编辑之前就应该有定论。稿子到手了,编辑再乱改,那是不对的。从工序上讲,事情做反了;从业务上讲,编辑的任务不是修改稿子,是编辑稿子,这点事儿一定要弄明白。

我们过去对编辑工作的要求,很多东西都是不正常的,不科学的,出力不讨好的。最可悲的是,你做了一辈子编辑,恐怕和作者、译者很难建立起应有的良好关系。

第二节 从历史个例窥视关系实质

我所在的出版社,在相当长的时间里,几乎不存在什么编辑和作者、译者的直接关系。选题是二十世纪五十年代在中宣部领导下拟定出来的,自然是左得不得了,不过还有一定之规,比如约稿只是头儿们或者头儿们委托资深编辑要做的事儿。作为普通编辑,交给你什么稿子,你编辑什么稿子就行了。我所在的出版社在相当长的时间内,几乎垄断了文学作品的出版。一九四九年以来,经过一次又一次的思想改造运动,绝大部分知识分子也知道,国家垄断的不只是生产资料,连长在个人头上的脑袋也是要垄断的,即所谓的"抓意识形态"。因此,写作和翻译的活动便具有了很浓的政治色彩,编辑也只能是执行政治色彩很浓的出书任务的一个螺丝钉,气候紧的时候,你只能把自己拧紧。在这样的逻辑支配下,能按部就班、安安全全地做具体的编辑工作,已经够模范的了。拿一个具体而曲折的稿件处理事件做例子,颇能说明这种情况。

中国老一辈从事英国文学研究的学者,几乎都不愿意绕过亨利·菲尔丁(Henry Fielding,1707—1754)。这与英国的小说发展历史有很大关系。小说是虚构出来的,而虚构是靠想象的,想象则是没有界限的。早期的虚构作品,把神话传说、帝王将相作为想象的范围,史诗类型的作品就是想象的结果。到了菲尔丁的时代,作家们一下子把想象投向了现实社会和寻常百姓,人物的性格塑造、感情的心理刻画、具体的环境渲染,都发生了根本性的变化,和日常生活靠近,和日常口语靠近,成了新的虚构作品的特色。批评家们都认为这个时期是英国现实主义小说发展的新阶段,英国以至欧洲从此开始了小说写作的繁荣时期。因为是早期发展阶段,小说的结构和语言就更有研究的价值。然而,翻译这样的小说,言语就成了一种挑战。这个时期的小说语言,主要特点是冗长,繁琐,从句多。在翻译过程中反映出来,就是欧化的句子成了汉语的特色。在国际交流还很不发达的情况下,汉语欧化现象总的说来是一种谨慎的态度。大多数译者希望读者能从译文里看出原文的影子。这种出发点是好的,但是对汉语的影响如今看来,却未必全是正面的、积极的。究其原因,还是译者对原文的理解有偏差,被先入为主的见解所支配。比如,过去的多数译者以为从句——不论是限定性的还是非限定性的,是直接还是间接的——都应该作为定语放在译文里,不管句子有多么冗长,都是忠实原文的做法。

其实,这是一种错误的理解。从句,不管是间接还是直接的,都是另一个完整的句子,虽然有从属的属性,但是完全可以单独出来,翻译成另一句话。至于怎样处理主句和从句的关系,在译文中既让读者感觉出来,又能融会贯通,浑然一体,那就是译者的本事了。

菲尔丁的《汤姆·琼斯》的译稿寄到编辑部的时候,从老同事的谈论中,听出来它是一部不成熟的译稿。译文欧化现象自不必说,即使在经历了种种波折、历时三十余年之后才出版,这种现象在译本中仍然不乏例子。译者处理句子不准确、译文不够干净利落,是让编辑非常作难的事情。《汤姆·琼斯》是一部八十万字的大作品,译者翻译出来费了很大心血,付出了很多劳动,说一个"不"字并不轻松。然而,编辑部的头头委托几位编辑传阅过,审视过,商量过,还是不得不把这位云南译者的稿子退了回去。他们都有如释重负的感觉,可见五十年代的风气还有纯真的一面。

然而,当时还不只有纯真的风气,还有中央文化单位扶植边远地区的文化的风气呢。出版社的社长到云南去采风,去扶植,听说老远的边远地区,竟然还有人能把菲尔丁的《汤姆·琼斯》翻译出来,格外惊喜,便作为"意外的收获"把《汤姆·琼斯》的译稿"原封不动"地采了回来。头头们做了风光事儿,具体的编辑工作还得具体人来做。可以想见,当初的上上下下有过怎样的大笑、苦笑和无奈。一个烫手的芋头放在了手里,左手倒右手,右手倒左手,无论怎么倒,退稿是不可能了。上次退稿,只涉及译者的面子,只涉及译者和编者的关系。这次如果退稿,一切关系和面子都在其次,头头们的面子放哪里,成了头等大事儿。怎么办?折衷吧,调和吧,变通吧。当时我所在的出版社有个编译室,编译室里的成员都很有些来历。比如萧乾先生,写作不可能做了,便做起了翻译工作。于是,校订《汤姆·琼斯》译稿的任务就交给了萧乾先生。萧乾先生接受这样的任务,恐怕与他的译作《大伟人江奈生·魏尔德传》有关系。我们有很多事情都是想当然的结果:既然萧乾先生翻译过菲尔丁的小说,他来校订菲尔丁就是最合适的人选了。其实,《大伟人江奈生·魏尔德传》的译稿在编辑部里,就已经发生了一个更加耐人寻味的故事。退修和反退修、申辩和反申辩、告状和反告状、校订和反校订的斗争进行得曲折有趣,那是另一篇编辑逸事的好材料,这里按下不表。

《汤姆·琼斯》终于在二十世纪八十年初出版,编辑部尽人皆知萧乾先生是校订者,但在出版后,译者署名却变成萧乾和李从弼。我和一个老同事谈起这件编辑逸事,想当然地认为:这是活人欺负死人的做法。后来,我和北大研究菲尔丁的韩加明教授谈起这件编辑逸事,说:"中国的文人很卑劣,活人欺负死人就是一种。李从弼死了,分明是原来的译者,这下只落得个第二署名的权利。"

"什么?李从弼先生没有去世啊。我去云南开会,还去拜访过呢。"韩加明说。

"是吗?"我简直就是挨了一闷棍,因为一位老同事和我说过,李从弼不在人世了,才能发生这样颠倒是非的事情。

"没错,我拜访过。"韩加明肯定地说。

"那,那……他怎么不申辩呢?"

"申辩什么？"韩教授问道。

是啊，申辩什么呢？

第三节　尊重别人才能尊重自己

说来有些人可能不相信，比较正规的出版社，编辑个人基本上是迟至二十一世纪初才有约稿权的。这还是因为经济指标按编辑的人头算，没有相应的约稿权，完成指标就无从说起所致。但是众多新兴的出版社的编辑却早已经有了约稿权和对稿子的生杀大权，并且造成了相当的影响。这点，我是几年前在和山西大学外语学院教授高健先生交往中才深刻体会到的。

我认识高健先生，是在山西大学外语学院举办的中外传记文学年会上认识的。我的朋友秦颖和高健是老关系，近二十年来一直与他保持译者和编者的关系。开会期间，秦颖去拜访高健先生，约我去。当时，我只记得秦颖要给他照几张相，他很不情愿，说他不会摆姿态，照出来不上相。秦颖当时刚刚买了上市不久的尼康200，给人照相的兴头正浓，况且他照人物像已经相当不错，作品经常在《随笔》内封发表。于是，他一句我一句地劝说高健先生，他终于同意照几张。我趁机和高健先生合了一张影。照相活动完毕，说话中，高健先生把他新出版的专著《翻译与鉴赏》送了我一本，还签下了"福忠苏老师校正　高健 2006，10，19"。高健先生翻译的英美散文，我看过一些，知道他是一个很讲究翻译风格的译者。翻阅他的专著《翻译与鉴赏》一书，才知道他在翻译理论上有许多主张，对翻译标准也有许多独到的看法。因为职业关系，他关于编辑的

一些话,尤其给我留下更深的印象。例如,在一篇名为《论翻译中一些因素的相对性》文章中,他这样写道:

> 二是对出版部门的翻译编辑。他们是翻译作品及其质量的检察官,是在这方面执掌笔政的人;一件译作在与其广大读者见面前必须首先通过这些第一读者,因而他们的重要性是不待言的,不仅绝不亚于前面提到的教材编写人与教师,而且较之这些人具有着更大的直接性,亦即直接影响着上述译作的译风与质量,而他们的一切努力也都将在这些译作中留下其高贵印记,从而汇入并化为整个翻译的一部分。而且愈是认真负责的编辑,便愈会如此。另外作为把关人员,他们对译作中的一系列问题,诸如标准、译法、语言、风格等也都必然会提出相当的要求,而他们这样做也完全是正确的。但译作作为一种精神产品,毕竟与一般的物质产品有着一定的区别,另外由于翻译本身的极度复杂性和多样性以及翻译者各自的个性、认识与他们理应享受的一定的自由度或自主性等多种理由,一位编辑在进行严格要求和推行规范化的同时,一定的容许量和宽博精神也许是同样不可少的;机械地强求一律固然会行不通,绝对的统一尺码也会使个别优秀的译作遭到挫伤,以致给翻译事业带来不利。所以,对翻译中相对性的充分认识显然对上述人员极为有益。

细读这段文字,你会感觉到作者的复杂心情。"检察官"、"执掌笔政的人"、"第一读者"、"高贵印记"等这样的提法,帽子看似戴得很高,在一群光头或戴正常帽子的人群中格外扎眼,但是你把这话理解成作者的无奈、弱势、笑讽、调侃甚至挖苦,也都没有超出作者的心理活动范畴。编辑就是编辑,一个职业而已,如果他们有权利改动稿子,这和老师有权利给学生改判作业和卷子打分,性质是一样的。从"但译作作为一种精神产品"一句开始,作者更为接近真实的心情暴露出来了,那就是要求编辑手下留情,"一定的容许量和宽博精神也许是同样不可少的",否则,不仅"会使个别优秀的译作遭到挫伤",还会"给翻译事业带来不利"。这段文字读到这里,"检察官"、"执掌笔政的人"、"第一读者"、"高贵印记",这些高帽子,比起"给翻译事业带来不利",孰轻孰重,不是很清楚了吗?文字的妙处就在这里了:作者可以表达曲里拐弯的东西,看出看不出来,那是读者的事情。编辑也是一类读者,如果看得出来文字中的隐含内容,那就容易与作者沟通,否则,打架、吵嘴、笔墨官司等,在所难免。怎么解决著译者和编辑的矛盾呢?其实很简单:著译者把自己的工作做到了出版水平,编辑完成自己职责以内的事情。

关于这点,我已在别的章节里谈了很多,这里不再多说。

这世界说来有些不可破解的神秘东西,人一辈子该打的交道,是一定要发生的。一晃到了二〇〇八年,编辑部要组织一套散文丛书,知道高健先生翻译过英国著名作家兰姆的散文,想问他手头有没有稿子或者合同到期的书,我们拿来出版。但是,编辑部没有人和他打过交道,同事问我,我说有过一面之交。这下,给他打电话的事情就由我来做了。我想,这事情对译者来说是好事儿,就拨通了他的电话。我说明了意思,他说我所在的出版社是最高级别的出版社,能看上他的译作不胜荣幸,可惜他翻译的兰姆散文集《伊利亚特》刚刚又和花城出版社签了合同。我说,那就很遗憾了。但是,他又说,他的《英国散文精选》和《美国散文精选》的合同到期了,贵社有没有兴趣再版?

"两本书所选的散文都是你翻译的吗?"我问道。

"是的,几十年来积累下的。"他说。

"你寄来,我们看一看行吗?"

"行,不过你们一定要保存好我的书,就剩一套了。"

书马上寄来了,我大略翻阅一下,深为折服。就我对英国散文和美国散文的了解而言,两个选本都比较全面,该选的都选了,所选的侧重点也很清晰。所有的散文,都是他一个人翻译的,更是了不起。英国早期的几篇散文,他还用了文言文。这样的工程,别的语种还没有哪位译者承揽过。我立即写了一个选题报告,交了上去。我应爱尔兰文学交流署邀请,去都柏林逗留一个月。回来后,同事说,高健先生给我打了两次电话。我赶紧找相关领导,打听他的两本书选题通过了没有。我和领导又把他的书议论一下,共同认为这样的书,我们出版社应该出版,估计选题通过没有问题,可按一般合同的条件和他在电话上先谈一下,大致达成一致,就算口头定下来,然后寄去合同。就在这些口头议论还没有付诸实践之前,我收到了高健先生的一封来信,信文如下:

尊敬的苏福忠先生:(阅后并烦交出版社有关领导)

十万分对不住的是,我现在有一项要求想麻烦您以及有关领导,即是,由于健康关系,我的那套拙译——《英国散文精选》与《美国散文精选》不拟在贵社去重出了,因而请予立即掷还为感。

这话怎么讲呢?所谓"由于健康关系",主要指的这一情况,即近一两年来我得了一种严重的疾病——极端急躁症,表现为对待某一事物"过程"的毫无耐心与急不可待。更具体些说,便是常常因此而引起连续失眠,以致严重损害健康。就以这拙作为例吧,自其寄给贵社以后(3月10日贵社收到),头一个月尚较正常,但到了超过一个半月仍然得不到"回话"时,上述的急躁与失眠便开始不断出现了,严重时甚至夜夜几乎通宵失眠,因而也就太可怕了——生物钟、作息习惯、健康状况也就全部紊乱,大有求生不能求死不得的味道,此其中的一番苦况非亲身经历的人所可体会。

当然,我过去并非是如此,过去几十年都并非如此。试问是什么原因造成的呢?说来可笑,还正是与以前的"出书"有关。由于自己名气不大,过去每出一本书,一般都要等上好几年;三四年是平常的事,五六年也常有,至少我曾有三四本书就都等上过六七年!人生几何啊!可我也都一本本地等下来了。不错,书最后是出来了,但人也受了伤,而且不是小伤,而是伤了精神(或神经?),伤了元气,伤了睡眠习惯与兴奋抑制的机能,等等。这样十几本书出过之后,一个人的健康也就从此给彻底毁掉了,报销了。

是译书写书累的吗?不是,完全不是(那只会是愉快——愉快——愉快)。那么是什么呢?——是等待,是期盼,是无止无休的焦急烦躁,是出书周期的过长(尽管我们都知道,今天的激光照排完全可以仅在三四天内便出一部30万字的书，我就有过这样一次经历）。但由于种种不言而喻的非机械性的原因，那周期竟能给你拖长至六七年，亦即＝实际印刷装订时间的好几百倍！！！而正是这个，终于把人一个个拖垮了，而我个人只是千万这种受害人之一例而已。试想，这背后与底层的一切能不引人深思、发人深省和为之一浩叹，甚至痛哭流涕吗？！

现返回到一开始说的——这书我是决计不出了（当然贵社也并未说一定要出，而且迄今还未有一明确答复）。也就不必答复了，只把书马上寄回来就是了。（旁批"能做到吧？"）而且越能早寄回一天，我就越能有早一天合合眼的希望——我确实甘认失败，身体条件陪不起了。我的生命与健康已快顶不住了（谁能老失眠？！）。另外一切不妥当之处请原谅，顺致
编祉

高健　　2008，5，10

我把这封信交给"有关领导"时，写下了以下一些内容：

这封信是等合同签字之前收到的，之后我把书复印后寄回高健先生，并写了一信。信说他的译作一定会出，没有想到结果。书与信已经收到了。苏福忠。

说明一下："等合同签字"是等有关领导签字；期间，我把书和信都寄还了高健先生。"没有想到结果"是，天有不测风云，一周后

的选题会上他的书没有顺利通过,多出了许多条件,比如最好和别的国家的散文组成系列书出版之类(涉及方面多了,就成了猴年马月的事情了)。那么"相关领导"就不便在合同上签字了。看似少数服从多数,实际上是荒谬的体制作祟。于是,我只好把我们的意见电话告诉了他。

多年来,我们推脱责任时发明了一整套屁话,即便在经济大行其道的今天,有些当官儿当油了的,十个当头儿的有九个会在他或她的十句讲话中有九句都是这类屁话。比如:计划赶不上变化。我这辈子做编辑,这句屁话倒是成了真理了;也就是说,我碰上"计划赶不上变化"的时候太多了。太多就会麻木,就会习以为常。我就用习以为常的口气,把变化告诉了高健先生,一开始他好像接受了这一现实,但是不久,他写来一封信,信文如下:

> 福忠先生大鉴:阅后烦再转交各位社领导,因此信也就主要是为他们写的。
>
> 原来的决定(①纳入丛书;②马上寄下合同;③马上就着手编〔而且已开始了〕;④第一版一万册;⑤60元千字)想必不仅仅是苏先生一个人之单独意见,而主要是(甚至全部是)贵社领导们的一个共同决定吧。然而事隔不到一个月,却说推翻又全都推翻,真叫人料想不到!这事听说后,不禁令人愕然,哑然,骇然,废然,惘然,怃然,快然,爽然,悄然,凄然,泫然,嗒然,愀然,頯然,悻悻然,愤愤然,不胜其荒唐然与莫名其妙然……得了,完了,出尔反尔,说话不算话竟然到了这种地步,还再有什么好说?

这次对不起我——这就不用说了,一个穷教书匠,本来就不存在对得起对不起的问题。恐怕也对不起苏先生吧,他被撂在了半空中;他被推到了被挨骂的最前列,可我这个人是讲道理,重义气的,我骂谁也不会骂他。相反地,他倒成了贵社里最受我尊重的一位——他人好,有学问,有眼力,又识货,而且他已尽到了他的最大努力。恐怕也对不起贵社的金招牌——因为如果不讲信誉可是会影响到它的。它可是50年来大家共同建立起来的。(按说这事可能还轮不到我去操心!)至于我那两本小书嘛,它们本来也就是倒霉鬼,它们注定是要消灭掉的,而消灭掉了也就更省心了。

各位都是忙人、大忙人,不多耽误了。对此事我的态度是:不论出与不出,都请说句痛快话。如果出,就请全部返回到原来已经应下过的条件(那五条),而且必须即刻动手,不得有一丝之延误;但如不出,也赐下个回话。我绝不等其它这个那个全凑齐了再一块出。我已快死了。我等不起了。也就不再等了。

下面是我的条件——请注意:

我只给你们七天时间去作决定(多一天也不给)。自接到我此信之日起,请认真考虑上七天——对有诚意的,七天已是足够;对无诚意的,七年、七十年也怕不够——直到第八天的中午为止,如果到时仍无电话打来(以及稍后跟踪而来的合同属于正式书面函)。那么一切就到此为止,全作罢论——也就是说,我不再允许你们重印此书了。这个条件无商量。(印不印当然权在你们;但准印和不准印此书的权力仍在我和仅在我。)

顺致编祉

高健　2008,6,21

我看了这封信,尽管心情很复杂,却是一笑再笑,即便此时此刻,我还是忍不住暗暗发笑。不管高健教授生多大的气,一气之下写出怎样的妙文,但是中心还是一心想在出版社把书出版了。这一点,当头儿的看得很清楚,所以你说这么多话,绕这么大圈子说话,在人家那里其实只有一句话:你以为你是老几?出版社离了你还会不转不成?你还敢给我限定时间,给我下决定,我一秒钟就能下决定:不用你的大译,你爱给谁给谁好了。实际情况也基本如此,即使出版社和他签了合同,出版社不出了,也不过几块钱一千字的退稿费而已。

实际上,我在电话上和高健老先生沟通时已经三番五次告诉他,这不仅仅是头儿们的问题,关键是体制。什么体制产生什么人。大家都是体制的受害者。我倒是在出版界混饭吃,两三部几十万字的译稿,不仅没有出版得了,还丢得不知去向了。别说自己的翻译稿子,就是我提出可以组成一个中型出版社的选题,不是照样一个个流产了?

他也许不相信我的话,也许人老话多,不吐不快,但是真想痛快,你最好是什么气也不吭,沉默为金,等退稿就是了。可是话说回来,作者和译者,又有谁不心疼自己的辛苦劳动呢?又有谁不希望自己的劳动变成成果呢?可话再说回去,没有人体会你的心情,给你来点硬的或者不讲理的,你不也得吃不了兜着走吗?知识分子有时候遭人厌,也就是仗着自己会写几句话只管为自己辩护,不管人家愿意不愿意听,到头来自讨没趣。在知识分子被改造了半个多世纪的今天,好像知识分子的身份和地位发生了变化,以为自己可以为自己辩护了,其实只要某行业生产资料还被垄断着,恐怕一张口一动笔还是大错特错的时候居多。

当然,专业上的认同是另一回事儿。如果译者把作业做好了,这些牢骚是可以接受的,至少在我这里行得通。在和高健先生沟通的同时,我赶紧和上海译文出版社的新锐编辑冯涛联系,问他能不能救场。没出一个礼拜,他回伊妹儿说:他们出版社接受了,好稿件必须有一个好结果,一切条件和我与高健先生谈妥的一样。他让我先打个电话给高健先生,问问他的意见。高健先生对出版界(至少对翻译出版这一块)是很懂行的。他在电话里说,上海译文出版社和我所在的出版社都是金招牌,当然要同意了;只是别再涮咱一次,那就真要了老命了。我说没问题,一个礼拜以后上海方面会给你寄去合同,一切条件和我谈过的一样。他这下话匣子打开了,和我在电话上聊了整整一个小时,诉说了他多年来被出版社玩于股掌之上的事情:丢稿件、拖延、压低稿费、不给稿费、讹诈钱……我好像是在听《天方夜谭》,不得不打断他说:那都是小出版社个别编辑干的勾当,正规出版社不会的——不,不,不,讹诈钱的那家,恰恰是北京一家具有几十年历史的出版社,一部稿子拖了六年,看来出不了了,我索要稿子,人家非要保管费……我听得有点毛骨悚然!

大约过了半个月,高健先生收到了上海译文出版社的合同,给我打来电话,说:不多打扰了,我只对你说,我总算碰上贵人了!我哈哈笑着说:要说贵人,你写信给冯涛,告诉他说,你认为他是贵人。不知高健先生给冯涛的信中这样讲话了没有,但是我真心感谢冯涛替我接下了一件棘手的稿子。说他是贵人,一点儿也不为过,因为他年纪还很轻,就这样懂行,敢负责任,雷厉风行;据我所知,高健的两本书都已经印制出来上市了,书做得非常漂亮,对得起一个为翻译献身的老译者的艰辛成果。

当然,编辑和著译者保持"你翻译我编辑"的关系,有一个非常重要的前提,那就是,编辑是成熟的,作者和译者也是成熟的,因为这两个条件是保证图书质量的根本,是为读者服务提供好书的根本。

第四节　培养编辑的鉴别能力

编辑和著译者保持正常的、健康的关系,与双方的专业水平大抵持平很有关系。双方的专业水平越接近,越容易惺惺惜惺惺,共同来经营高质量的文化产品。但是,这个条件比较苛刻,因为"惺惺惜惺惺"的境界是很高的。怎么降低这个条件,在一个相对平坦的平台上操作,让编辑和著译者都容易沟通,从而达成一致见解,共同经营高质量的文化产品呢?通过多年的观察和思考,我认为,首先应该在母语阅读上有一个共同点,对文字和作品内容的认知程度取得大体上的一致看法。然而,多年来和作者、译者、读者、编者、出版者打交道,我发现,绝大多数人都在说着别人的看法和说法,自己的看法和说法则少得可怜;尤其只会母语即汉语的人,许多说法和看法不是千嘴一腔,就是不知道自己在说什么。在相当长的时间里,这个问题一直困扰着我:一个人自己长着嘴巴,长着脑袋,怎么就不会自己怎么想就怎么说呢?

寻根到底,还是几十年来的政治宣传、政治运动和政治挂帅的颠覆性教育造成的恶果。为了计划经济,导致了计划思想,造成了计划文化。人的头脑虽然是肉长的,但是经过这样一连串的化学反应,无论怎么抵挡,绝大多数人的头脑都会发生变化。更何况,在物质引诱的条件下,人还会主动投入到这种化学反应的活动中。为了更具体一些,下面还是从具体的例子说起为好。看看这样一段话。

> 我们要把旧社会所遗留下来的坏思想、坏作风通过这个运动,把它彻底洗清,因而也就是我们每一个人在思想上洗澡。唯有把那些坏思想、坏作风清洗干净,我们国家的建设才能顺利进行。所以三反、五反运动既然是一个全国人民的大整风、大洗澡,那么今天在座的各位中小学教师同志要好好地搞好思想改造,首先就必须参加这个运动,在目前,先要参加三反、五反的学习,划清资产阶级与无产阶级的思想界线。

这段话是一九五二年在一个名叫《展望》的杂志上发表的,作者名叫沈志远。其实,只要这样的话存在过,作者叫什么名字倒不重要了。重要的是,这类话对我们今天的人产生过什么影响,至今还有没有影响。要弄清这点,首先就要弄清楚这段话里的一些提法。"旧社会"是相对"新社会"而言的,我们当代中国人都明白这样的提法。但是旧社会究竟是怎么个"旧法"?凡是"旧"是不是就都要不得,都只能产生坏东西?要说旧,吃喝拉撒最旧,可谁也不能因此就不吃不喝不拉不撒。实际上,旧社会是无法界定也没有人具体界定过的,那么旧社会留下来的"坏思想、坏作风",无论当时还是现在,我相信绝大多数人也都不明白是指什么了。这段话是为了搞运动而诌出来的,其内容也和搞运动相吻合,中间部分算是过程,到了结尾又来了更厉害的:"划清资产阶级与无产阶级的思想界线。"可是,什么是资产阶级思想,什么是无产阶级思想?我相信绝大多数人也还是不明白(现在就更不明白了)。但是,多数人不明白没关系,极少数人所谓的明白就行,因为他们就知道和搞运动联系在一起,揪出坏人,把"坏思想、坏作风"理所当然地安在"坏人"头上,坏人的一切罪状就成了"坏思想、坏作风"的具体内容了。所谓谎言重复一百遍就成了真理,就是指概念化的东西翻来覆去多了,人们就听信了。这段话里仅有的实实在在的东西,那就是"那么今天在座的各位中小学教师同志要好好地搞好思想改造"。擒贼先擒王,老师们被思想改造了,学生自然会被改造。所谓的无产阶级意识形态,就是这么回事儿:你的思想被掏空了,我就可以为所欲为了。

像后来"进步"、"反动"、"革命"、"人民性"、"阶级性"等概念化的东西,都是这样形成的。你不懂没关系;你不懂正好听我自说自道,说多了,你也就信了。你信了,就会跟上我念经了。要不然,古今中外没有先例的,给中国人民带来空前灾难的文化大革命,怎么能搞起来呢?什么东西一旦形成了气候,再要让这种气候消失,就不是十年八年的事情,恐怕一代两代人都熬不过来。

这样的文体被近来的研究者们称为"新华体"。二十世纪五十年代到八十年代,"新华体"盛行;九十年代"新华体"或者转型,或者转化,或者改头换面。比如,到了二十一世纪,经济发展成了主流,"新华体"看似消失了,其实没有那么容易。

杂文家陈四益在《学术的水准》一文里,这样写道:

"一群蚂蚁停在一根枯枝上,枯枝在湍急的河流里漂行。如果蚂蚁各自逃生,有可能跌入河水而丧生;如果它们抱成一团,树枝或许会在某个河湾搁浅,这群蚂蚁就会因此而得救。"——这么说,太没有学问。

"枯枝上的蚂蚁,如果不能从更为宏观的全部自然情境把握自身行为,不能摆脱经验层面的认识原则,不能顾及各种动态与静态的综合效应,仅仅凭借观念史中原子化个人主义主张行动,从广义后果论观察,它们就会步入误区。在原子化个人主义的支配性语境中,蚂蚁群体的集体无意识将使自身解救活动趋于低效甚至完全失败。"这么说,有一定学问了。

"如果枯枝上的蚂蚁能凭借某种集中化手段,以聚集的组织模式为活动框架,达成一种互惠的构成方式和因果关系,而不陷入已被充分形式化的既有分析框架,从而对现有情景做出新的创制与解释,使自身的行为建立在更深层次的原则上,消除个体与群体二元对立的固有语境,那么,借助其肢体语言建立的集体意识,可以实现新的规范层面的积极义务与消极义务的统一,在这样一些群体行为的解构下,集体主义作为普世话语进入观念史,进而得到狭义后果论意义上的集体获救。"——这么说,学问可就大了。

可笑吗？可气吗？可恶吗？

如果你能可笑出来，可气出来，可恶出来，那说明你对当下的文风还有好恶之分；可怕的是，有不少人，对后一种文风趋之若鹜，唯恐不够"后现代"呢。分明简单明了的一段文字，竟然可以堆砌成一堆废话而自以为高深，真是人类的使用脑力的悲哀。汉语的方块字组成词组的强大功能，本来是汉语的巨大优势，而在这里却把这种优势统统误用了。后面两段话，几乎所有的表达都是概念化的结果。适当的概念化本来是为了表达更精炼，而概念化的堆砌却只会让文章成了裹脚布，越长越臭。究其原因，当然是我们几十年来盛行"假大空"文风的恶果。之所以可以"假大空"，又当然是我们严重甚至完全脱离实际的、日常的、实在的生活而造成的。在"假大空"概念化的语言表达中，实际的、日常的、实在的生活，往往会被扣上俗气、琐碎、低级等一大堆帽子；甚至还会和"坏习惯、旧思想"以及"资产阶级"生活方式联系起来进行批判和指责。即便现在，如果你在这些提法上认真纠正别人，还往往会得到这样的回答：

"别抠字眼了，不就是这么个提法吗？"

"这么个提法"就是概念化的东西；无数个"这么个提法"，就是无数个概念化的东西。概念化的东西满天飞，不仅仅是上述"新华体"的文章满天飞，而是严重地妨碍了整个汉语表达的水平。应试教育怎么把一代又一代的孩子的写作能力毁掉的？靠的就是给孩子们灌输概念化的东西，而不是活生生的东西。孩子们想得高分，只能更多地接受概念化的东西，规规矩矩地填写在考试卷子上。如今像样的文章越来越少，像样的学者越来越少，一定与概念化的表达大行其道密不可分。

第五节　守住职业行规

　　对这样的虚化文风,不是没有人感觉到。中央电视台举行的近几届青年歌手赛,在知识考核中,综合素质考官余秋雨在点评中,屡屡指出歌手讲述故事中空洞无物的东西太多。值得注意的是,城市里长大的歌手和部队送来的歌手,所讲述的内容更加空洞,而从农村来的或者边远地区来的歌手所讲述的内容,则真实一些。我知道许多相关人士对余秋雨的点评和打分,是不服气的。但是,这不是余秋雨在哗众取宠,而是他早已经意识到多少年来假大空的文风的危害和厉害了。

　　多年前,主持人崔永元在中央电视台主持的《实话实说》节目,广受欢迎,其一说明崔永元对假大空文风的敏感和抵触(即使是不自觉地),其二我相信一部分观众对假大空的东西也有所保留。说实话,在假大空文风盛行了几十年的今天,习惯的人远远多于不习惯的人。因此,"假大空"依然是官场上的通行病和通行证。

　　作家王朔的写作和文风,是他极端厌恶从而奋起反叛"假大空"文风的收获。看不惯他、批评他、指责他、谩骂他的人,自然是假大空文风的自觉不自觉的卫道士。

　　作家王小波是颠覆这种"假大空"文风的最成功者,他的作品会因此而长寿。虚化的文风,只能表达空洞的内容。王小波是学化学的,他成功转型,他自己说是他对写作念念不忘,实际上从他的写作中我们看得出来,实在是因为他对小时候接受的那套虚假的教育念念不忘,非要用自己的观点颠覆一下不可。

一些优秀的当代作家,用自己朴实的、优美的、言之有物的写作风格,对"假大空"进行了无言的挑战;但是,稍不留神自己又容易弄出一些概念化的东西。

那么编辑应该怎么办?编辑应该充当清道夫的角色,清除不好的东西,留住好的东西。这并不是一句话的问题。一个有职业素养的编辑,起码应该做到三点:一、多读书,而且多读外国经典作家的作品;多读书,知识一定丰富;知识丰富,见多识广,辨别能力一定比别人强。二、多思考,而且尽量往深处想,思考角度便会多极化,发现问题的可能性就多。三、尽量保持中立的态度,包括对作家及其作品的客观性。

概括几点是容易的,在编辑这个行业中付之行动却是滴水穿石的功夫,甚至与你的性格和经历都有密切关系。

在接着叙述之前,这里先把概念化的问题说几句。在写作活动中,概念化是仅次于原创活动的一个阶段。概念化本身没有什么可指责的,关键是概念化不能离开具体的内容和现实,走向极端,从而为某种意识形态所利用,为某种集团利益所服务。概念化东西,最大特点是抽象,空洞,言之无物,用"假大空"这个概念来给这类东西下定义,再准确不过。概念是文学批评的惯技,可以引申到别的评论领域,但是发挥到了"化"的地步,就成了抽象的、空洞的东西了。这个尺寸不好把握,最怕一哄而上,肆无忌惮且理直气壮地滥用。"假大空"就是滥用概念的恶果。

在原创领域,同样存在概念化问题。中国的四大古典名著,可以很好地说明这个问题。《西游记》是最成功的概念化创作。师徒四个是四种性格的高度概念化形象,各种妖怪是各种善恶表现的概念化形象。这部作品的最大成就是在各种概念化的形象中,作者写入了中国历史长久沉积下来的社会现象和社会人品。《三国演义》是另一部最成功的概念化写作。谋略、智慧、义气、勇猛、奸诈等概念分别在刘备、诸葛亮、关羽、张飞和曹操等主要人物身上得到了极致而形象的体现;就是书中的刘备手下的五虎上将,也是各种概念的体现,只是还没有达到"化"的地步。这部作品的成就在于把这些概念化的人物放进了战争成败和王朝兴衰的背景下,给后人许多启迪和警示。《水浒传》一书更有些意思:前半部活生生的,后半部概念化到了僵化的地步。唯有《红楼梦》是活生生的,人物形象活生生的,文字活生生的,结构布局也活生生的。有没有概念化的内容呢?有,当然有;比如金陵十二钗的判词,就是把人物高度概念化的文字。但是,曹雪芹的厉害之处,在于他能在高度概念化的判词下,写出来活生生的人物和生活。以后,续写《红楼梦》的作家无一成功,则是因为他们把概念化的判词当作了写作纲领,自己只顾埋头往里面续写概念化的人物和故事情节,焉有不失败之理?

再举两个外国大作家:莎士比亚与狄更斯。莎士比亚笔下的大多数人物都是活生生的,而狄更斯笔下的人物则概念化的居多。为了揭示这样的创作现象,英国著名作家 E. M. 福斯特在他的名著《小说面面观》里,把小说中概念化的虚构人物,界定为扁平人物,实在是一种很智慧的思考。

现在可以结论说,文学创作中的概念化,是具象的、现实的、言之有物的,和纯粹的玩概念,有本质上的区别。

讲一点我的阅读经历。我在中学阅读了许多概念化的作品，例如《烈火金刚》、《新儿女英雄传》、《林海雪原》、《红岩》、《欧阳海之歌》等等。但是，这些概念化的写作，随时都会被我的具体经历粉碎到七八成的程度，连雷锋这样一个大概念化英雄都不能幸免。我们农村孩子在家里如若表现得多少概念化一点，我们的父母都会厉声喝道："你吃饱撑的！"这话很有穿透力，因为三年自然灾害我几乎顿顿挨饿，天天吃不饱。一听到这样的喝断，我会很乖地回到残酷的现实中。人都是从小活到老的，说你在生长过程中没有应该有的元素，天生就英明，就天才，就能分辨是非，就是领袖的料子，那纯粹是胡扯。比如，我读了《欧阳海之歌》，就觉得自己很渺小，遇上马受惊的事件，一定会弃马而逃，任由结果自然发生。考验说来就来了。我被伟大领袖一声号令从中学打发回家那年，花了父母几百（不亚于今天的几万）块血汗钱，心里本来不痛快。一天赶着马车，和我们村的队长去公社拉化肥。我赶一匹三岁的小黑马拉车，他赶一匹大黄马拉车。我的小黑马拉了二百斤化肥，他的大黄马拉了五百斤。我本来是受照顾、干轻活儿的，谁知在一个拐弯处，小黑马呼啦一下狂跑起来，我死死抓住它的笼头，差不多吊在它的头上。我们正在穿过一个大村庄，路旁的人时有惊叫之声。还好，小黑马跑了百十米远，停下来了。队长赶上来后，问我蹭着了哪儿没有。我说没有，只是有点上气不接下气。

"咳呀，我一直吆喝你放手，你没有听见吗？小黑马眼睛小，车拐弯时被车上的白塑料袋晃了眼了，跑不了多远就跑不动了。看看，你要是有个三长两短，我怎么和你爸爸说呀。"队长的口气是责备的，但他看我的眼神是欣赏的。回到村里后他逢人就说我是一个傻子,马惊了还死拽着马笼头不放。他说我傻可能很准确,因为事后我努力回忆当时的心理活动(《欧阳海之歌》里有大段描写),却什么都想不起来,想来想去,只觉得作家太会糊弄人了,作家笔下的那个英雄形象也就很快在我的脑海里破灭了。这次破灭,让我对所有的英雄都产生疑问,用自己的眼光和思考看世界。

大学里碰上了一个有心的老师,他看我学习英文还算刻苦,推荐我每个月至少看一本中文小说,说学习语言需要另一种语言的促进,否则没有后劲儿;他还说为了保证阅读的连续性,可以找些故事性强的书看。那时候禁书很多,挑来拣去的,很长一段时间里我一直在看浩然的作品。明明知道他写的农村人和我熟悉的农村人不是一回事儿,但是他的书还能看下去。后来回想起来,那是一个不断破掉概念又不断接受概念的过程,但是收获是熟悉了文字和表达。开卷有益的效果是有的。所以,为了引导我的儿子看书,妻子买来了全套金庸,我没有反对儿子一本接一本地往下看。我要做的是,每逢儿子兴高采烈地和我交流读后感时,我听后也兴高采烈地告诉儿子,这种书都是概念化的产品,娱乐而已,没有什么真正的文学价值。

知识和文化可能就是这样慢慢积累起来的,积累中自己的眼光培养起来了。在北京工作后,对别人的表达就有意识地注意了。二十世纪八十年代初,父亲有幸来北京和我相处了一个月,那是十多年后在异乡重新审视家乡话的表达能力。我发现,我在书里学来的语言表达,远不如父亲说的话生动。这之前,我对我的家乡话很不以为然,认为太土了。一次,我们爷俩说起村里一个娶来的新媳妇儿不安心过日子,一直闹离婚。

"没有人能去说合说合了？"我问。

"我还去了，没用。那女的心走滚了。"父亲说。

父亲话中的"走滚"二字，大概相当于普通话里的"心乱了"。但是，在我听来，父亲这个"走滚"用得太到位了。在我们家乡，墙壁裂了大缝，屋坡发生倾斜，都用"走滚"两个字。

又一次，我和父亲在天安门逛过，去看故宫，父亲站在天安门的门洞里，把两扇大门打量了半天，抚摸着一个门钉，说：

"咱们一村人，怕是连一扇大门钱都不值吧？"

我盯着父亲看了半天，心想父亲也太厉害了，八字不识一撇，怎么就把中国农民的地位看得这么准！？

"怕是连一个门钉钱都不值。"我说。

当时和现在我都认为，父亲这样一句话，把伟人们说得什么缩小城乡差别之类的概念化东西，统统比下去了。概念化的东西很能蒙人却极容易忘掉，而具体生动的东西是有生命力的。那么多的政治概念化东西如今我很难记清楚什么了，而父亲这句话却成了我反复引用的语录。

能区别具体的、个别的词句的优劣，区别整体的内容的好坏就有了基础。下面我们来评判一段话：

> 我是个手艺人，一生只知道干合适的事，干合理的事，凡事都要对得住自己的良心。可是我觉得我们这种人慢慢地被淘汰了。真的，我一辈子是一个顺民，对社会没有什么要求，只希望一不要打仗，二不要搞运动，安居乐业。安居乐业的意思也不敢要求小康，只要求温饱。

按照我们社会当下的常识来评判这番话,结果大概会是:放在上世纪五十年代,是落后的;放在六十年代,是对社会不满;放在七十年代,是反革命的;放在八十年代,是讲实话的;放在九十年代,是糊涂的;放在二十一世纪,是落伍的,也许是没出息的。

一部作品都会有其写作态度,作为享有更多自由和权利的编辑,你的采稿态度会是什么?我估计,这种作品的结果不会很光明。如果说过去会以政治上的种种原因退稿的话,现在则会因为没有卖点不予采纳。然而,我要是告诉你,上面这段话是相声大师侯宝林生前掏心窝子的话,你的态度会有什么改变?如果没有改变,那说明你作为编辑是有一定原则的,且不管你的原则有无问题。如果改变了,你的态度更糟,因为你是一个没有原则的人。

实际上,这两种编辑都是不称职的,都作不了好编辑。这两种人都是因为没有自己的判断力。当然,人的判断力不是从天上掉下来的,是慢慢培养的,尤其小的时候。

我父亲多次问过我:这日子,除了不打仗,有什么好的?我父亲以为我读过书,能够回答他的问题。我那时候饥寒交迫,天天为吃喝苦闷,哪有这份闲心?只知道尽快逃离农村是上策。我父亲一辈子在农村,自然没有侯宝林先生身居北京体会深刻:"一不要打仗,二不要搞运动";把战争和运动相提并论,我一生中只在侯宝林先生的这番话里读到过。有了这样两句话,几乎所有的"高深高级"理论都可以付之一炬。所以,有这样深度思考和认识的人,怎么会写不出不朽的相声呢?写出来的相声又怎么会不是中国相声的顶峰呢?

我这里要强调是,不论看到什么内容,不管声音多么微小,不管来头多么宏大,一个编辑都要有自己的判断和看法,不可人云亦云,听从抽象概念的支配,听来听去,把自己的脑子概念化了,那可是一个编辑最要不得的东西,也是最可怕的东西。出版是一个行业,行业是要出产品的;一旦某种产品成了流行趋势,概念化的东西随之产生,于是多数人趋之若鹜。那么,新的东西要出现,就会很困难。即使在英国这样一个出版自由的国家,精神产品相当丰富,新东西的出现也有很困难的时候。上世纪九十年代初,我在英国诺丁汉大学留学时,赶上作家艾伦·西里托来作讲座,讲述他的创作道路。他说他的第一部长篇小说《星期六晚上和星期日早上》,先后投稿八家出版社才得以出版,出版后却迅速蹿红,成为百万册畅销书,成为"愤怒的一代"的代表作品之一。尽管批评界早有定论,认为书中的男主人公是一个反英雄、反社会的青年形象,可他仍说他不明白一部许多编辑都看不上的小说,上百万读者怎么会喜欢。这确是一个值得思考的问题。

第六节 小结

一个编辑具有相对的丰富经历和知识后,保持相对独立的思想和判断,是最重要的素质。

第三章 外文编辑这个职业

第一节 小引

我一九九一年十一月住进了英格兰中部的班布里小镇,房东名叫怀斯,四十六岁还没有结婚,我叫她怀斯小姐,她有点不高兴,说叫她怀斯就很好。后来我弄明白,一方面,那时候,英国举国已经都喜欢直呼其名,一种平等民主的表现。另一方面,怀斯说她的姓很好,是"智慧"(wise)的意思。她向来人介绍我,说了中国客人,总要补充一句:"他是编辑。"圣诞节期间,她的父亲来了,她说得更显炫耀:"他是编辑,我众多的房客中就他是编辑。"后来在英国的书店里逛,看见许多很有分量的书,尤其莎士比亚的作品,都在十分瞩目地方署上了编辑的名字,由此感到,编辑这个职业在英国至少不是一个很差的职业。

在当下中国,编辑不是一个很差的职业,但也说不上是多么好的一个职业。在金钱说话算数的商业社会,首先这个职业工资不高,且有江河日下的趋势,这就使得干这个职业的人总是底气不足。因此,现在干这个行业,"喜欢"的因素万万少不得。纯粹为了挣钱,趁早离这职业远一点为好,尤其男性。

外文编辑的出现,一是因为中国近代史上西方文化大量引进,二是因为汉语这个漫长而庞大的体系,和西方语言体系区别太大,仅从技术层面上,便使得"外文编辑"成了一个特殊的群体。外文编辑确实有一技之长,那就是外语以及外语所涉及的文化。因为西方文化东进的原因,外语这门技术一直具有特殊的地位。五四运动以来,掌握一门外语,相当于有了一个比较吃香的身份。就是在文化大革命时期,曾红极一时的唐闻生和王海容,也是沾了外语的光的。所以,我一九七七年分配到人民文学出版社外文编辑部时,几位从事外文编辑的女性老编辑,走起路来脚下是很有弹性的,脖子也有些往后仰的,看人也有些从眼缝里瞄的。有的呢,当面或者背面,甚至都大言不惭一而再再而三地说:"就你们这些从农村来的人,还能接了我们的班?"

除了一些历史的原因,谁也不能说,这样的话里没有一种职业的自豪感。不管怎样,职业的自豪感,什么时候都是需要一点的。只可惜,我当时没有一点职业自豪感。甚至听到接班不接班这种似是而非的话,我也一点感觉都没有,很是奇怪。所以,在一九八六全国开始评职称时,我作为"小年轻",听老编辑评功摆好,说甲部稿子改了多少错,乙部稿子……丙部稿子……丁部稿子……,我听了这个听那个,两三天下来,终于听得不耐烦了,心想:他们也太夸张了,这和农民从甲乙丙丁庄稼地里拔掉了多少杂草,有什么根本区别吗?可是,如果哪个种地的非要在农人堆儿里一而再再而三地说他拔掉了多少多少棵野草,十个人有九个人都会耻笑他是傻子。实际上,我的一个本家叔叔就是这样的人,在苗儿堆里拔草,拔一棵数一棵,然后告诉别人;不过他一辈子都只是一个傻子。但是在一个堂堂的国家出版社里,列位编辑显然不是傻子,只是必须像傻子一样按操作规程办事儿。我怕听多了变傻,便决意不再参加这样的评职称的会了,而且胆大包天,几个老主任轮着叫我,我就是不去。当然,我不去,还是为了有更多的时间学习外语。现在看来,一个人有一个中心,要比乱听别人瞎指挥好一点点(当然,这往往会产生副作用,比如说你不知好歹或者志大才疏,给你脸色看或者小鞋穿)。至少,你知道怎样利用自己的时间提高自己,不会到老了怨这怨那落后悔。

这个职业做了三十多年,我现在也不知道这个职业是否给我带来一点骄傲的情绪。然而,我对自己学了外语,尤其是英语,是很有骄傲情绪的。我二十二岁之前,根本不知道所有的英语单词都是由二十六个字母构成的;如果不是赶上了学习汉语拼音,ABC 我都可能不认识。很多时候,想到一个小小山村的农民青年,从一九七二年那样一个年代起步,能和英语摽一辈子,我觉得只能是上帝的安排。这不是一种卖弄,而是一种珍惜。因为这种珍惜,我从来不敢放松。比如,自打工作以来,一年之中,除了生病或者特殊情况,每天晚上,我都一定要在灯下做两个小时以上的活儿,一定和英语有关系。三十多年过去,仅仅这一项活动,大概让我多出了至少两万个小时的时间和英语亲密接触;按八个小时的工作日算,我多拥有了两千五百多个工作日;按每月二十个工作日算,我多拥有了一百四十五个月份;按一年十二个月算,我多拥有了十多个年头!十年可以干出多少事情?这是不容易算清楚的,所以每当我评什么职称的时候,总有人跳出来说我发表过这个发表过那个,是"精力不在工作上",我听了终于认识清楚,这世界上一是懒汉多,二是小爬虫多,三是小人多,因此心里感到格外骄傲。

如果说我对外文编辑这个职业现在有了些骄傲情绪,根源在此。

不管怎么样说,外文编辑这个行当,在中国肯定也算是传统比较长的职业。选择这个行当,不管钱挣多少,耐性和脑力是缺不得的。外文编辑的技术活儿多一点,比如外国的人名、地名、山川河流、湖泊的名字,汉语译法都需要统一。不过,这些技术活儿,依靠工具书,可以解决大部分问题。汉语水平不一定非要比中文编辑熟练和高超,但是平均水平是必须具备的。然而,外语水平却必须修炼到比较高的程度。也许你不能像优秀译者一样翻译出优秀的译著,但是译者译稿中出现的问题以及遗留的问题,你都应该有能力解决掉。译者可以挑选自己喜欢的作家或者作品翻译,而外文编辑则不能挑选自己喜欢的译稿进行编辑。迟至二十世纪末,也就是八九年前,传统出版社的外文编辑个人还没有权利做选题,因此也就基本上没有约稿的权利。头儿们分配给你什么稿子,你就编辑什么译稿。译者漏译的地方,你应该发现并请译者补译。译稿中出现的文化和历史错误,你应该看出来并请译者纠正,或者自己纠正……由此,外文编辑自己号称"杂家",可是这种"杂家"还不能因为业务"杂"而业务不精,否则你无法解决上面说到的任何一种问题。

所以,干上述技术性编辑活儿,有一条准则必须遵守,那就是对照原文看译稿。否则,你就是神仙,也很难把译稿中的各种错误全都看出来。经过有相当翻译经验的编辑试验和总结,结论是:一个胜任的外文编辑,一年大体可以编辑四五十万字的翻译稿件。传统出版社,在上世纪九十年代中期以前,基本上是按这样的编书标准考核的。需要一提的是,那时候编辑的是手写稿,而翻译手稿,一般说来要经过至少四遍手续:草稿、初稿、抄稿和定稿。手续多,是为了保证译稿的质量,而手续多又往往会造成新的舛误;仅仅抄写过程中出现的遗漏问题,就让编辑工作不能不对照原文。统一人名和地名,可以说是外文编辑最基本的工作,而当时,就是这种基本工作,也很容易出错。比如,鲁宾孙这个名字,译稿中经常出现"鲁宾森"、"鲁宾逊"、"卢宾逊"、"卢宾生"等译名;小镇小城的译名,也会出现类似的问题。仅此一项,一部译稿在编辑过程中,便可能出现改不胜改、漏不胜防的现象。所以,传统的出版社,校对和通读这关也十分重要。

这个技术层面上的速度的提高,得万分感谢电脑这个宝贝儿。统一一个译名,利用"替换"功能,不管是多么大的稿子,几十几百几千万的字数,鼠标嗑叽一下,如同一只小老鼠唧儿叫了一声,上百上千上万的译名,便统统地改过来了。更让你放心的是,它还告诉你改掉了多少处!科技就是壮劳力,一点没有错。然而,尽管如此,我以为,一个外文编辑,一年的发稿量,生稿(新约的高质量译稿)而不是熟稿(出版过的好书),比过去的发稿标准超出一倍,即八九十万字,是个有根据的数量。如果是一个纯粹的发稿编辑,一年的工作量,也不宜超过二百万字。可如今我经常听说,一些出版社的外文编辑一年能发四五百万甚至上千万字的译稿,我听得头皮直发麻,浑身起鸡皮疙瘩。

如果把外文也当作一种纯粹的技术,那么这项技术,就是所有外文编辑工作中,最根本的一项。这项技术没有,那就不是地道的外文编辑。这项技术不行,那就不能很好地胜任外文编辑。这项技术不精,那就只能充当外文编辑这个行业的基数。所谓外文精当，基础是专业英语的八级词汇量，具备较好的阅读能力和理解能力，对外文和中文的移植有较好的悟性，至少看过二三十本原文小说，翻译经历越多越好。具备这些条件，有四五年的工作经验，能判断一部翻译稿件的是非曲直，外文编辑这个职业基本上可以做下去了。反之，一辈子也只是在这个行业里混混，混个称谓而已。

所以，外文编辑的能力，和学位高低关系不大，外文好坏与四六级考试过关没有关系。即便一个英语专业毕业生，到了一个出版社的编辑部，不经过认真的职业训练和锻炼，占了外文编辑的位置，也只是应个名儿而已。有关部门为了保证翻译著作的质量，规定出版社必须配备外文编辑，才有资格出版翻译著作。这样的规定，和我们的许多没有根据的规定一样，没有任何意义。让一个学过外语的新手占了外文编辑的位置，就大笔一挥，对译稿指指戳戳，说三道四，到头来出版的只能是劣质产品。这样的外文编辑，真的充起内行来，还不如根本不懂外文的有经验的中文编辑管用。原因很简单：他或她还没有编辑工作需要的起码资历和资源。中文编辑需要作者，外文编辑需要译者。传统出版社有句老话：作译者和文人学者，是出版社的衣食父母。一个没有任何工作经验的外文编辑，自以为是地约稿、编稿，结果未必比一个熟悉优秀译者的中文编辑处理译稿让人放心。

因此，在外文编辑工作中，了解译者、掌握译者和使用译者，是第一位的。约到好译者，就会得到好译稿；得到好译稿，就会编辑出好译著。这是外文编辑保证编辑译稿质量的基本法则。外文编辑在编辑译稿中，技术层面上的问题和差错，可以解决。但是，外文编辑对提高译文质量的贡献，可以做一点儿，但微乎其微。一个外文编辑如果声称说,某某译稿看出了多么多的错误,某某译著是经过自己纠错才达到了什么水平……,那么,这样的译著,我奉劝读者不读为好。这有点儿像一个片警,吹嘘一周一月一年在自己的管辖区,分别逮住了多少个小偷,那一定是他治下的区域里小偷成群了。治安好的地区,警察几近闲职。同样道理,优秀译稿,外文编辑几乎无错可改。

现下,一个外文编辑,是否称职还两说,连起码的资历和资源积累都没有,又都被要求做选题,这就更是灾难性的了!

回到外文编辑的核心——怎么判断一部译稿的是非曲直。如前所述,译者的水平永远都不会整齐划一,导致译稿的质量永远都不会整齐划一,因而,只要人类存在能力高下和智商高下之别,一个称职的外文编辑在编辑译稿时,就不得不进行甄别译稿的高下,消灭差错。一般说来,技术上的活儿比较容易,难在解决译文中出现的问题。在这点上,编辑需要和译者保持同步,即以句子为单位,以段落为语境,以章节为阶段,以全书为工程。即便有了这样的节奏,一个好编辑,每编一部译稿,都应该做一些笔记,把要点、问题、生疏的人名地名、存疑的引文和注释等,都记下来,以便前后查对。如果是一个有心的外文编辑,还应该随手记下一些错译、别译和优译的短语和句子,集腋成裘,然后阶段性地进行比较和筛选,留存下来的也许就是职业专攻的精华了。这是我的一个职业习惯,坚持了几十年,看来利大于弊,可作为经验告示。

在甄别句子之前,先列出一些外文编辑习惯使用的一些术语并简单定义。

对得上——外文和中文大体上吻合;相当于"准确"、"等效"等说法。

对不上——外文和中文大相径庭;相当于"望文生义"、"大概意思"等说法。

发挥型——在"对得上"的原则上,句序、词序有所活用;相当于"有文体"、"有才气"等说法。

严谨性——原文吃的透彻,中文表达到位;相当于"文从字顺"、"规矩"等说法。

翻译腔——译文比较欧化,句子比较长;相当于"直译"、"死译"等说法。

以下按六个等级列举一些例句,进行分析和论证。这六个等级分别是:逻辑混乱、语法困扰、熟语滥用、添减无度、不求精当、脑力不达。

这六个等级的前提是,译稿是成稿、成书和"名译"的;换句话说,译者是成熟、成名和"成家"的。这六个等级试图说明为什么这样的译文中还有这样那样的问题。这六个等级中,前三个,即逻辑混乱、语法困扰和熟语滥用,属于低级问题。这样的问题在译文中出现过多,比如,超过了百分之五,就是很糟糕的译文了。这样的译本应该换掉,重新组织译本。这种水平的译者,应该慎用、少用或索性不用。后三个,即添减无度、不求精当和脑力不达,属于高级问题,这样的问题在译文中出现过多,比如,超过了百分之十,也应该更新译本了。这种水平的译者,应该在翻译作品上有所选择,最好别逮住一部作品就翻译,想当全能反倒暴露了无能。

这样划分未必科学、合理,但是比笼统论述要清楚、明了、有层次。

就译者而言,前一类问题,是译者中英文修炼不够所致;后一类问题,则是译者本身的能力不够所致。一个外文编辑如若在这两方面能够帮助译者,雕琢译文,对译稿质量的提高和改善,确实是有好处的。需要声明的是,这是外文编辑更高层次的技术活儿,不是谁都可以拿得起来的。

第二节　逻辑混乱

译文出现逻辑混乱的现象,首先是译者的英文有问题。人们常说,某某的外文好,某某的英文差,至少可以分为两种情况。一是外文确实好,听、说、读、写,都好,和母语好的外国人有一拼。这样的人,在外文上下了功夫,语言能力又强,修炼到了相当程度。这样的外语人才,少而又少,万分之一的样子。也就是说,如果中国现在有一百万人的外语达到了专业大学生水准,只有一百个人是这样的外语人才。二是外文可以胜任业务,有专攻,有修炼,或者口语是特长,或者书面语是特长;这样的外语人才,一千个外语达到专业大学生水平的人当中,有一个人可以充当领军角色。三是外文马马虎虎,因为这样那样的原因,做起了翻译,出版了一些翻译作品后,充当起人物来。这样的外语人才,本质上还是基数之列,自己或者不知情的人把他或她拔高了。"逻辑混乱"的现象,前两种人的译文中可能出现,但是比例不大,尤其第一种人,基本不会犯如此低级的错误。译文中的逻辑混乱现象,对照原文比较容易发现,看稿多的编辑凭经验也能发现一部分,中文非常好的编辑,凭语感也可以发现一些。总之,修改这样的译稿,需要一定的编辑经验，新手很难胜任。

这里提供了三种译文："译文一"，差等；"译文二"，及格；"参考译文"，优秀。

"不挑不行"不是一般意义上的点评，主要是指出错误所在，并进行分析，力争举一反三的效果。因此，每节只用三四个例子，简单句子和复杂句子并用，让读者有充分的思考和消化的余地。

◎ In my contemplation, he stood as the ideal of his class.
译文一：依我之见，他如同他那个阶级的楷模似的矗立着。
译文二：在我看来，他是那一类人中的典范。

不挑不行：... he stood as the ideal of his class 多么简明易懂的英语啊！但是，"他如同他那个阶级的楷模似的矗立着"，这句中文你懂吗？这句话是说，"他"只有"矗立着"才"如同他那个阶级的楷模似的"呢，还是"他"只有"如同他那个阶级的楷模似的"才能"矗立着"？对照原文，你还真能看出来这个滑稽的错误是怎么弄出来的。大概，这位译家，是把 as 当作汉语的"如同"进行理解并动手翻译了。问题是，ideal 从哪方面讲，都没有"楷模"的含义啊。它可以当"典型"讲，可是"典型"能和"楷模"画等号吗？若说"典范"和"楷模"沾点边儿，还算是一个说法。可见，译家不仅是英语有问题，汉语也有问题。所以，说一个人中文好，不是说他或她能花里胡哨地用词，主要是说他或她对汉语的理解和准确、恰当、严谨和缜密使用的程度。

第二种译文"那一类人"，相对 his class，翻译得很不得当，尤其 his 这个所属代词忽略不得。翻译，翻译，至少应该把文字经营得明了易懂，不能把本来明了的原文，弄成看不大懂的汉语。这是不可取的。另外，class 和汉语的"那类人"还是大有区别的。好在，这里"是"和 stood 对应，是对原文理解了。

实际上，查查词典，译者会发现，stand 有一解，即处于某种状态，和汉语里的"是"非常对应。

参考译文：在我看来，他就是他那个阶级的典范。

◎ I have heard him smack his lips over dinners, every guest at which, except himself, had long been food for worms.

译文一：我曾经听过他吃饭时吧嗒嘴，当年在桌旁的所有客人除去他之外，都早已辞世入土。

译文二：我就听他咂着嘴大谈他参加过的大大小小的宴会，参加这些宴会的客人除了他自己以外都已成了一堆尸骨了。

不挑不行：这个英文句子不能说难吧？可是两种译文，都翻译得云里雾里的，不知道到底在说什么。首先是译文本身要么没有表达什么意思，要么胡乱添加了一些成分，就是没有说出实质性的东西，比如把 I have heard him smack his lips over dinners 翻译成"我曾经听过他吃饭时吧嗒嘴"，这是要说明什么意思呢？倘若对照原文，那就更出洋相了。smack 这个词儿，是相当于汉语里的"咂嘴或吧唧嘴"，可是在餐桌上咂嘴，不是在吃饭，还能是在干什么呢？如果一个人在吃饭时光咂嘴而不吃饭，那不是有病吗？至于翻译成"我就听他咂着嘴大谈他参加过的大大小小的宴会"，更是不知道译家动了哪根神经了。

另一处，be food for worms 在词典里确实有"死亡、尸体"的解释,但是这个英语词组真的和第一句英语没有任何联系吗?当然不是。词组 be food for worms 的字面意思是"成了虫子的口中食",而 smack 是津津有味地吃东西,形成了有趣的照应。看出这点来,照字面意思翻译成合适的文字,才是真正符合作者的意愿的。

翻译这活儿,一定要时时刻刻想到作者的创作用意。作者喜欢利用文字看得见看不见的意思,创造自己写作的内涵,是文学和文化写作中常有的现象。

参考译文:我听到过他在餐桌上咂嘴响舌地用餐,宴席上的每位客人,除他之外,都早已成为虫豸的美味了。

◎ Great were the weariness and annoyance of the old Inspector and the Weighers and Gaugers, whose slumbers were disturbed by the unmercifully lengthened tramp of my passing and returning footsteps. Remembering their own former habits, they used to say that the Surveyor was walking the quarter-deck. They probably fancied that my sole object—and, indeed, the sole object for which a sane man could ever put himself into voluntary motion—was, to get an appetite for dinner.

译文一:我那连续不断地往返走动的脚步该是多么无情地惊扰了老稽查员、过磅员和收税员在地下的长眠啊,他们一定厌烦透顶了。他们记起自己原先的习惯,就会说,是督察在后甲板上散步呢。他们大概会以为,我唯一的目的便是糊口果腹——的确,一个健全的人所能从事的自主的行动只能是以此为唯一的目的了。

译文二：在我楼下的老税收官和检查员们十分厌烦和恼火，因为他们的睡眠经常被我没完没了的来回脚步声无情地扰醒。回忆起他们自己从前的生活习惯，他们常常说稽查官像船长在后甲板上散步呢！他们或许在想我这样做的唯一目的——确实，一个有头脑的人使自己自觉行动的唯一目的——是使自己增加吃饭的胃口。

不挑不行：slumber，从哪部词典上也找不出"地下的长眠"的解释。这个英文词儿和汉语里的"打盹"挺相近。译家多了"地下的"几个字，更是错上加错。不过这个译句最不可取的是，译家把这个英文句子中最后的句子成分…my passing and returning footsteps 硬拉扯到译句的最前边，把原文中应该强调的内容搞乱了。后面一个句子中，… to get an appetite for dinner 翻译成"糊口果腹"也是极不精当的，因为原文里很明显地是指一顿饭之前的活动。

译文二本来做得还可以，却毫无缘由地冒出来"像船长"的比喻，实属画蛇添足。要把译文做得干净利落，是译者的追求目标。

参考译文：老稽查员、验秤员和计量员一定备感烦恼和痛苦，因为他们昏昏欲睡的状态让我来来回回的脚步打扰了，嘁嘁的踩踏一点不为人着想。回想起他们过去的习惯，他们会说，稽查官在后甲板上散步呢。他们也许认为，我唯一的目标——确实，一个健全的人心甘情愿行动起来是为了这唯一的目标——就是为午餐蹓出一个好胃口。

第三节　语法困扰

前面已经用相当篇幅和例子讲述过英语语法的重要性,是从译者角度谈的。这里涉及的语法问题,是高层次的,或者说是深层次的。如前节所说,这里选用的例子,都是从熟稿和书中得到的,译者都是有相当翻译经验的人;有的也许是译著等身也未可知;有的是一方人物或者权威也有可能。但是,这些人译文中的错误,往往与语法不过关有直接关系。什么叫语法?语法,就是一种语言的法则。有了这样的法则,一种语言就有规矩可循,不会乱套。每个使用语言的人,尤其书面语,掌握了语法,就可以写出通顺的句子,严谨的文章,让广大读者都能读懂、读通,并享受其中。据说,一种语言的严谨,与其语法缜密大有关系。语法缜密,语法现象就必然复杂。语法现象复杂,语言的逻辑一定更紧密。相比之下,汉语的语法比之英语,就活泛得多,逻辑也就松动得多。语言逻辑混乱,与语法掌握不好有直接关系,因此,本节和上节是有联系的。

掌握语法,需要一定训练。外语学习,方法很多,相当一部分人是依靠环境学来的,因此对语法很生疏。这样学习外语的人,"望文生义"的方式占多数,做翻译很容易出问题。汉语语种特殊,文言文根本就不讲语法,因此,中国人掌握外语,最好在语法上多下些功夫。这对文字翻译,尤其较高层次的文字翻译,是大有好处的。

◎ One point, in which he had vastly the advantage over his

four-footed brethren, was his ability to recollect the good dinners which it had made no small portion of the happiness of his life to eat.

译文一：他在一点上比其他的四足兄弟们远胜一筹，那就是他有本领搜集到美味佳肴，而以食为乐正是他生活享受中不小的一部分。

译文二：他比之那些四脚爬行的弟兄们具有一个巨大的优点，那就是他能够回忆他享受过的美酒佳肴，而吃吃喝喝是他生活的一个重要部分。

不挑不行：recollect 绝对没有"搜集"的意思。如果是译家一时糊涂，或者看走眼了，把 recollect 看成了 collect，那么后边的定语成分也应该引起译家的警醒，重新审视前边的译文，因为 which had made… 这样的过去完成时，是说那些 good dinners 早已经穿过肠胃变成粪土了，还怎么能"搜集到"呢？所以，把 good dinners 翻译成"美味佳肴"和"美酒佳肴"都是大有问题的翻译，是没有进一步探究的结果。

更要紧的还有一处，那就是 it 这个不起眼的代词。它代了谁了？从上下文看，只能是 his ability。如果从 which 处把这个句子一分为二，那么后面的句子应该还原为：It had made no small portion of the happiness of his life to eat good dinners，照字面意思，大约相当于汉语：回味的能力是他享用美餐的幸福中不小的组成部分。

由此看得出，两种翻译都是很糟糕的。说到底，犯这样的错，主要还是英语语法掌握得差。原文中，it 不只不起眼，而且很难找

第三章 外文编辑这个职业

到相应关系。这种情况下,就要看译者的语法水平了。文字翻译这活儿,到了最头疼的地方,只能从语法上解决问题。许多学习外语的,一般工作都胜任,尤其口语好的,但是做起有难度的文字翻译,一动手就出错,一准是语法不过关。这不光是学外语的人有这种情况,本国语言的语法没学好的也大有人在。正因如此,从事文字翻译的人,才特别需要在语法上多下功夫。

参考译文:在这点上,比他那些四条腿兄弟,他具有很大优势,那就是他能够回味一顿顿美好的餐饭,这在他美食生活的幸福中占有不小的比例呢。

◎ And now—because, beyond my deserts, I was happy enough to find a listener or two on the former occasion—I again seize the public by the button, and talk of my three years' experience in a Custom House.

译文一:而如今——虽说我深居简出,却依然十分乐于找到一两个前一次的知音——,我又一次强拉住公众的衣襟,讲述我在一处海关的三年经历。

译文二:现在这次的冲动,同上次一样,也实不该当,只是因为我非常高兴逮住了一两位听众,于是我便抓住他们不放,又谈论起我在海关的三年经历。

不挑不行:两种译文,仅看中文,都很通顺。如果我面对着一百个读者,说这两种译文都有黑白错误,估计他们都不会相信。即便其中有几个懂英文的,比如专业八级水平的,明确告诉他们有两处错译,他们未必能确切地指出来究竟错在哪里。为什么会这样呢？首先是译家把译文抹得太平，不易发现马脚在哪里。其次是文字一旦以书的形式出现，都有某种权威，尤其有声誉有传统有专业的出版社所出版的东西。其三是译者长期占住了某部译著，有几代人读过，习惯成了自然。当然，主要的原因是一般情况下，一般读者也不会动这个脑筋。

现在，先把两处英文挑出来，讲解一下它们的真正意思。

英语短语…beyond my deserts，相当于汉语里什么意思呢？这样的英语短语，主要是弄清楚名词的含义，整个意思就基本清楚了。deserts作为名词，有两解：一是沙漠、荒原、荒凉的境地等；二是功过、功罪、应得的赏罚等。因为deserts前边有my这个所属代词，它当沙漠等意讲的可能性不大，而当功过等意讲的可能性至少比前一种可能性要大得多。如果可能当第一种意义讲，那么这个短语就是：我的沙漠那边之类；如果可能当第二种意义讲，那么它就是超出了我的功过之类。

英语短语…seize the public by the button，相当于汉语里的什么意思呢？其实，大中型英汉词典里，都有这个短语的解释，只要手勤，翻开词典就赫然在目了：留人长谈、拖住人说话、缠住人说话等意。一般情况下，这个英语短语是…hold(catch, take) sb. by the button，在本文里，作者换了一个词——seize，更有强调的味道。

好了，这两个地方解释清楚了，聪明的读者马上就看得出错误所在了。想一想译家竟然能够望文生义，弄出看上去很圆滑的译文，真也令人佩服。但是，错误就是错误，只有一个接一个消灭了，才能越来越少。译家对beyond和by这类介词的疏忽，是这类错误的根源。英语中,许多动词和名词与介词连用,都会有截然不同的解释。严格说来,还是译家语法训练不到位造成的。

参考译文:现在呢——因为,承蒙错爱,我很高兴发现了一两个过去听过我讲身世的读者——我再次主动与公众攀谈,把我在海关的三年经历讲一讲。

◎ It may be, however—O, transporting and triumphant thought!—that the great-grandchildren of the present race may sometimes think kindly of the scribbler of bygone days, when the antiquary of days to come, among the sites memorable in the town's history, shall point out the locality of The Town Pump!

译文一:然而——噢,变换和获胜的思绪!——目前这一代人的曾孙们或许有时会善意地回想起我这位撰写往事的作家,因为当怀念往昔的日子到来时,他的故事可以指出,在城镇那些值得纪念的遗迹中,镇上的水泵的所在地!

译文二:然而,多么令人心荡神怡,欢欣鼓舞!每当我想到也许我们的子孙后代有时会发古之幽情,怀念起那位记述往昔生活的拙劣作家,那时未来的古代文物研究者将站在这个城镇的历史遗址上指出"小镇唧筒井"的所在地!

不挑不行:译文一是个大错特错的译句,但是究竟错在哪里,却还需要把原文分析透彻,完全弄懂了,才能找出来。这个英语句子的主要成分是:It may be... that the great-grandchildren... may sometimes think kindly of... shall point out the locality of The Town Pump。按照这个英文句子结构,这段译文自然百分之百的错了。整句翻译错了,其中一些具体的单词和短语,也错误多多,比如 O, transporting and triumphant thought 翻译成"噢,变换和获胜的思绪",全然莫名其妙;"他的故事"在原文里根本就找不到相应的成分,等等。

第二种译文好一点点,但在主谓语结构上也出了同样的错误。还有,"每当我想到也许我们的子孙后代有时会发古之幽情"是绝对不可以等同… that the great-grandchildren of the present race may sometimes 的,其中"每当我想到"、"发古之幽情"纯属无中生有,极不可取。后半句"古代文物研究者"充当主语,是语法没有搞通的结果。再有,原文破折号里的内容,完全是插入语,也是完全可以在破折号里完成翻译的,不必要在译文中重组标点。

参考译文:也许,不过——啊,欣喜若狂、得意洋洋的念头!——这个现今民族的子子孙孙也许有时会厚道地记起我这个描写往日生活的写手,等到那时的考古学家来了,站在镇子历史难忘的遗址上,将会指出镇上的唧筒的所在位置!

第四节 熟语滥用

"熟语"是什么?这里主要指成语和习语,尤其四六字的沿袭文风。怎么使用汉语中的熟语,一直有争论,基本分为两种主张:可用和不可用。这两种态度,又有许多区别,比如,主张可用者,有的人只是"可用",用得恰到好处,适可而止。有的人,则恨不得句句都是四六字,还认为这是文采,是好中文。主张"不可用"者,有的不是绝对不用,只是认为有典故的成语,像破镜重圆、江郎才尽、才高八斗、黔驴之技等等,绝不可用;有的则主张能用就用,成语只是一种语言现象,只要能表达出原文的基本意思,让译文引人入胜就好。这样的争论很有些年头了,至今也还是喜欢使用熟语的依然使用,不喜欢使用熟语的依然用得很少。

我以为,这样的态度都可以接受,只要基本符合译文的语境,所用熟语又和原文基本照应。但是,熟语使用到"滥"的地步,就必须制止了。所谓"滥",是指不仅和原文对照不上,或者相差很远,而且基本上没有弄懂原文,只是一味用熟语遮挡丑陋,乍看起来好像和原文沾了点边儿,仔细分析起来,却牛头不对马嘴。这样的翻译,也可以称之为"大词唬人"、"大词蒙人"或者"大词抹平",实质上很难传达出原文的意思述和内涵。这类译家,主要是对原文吃得不透,越是地道的原文,地道的表述,译家越是没有能力表达出来;另一方面,汉语毕竟是母语,耳濡目染,用起来顺手,于是便耍起花拳绣腿,逮住成语就用,以致"熟语"使用到了"滥"的程度。所以,一个译本,译文使用四六字过多,可以肯定,不是好译本;如果多到"滥"的程度,基本上就是坏的译本了。以下列举的三个例子,不是熟语用得过多,而是把译家吃不透的原文,都用成语来遮挡。

◎ His spirit could never, I conceive, have been characterized by an uneasy activity; it must, at any period of his life, have required an impulse to set him in motion; but, once stirred up, with obstacles to overcome, and an adequate object to be attained, it was not in the man to give out or fail.

译文一:我认为,他的精神绝不可能以一次困难的行动来标志；而应该是在他人生的任何阶段为激励他的行动所需的一种冲动；那他一旦被激励起来，便会克服障碍，达到一定的目的，成为一个一往无前和无往而不胜的人。

译文二：我认为他的精神绝不是一时的心血来潮；这种精神要求他在生命的任何时候都有一个永恒的动力，一旦受到鼓动，要求去克服障碍，达到某个目标。

不挑不行：第一种译文，问题主要出在分号以后。英语里的分号，从英语的习惯用法上看，是前一句的补充或者加强或者解释，有一定的逻辑。比逗号所关涉的内容多，比句号关涉的内容少。所以，but, once stirred up… 的主语还只能是 his spirit，即 it，而不能是"他"。因为代词转换了，最后一句"成为一个一往无前和无往而不胜的人"，尽管用了两个成语，看似很有英雄气概，实际上是一个错误的译句。关键问题是这两个成语和原文的意思基本不沾边儿，更没有"人"的影子。

第二种译文呢，把 … have been characterized by an uneasy activity 翻译成了"绝不是一时的心血来潮"，是瞎翻，毫无章法可循。impulse 翻译成了"永恒的动力"，更是词不达意。这样翻译随意惯了，看见不好翻译的句子，如，it was not in the man to give out or fail 就丢掉不译便是常有的事儿了。

参考译文：我认为，他的精神从来不是由一种不安的活动表明的；他的精神在他生活的任何时期都一定需要一种冲动，让他行动起来；不过，一旦行动起来，遇到障碍就能克服，树立的目标就要达到，放弃和失败都不属于这个人。

第三章　外文编辑这个职业

◎ Meanwhile, there I was, a Surveyor of the Revenue, and, so far as I have been able to understand, as good a Surveyor as need be. A man of thought, fancy, and sensibility, (had he ten times the Surveyor's proportion of those qualities,) may, at any time, be a man of affairs, if he only choose to give himself the trouble.

译文一：与此同时,我在那里当起了税收督察,而且恪尽职守。一个有头脑、有想象,又很敏感的人(假定他的这些品行较之督察胜过十倍),只要他一心不嫌麻烦,随时都可能成为风流人物。

译文二：此时,我在海关担任税务署的稽查官,而且据我了解,还是一名称职的稽查官。一个有思想、爱幻想、重理智的人(如果他的这些品质超出一个稽查官要求具备的十倍),任何时候都可能是一个好管理人员,只要他不怕麻烦就是了。

不挑不行：第一种译文中,so far as I have been able to understand, as good a Surveyor as need be 这样两句不算短的英语,能否翻译成"恪尽职守"？当然不可以。假如不包括 so far as I have been able to understand,只有 as good a Surveyor as need be,还可以沾点儿边。最搞笑的是把 ... be a man of affairs 翻译为"成为风流人物"。这位译家要么对做名人和才子更感兴趣,要么对男女之事更感兴趣,要么就是对"风流人物"这样的熟语念念不忘；作为人,这样的情绪可以理解,但是作为译者是不可原谅的。因为这个句子的语境很容易看出来,就是谈论有关海关事务的,怎么也不会绕那么大的圈子,绕到"风流人物"上。

第二种译文基本上没有问题,只有 ... give himself the trouble

这样的英语短语,是按字面意思译为给自己找麻烦之类的意思,还是从另一面理解,翻译为"他不怕麻烦",这还涉及到翻译过程中"正反两个方面表达"的取向。一般说来,能采取前者的译法,尽量玉成;能躲过后面一种译法,尽量避免。

参考译文:与此同时,我在那里做税收稽查官,而且我现在仍然认为自己是一个很称职的稽查官呢。一个有思想、有想象、有理智的人(不妨说比这种稽查官应有的这些素质高出去十倍),只要愿意给自己揽麻烦,随时都可以成为一个事务缠身的人。

◎ Much to the author's surprise, and (if he may say so without additional offence) considerably to his amusement, he finds that his sketch of official life, introductory to *The Scarlet Letter*, has created an unprecedented excitement in the respectable community immediately around him.

译文:令作者大为诧异,又颇感可笑(如果他这样说不增添不悦的话),他写的那篇有关公务生活的文章——《红字》的前言竟在他周围的有识之士中激起了这般空前的狂风怒涛。

不挑不行:译文毛病多多,以下挑出几例特别出格的:offence ≠ 不悦;amusement ≠ 可笑;unprecedented excitement ≠ 狂风怒涛;respectable community ≠ 有识之士。

不可否认,译者为了语境和描述,尤其在文学翻译中,可以有移植上的变通,把原文中的词、短语、习语等元素用转译、意译等手段,按照本国语言习惯,营造语言氛围,使译文更生动,更合乎本国读者的胃口。然而,这样做的前提,一定是符合或者顺从原文的基本含义。英语和汉语有一定水平的读者,都能看出来这段文字的英文和中文译文是不等的。一个句子中有如此多的不等因素,译文就一定会失衡。这些不等因素,尤其将"unprecedented excitement 译成狂风怒涛",将"respectable community 译成有识之士"难以容忍。这样的翻译所造成的危害,本来是对原文的不忠实、不准确,却往往会被一些人认为是"才华"的表现。实际上,这样的译文是译家对原文理解很差的表现,或者说是译家对原文表达很无能的结果。一个对原文吃得透、摸得准的人,宁可不做翻译,也不会这样翻译东西。其实,译家也感觉出来他的译文和原文出入太大,所以还增添了一个破折号。

这里要特别强调的是,把外文翻译成汉语,依靠搬弄词藻藏拙,恰恰是很拙劣的表现。

参考译文:让作者感到惊讶的,而且(如果他这样说不会加重冒犯的话)又感到相当有趣的,是发现他那篇写官场生活的速写,本来是介绍《红字》的,却在他周遭的圈内人士中制造出前所未有的大哗。

第五节　增减无度

译者在翻译过程中,在推敲译文时总会去掉一些词儿,增添一些词儿。如果用英语表达这样的修改,polish 这个词最准确,即"打磨"、"抛光"、"擦亮"等;好比译者在做一件器物,毛坯出来了,用眼瞄去,这里那里不入眼,削、刮、挫,各种手段都使出来,把碍眼的地方修理好了;然后,再用眼瞄去,又看出来这里那里不对劲儿,于是,磨、打、擦,更精细的手段再次派上用场……这是一个认真而又需要耐心的修改过程。有些优秀译者,polish 到了一字则多、一字则少的程度。这当然是很可取的翻译态度。

然而,这样的态度,在浮躁之风盛行的今天,越来越少见了。一种良好的风气,如果得不到应有的报酬和拥戴,是会渐渐的失传的。

不过,就我接触的译者来说,有相当一部分人,主要是还没有修炼到这样高的水平,就不再精益求精了。有些译者,语感很好,或说有语言天赋,比较容易达到这样的水平。大部分译者,是必须依靠有韧性的、自觉的努力,才能达到给译文 polishing 的地步。另有相当部分的译者,一辈子做翻译,却压根儿没有希望达到这样的水平。

总之,不管译者属于哪样的类型,努力攀登的态度是需要的。

以下的几个例子,不算十分典型,但是基本上可以说明"增减无度"造成的不良效果。至于"增减适度"的例子,不在此节内容之内。

◎ As to enmity, or ill feeling of any kind, personal or political, he utterly disclaims such motives.

译文:至于敌意,或任何类别恶意,无论属公属私,或者涉及政治与否,他全然没有此等动机。

不挑不行:这个译句,主要问题是添加的东西,纯粹是多余的,啰唆的,莫名其妙的。personal or political 只有两种选择,两个元素:个人的或是政治上的,译家非要弄出四个元素:"无论属公属私,或者涉及政治与否",实在不可取。这样的翻译,反映出译家的汉语水平很糟糕。如果力争译文精简,那就别把可以精简的内容添加出来。如果力争文字通俗平常,那就把话说得更口语一些。

参考译文:至于敌意,或者任何类似的仇视,不论是个人的还是政治上的,他都坚决否认这样的动机。

◎ Doubtless, however, either of these stern and black-browed Puritans would have thought it quite a sufficient retribution for his sins, that, after so long a lapse of years, the old trunk of the family tree, with so much venerable moss upon it, should have borne, as its topmost bough, an idler like myself.

译文一:然而,经过漫长的岁月之后,在长满了年深日久的青苔的我们家族之树的古老树干上,居然在顶端的粗枝上生出我这样一个不肖子孙,我的这两位板着面孔、穿着黑褐色袍服的清教徒祖先,无疑定会认为这是对他们罪孽的充分报应。

译文二:毫无疑问,这两个面目森严、郁郁寡欢的清教徒谁都不曾想到苍天会对他们的罪孽作出报复。在我们家族的树系上,在那棵上面长满青苔的老树干上,隔了许多年之后,竟在它顶上的一个枝丫上冒出了一个像我这样游手好闲的不肖子孙。

不挑不行:两种译文里都出现了"不肖子孙",这个词组的意思基本上是品行不端的人+子孙。从译文的整体上看,这个词儿用得也还算得当,但是英语对应的词儿是哪个呢? idler,这个词儿的汉语解释是:懒人、游手好闲者。在句子里只有单数的体现,而"不肖子孙"指的应该是复数。原文... an idler like myself 所强调的也是单数,而上两种译文分别是"我这样一个不肖子孙"和"一个像我这样游手好闲的不肖子孙",大同小异,差别只是第二种比第一种更啰唆,"一个像我这样游手好闲的不肖子孙"总有一种成分是画蛇添足。其实,两种译文都看得出,译家的汉语修养都不到家,至少是遣词造句都不严谨,因为类似"我这样一个不肖子孙"的译句都不通,"我"是单数,后边最好接一个单数,尽量避免"不肖子孙"这样的复数形式。即使"我这样一个不肖子孙"说法符合汉语习惯,译者也有责任把译文翻译得更精当,对汉语进行潜移默化的影响和改造。

然而,我在这里想强调的还不是这点,而是看原文,我们可以发现,尽管这个句子很长,但一"逗"到底,使用了九个逗号;也就是说,英语读者阅读这样的文字,并不觉得费劲,反而很有节奏感、跳跃感、轻松感。反观两种译文,尽管译家先把原文句序颠来倒去,重新组织结构,然后在标点符号上做足了文章,顿号和句号都用上了,但还是让汉语读者读起来吃力,有些表达需要反复阅读才能明白。这样的译文在翻译领域大行其道,形成了翻译腔(这两个例子还算不上最典型的),以至于让部分读者,尤其汉语修养不够好的读者,以为译文就应该都是长句子。这当然是一种积习难返的误会。从这个例子里可以看出,问题出在译家,而非英语作者。究其原因,还是译家对原文吃得不透,摸得不准,加之汉语修养欠缺,造成了翻译过程中的力不从心,译文上的似是而非。

事实是,只要译者把英语吃透,汉语修养好,翻译用心,大部分译文都可以按照原文的结构和句序进行翻译,并且能够翻译出很通顺很精当的译文。

参考译文:但是,毫无疑问,这两位严厉的不苟言笑的清教徒都应该想到,他们犯下的罪过会得到足够的报应,悠悠岁月过去很久之后,这棵家族树的老树干,长满了太多的古老的青苔,会在它的末梢的枝儿上,生出我本人这样一个现世报。

◎ The moment when a man's head drops off is seldom or never, I am inclined to think, precisely the most agreeable of his life. Nevertheless, like the greater part of our misfortunes, even so serious a contingency brings its remedy and consolation with it, if the sufferer will but make the best, rather than the worst, of the accident which has befallen him.

译文一:我倒认为,一个人头颅落地之时,绝少是他一生中最为惬意之际。然而,如果遭难者能够把落到他头上的这场灾难变成好事而不是坏事,哪怕如此之意外,也同我们的大多数不幸一样,总会有补救和安慰的途径。

译文二:我倾向于这样的看法,一个人的头落地之时很少或决不是他一生中最愉快的时刻。然而,像我们遭遇到的大多数不幸一样,即令出现了这样一个非常严重的情况,随之总会带来弥补的办法和慰藉之处,只要受害者善于把落在他身上的坏事变成好事,而不是把坏事弄得更糟。

不挑不行:…seldom or never 这样的英文,哪怕是作者的习惯,并没有多少真正的用意,也不能译为"绝少"了事儿。既然有强调之意,那就尽量反映出来。翻译的过程,增加和减少些东西,是难免的,但是一定要有依据,像"总会有补救和安慰的途径"中的

"总会有"和"途径",都是要不得的,太随意。

第二种译文… make the best, rather than the worst 翻译成"坏事变成好事,而不是把坏事弄得更糟",不够妥当,原文强调的成分,很难传达出来。尽管"好、更好、最好;坏、更坏、最坏"之类的汉语元素,都是翻译语言,是西语在汉语中的表现,但是目前已经广为接受,就不如遵循一定的规则为好。

参考译文:一个人脑袋落地的时刻,我倾向认为,很少或者从来不会正好是他一生中最为得意的时刻。但是,如同我们遇到的大部分不幸,如果受难者把落到头上的事件利用得最好而不是最坏,即使如此严重的事件也可以带来补救和安慰。

第六节　不求精当

"不求精当",更准确地说,是一种翻译态度。这样的态度,有时候是故意的,有时候习惯成自然,有时候是文风粗糙造成的。属于这样的情况,都有可能改正过来,因为态度是可以端正的。但是,另一种情况是,译者对原文的理解含糊,翻译过来的文字也就很难再精益求精。这好比你把一块板子打磨光滑了,处理到位了,那么,再在这块板子上涂漆,就不难涂抹均匀了。因此,这里所说的"不求精当",首先是指译者在攻克外语这一关上,就没有做到"精当"的程度;其次是指译文再怎么修改,也难以达到精当的程度了。基础不好,提高就难,这是因果关系。

反过来,如果原文理解有问题,译者偏偏要在译文上极尽雕琢之能事,那或许更糟糕。译文,首要的是准确。因此,译者要求译文精当,从一开始就要下功夫,先把原文理解这步走到位了。但是,这步往往很费劲,短期努力难以达到,译者索性得过且过,译文也马虎起来。

当然,如果译者汉语水平比较高,对原文中理解不清楚、不到位的地方,多查词典,多向高人请教,译文多修改几次,起码做到文从字顺,也能弥补许多遗憾。

下面的例句,比较典型,尤其看过"参考译文",比较之下,前两种译文确实有许多可以改进的地方。因为这几个句子都不算长,不算复杂,只要译者态度认真,完全可以把译文翻译得更精当。

◎ It was plain enough to discern, that the old fellows dreaded some such discourtesy at my hands.

译文一:显而易见的是,这些老家伙们唯恐在我身边表现出某些失礼之举。

译文二:显而易见,这些老家伙都害怕我对他们采取非礼的措施。

不挑不行:这句英语真的不能说难啊!可是呢,这两种译文都出了必须挑出来说一说的错误。原句中的 it was plain enough to discern 只是为了强调而添加了一些无关重要的成分,这是英语的习惯,无论增加多少强调的成分,也还只是要让读者更加注意后面的句子所要表达的内容。不管什么语种,都应该有这样的变化。一个作者的文风,也往往是通过使用这样的修饰成分,得到体现的。一些译者,遇到类似修饰成分,总觉得怎么翻译都不能体现原文的含义,其实这是误解。

…that 之后的译文,第一种译文完全是错误的;第二种译文也是错的,但是错误不那么严重。两个译家都没有对 some such 和 at my hands 这样最常见的小短语在他们的译文里做出反应,而第一种译文连主要动词 dread 都全然弄错了。

先分析一下这几个英语成分。

第一个是 some such。在这个词组中,such 为重,因为这样的形容词后边,一般说来都是一个句子中的重要名词,因此不管用什么手段,都要在译文中显示出来。

第二个是 dread。无论作为及物动词还是不及物动词,它都只有"害怕、担心、发愁"等意,都可以用"为什么"来提问,并因此引出宾语来。在这类词上,外文和汉语是相通的。第一种译文把这个词儿翻译成了"唯恐在我身边表现出某些",里面出现了两个汉语动词,"唯恐"、"表现",显然是错误的。

第三个是 at my hands。这个短语,尽管小学生都要学会这三个词儿,但是它们组织在一起,却大有讲究。at hand 相当于汉语里的在手边、在身边等意,但是 at my hands 却绝不是在我的手边、在我的身边等意。只要把词典查到了,你会知道 at sb.'s hands 只相当于汉语里的在某人手下、出自某人之手等意;这个英语短语更多的时候是以 at the hands of sb. 形式出现,例如,…suffer exploitation at the hands of bad boss(在坏老板手下受剥削)。那么,…that 起头的这个英文句子就是… that the old fellows dreaded some such discourtesy at the hands of mine。看明白这样一个英文句子,一个有一定水平的认真的译者,无论如何都不会翻译出"唯恐在我身边表现出某些失礼之举"与"害怕我对他们采取非礼的措施"这样的汉语句子。汉语乍读起来文绉绉的,实际上是驴粪蛋上的霜。

参考译文:很显然,那些老家伙们很害怕我手下无情,做出这样一些无礼的事情。

◎ The careless security of his life in the Custom House, on a regular income, and with but slight and infrequent apprehensions of removal, had no doubt contributed to make time pass lightly over him.

译文一:他对海关生涯有固定收入的保障掉以轻心,对可能遭到免职绝少忧虑,这无疑对他轻松度日做出了贡献。

译文二:他在海关的生活无忧无虑,按时发给薪俸,毋需时刻提心吊胆被解聘,这无疑让他日子过得轻松愉快。

不挑不行:第一种译文堪称望文生义、舛误多多的典型翻译。The careless security of his life in the Custom House, on a regular income…绝不可以合二而一,翻译成"他对海关生涯有固定收入的保障掉以轻心";contribute 在这里根本不可能当"做……贡献"讲。一个不算长的句子出现多处翻译错误,这样的译文,可是说是胡译性质的。

第二种译文基本上可取,只是 with but slight and infrequent 这样细微的英语用词,在译文里没有体现,难免遗憾。

参考译文:在海关谋职生活稳定,薪水有保障,不用时时担心被解雇,这毫无疑问有利于他轻松打发时光。

◎ One of the most remarkable occasions, when the habit of bygone days awoke in me, was that which brings it within the law of literary propriety to offer the public the sketch which I am now writing.

译文一:往事在我心中复苏的最值得注意的一次机会终于将其带进适宜的文学法则之内,于是就产生了我现在正撰写的这篇随笔奉献给公众。

译文二:一个突出的例子便是昔日的习惯在我身上苏醒了,它要求我按照文学写作的规律奉献给我现在正在写的这篇随笔。

不挑不行:第一种译文中,"往事"两个字,无论如何不能把英语 the habit of bygone days 概而括之。… was that which brings it within… 这样的英语,在十八九世纪很流行,但是在当今的英语中是很少见了。连续几个代词到底取代哪种成分,需要梳理清楚,像 it,既可以代前边的 one,也可以代稍后的 habit,如果没有太大把握,索性用"它",倒是一种更省事的方法。

第二种译文,One of the most remarkable occasions, when the habit of bygone days awoke in me 这样两句比较长的英语,翻译成了"一个突出的例子便是昔日的习惯在我身上苏醒了",有点萝卜白菜一把抓的毛病,绝不可提倡。… offer the public the sketch which I am now wring 翻译成了"奉献给我现在正在写的这篇随笔",译句不只不明白,也不成立,对照原文,漏掉了 the public。细细体察,这整个句子都是写出来,而不是翻译出来的,应该否定。

参考译文:过去岁月形成的习惯在我内心复苏的最明显的一

次,便是把它带入了文学写作的法则之内,促成了这篇我眼下正在写给公众的随笔。

◎ But, on examining the papers which the parchment commission served to envelop, I found more traces of Mr. Pue's mental part, and the internal operations of his head, than the frizzled wig that had contained of the venerable skull itself.

译文一:但是,当我验看由羊皮纸委任状包着的文件时,却发现了普先生在卷曲的假发覆盖下的可敬的头颅之内的运转,即普先生的精神生活的蛛丝马迹。

译文二:但是,在仔细看了包在这张羊皮纸委任状里的文件后,我找到了有关皮尤先生智力方面的,即他头脑内部运作方面的一些线索,它们大大超过戴在那个令人尊敬的骷髅上的卷曲假发所包含的线索。

不挑不行:这个英文句子,有个很常见的句眼,就是… more… than…,但是在翻译过程中,什么时候处理起来都不容易。第一种译文把英文句子最后的 the frizzled wig had contained of the venerable skull itself, 作为一个定语拉回去使用,这样不只是不尊重这样的英语特点,也是东扯葫芦西扯瓢的江湖手段,误译错译便是必然的了。

第二种译文的错误,出现在后半句。这个英语句子,核心部分是 I found more traces of Mr. Pue's mental part… than the frizzled wig…, 那么, than the frizzled wig that had contained of the venerable skull itself, 对应的译文是"大大超过戴在那个令人尊敬的

骷髅上的卷曲假发所包含的线索",恐怕也颇有疑问。

参考译文:可是,在检查那张羊皮纸委任状包裹起来的那些文件时,我发现了皮尤先生的精神部分以及他脑子里的运作情况,倒真比那个卷曲的假发装饰过的那个可尊敬的头颅本身更有意思。

第七节 脑力不达

"脑力不达",差不多就是"智商不够"的意思,尽管这样的提法不够厚道。俗话说,天下三百六十行,行行出状元,而状元都是智商高的人。在当今提倡平等和民主的语境下,我们希望大家都是高智商,高智慧,但是人之所以有区别,根本区别还就是智商有区别。

不过,脑力不达这个提法,倒也有许多可取之处。关键是这个"达"字,可理解为脑力达不到某种水平,也可以说脑力不够通达。我们都是平常人,脑力非要达到高层次,那只是一种理想;实际一点,把我们脑子锻炼得通达一些,是可以做到的。实际上,脑力能够锻炼得通达起来,对翻译这个工种来说,似乎更实用。通达,包括灵活,也包括融会贯通。

下面几个例子,译文不到位,与脑子不通达,是有联系的。

◎ An old soldier might be supposed to prize only the bloody laurel on his brow; but here was one, who seemed to have a young girl's appreciation of the floral tribe.

译文一:人们会认为,一名老兵只会将肩上的带血的桂冠引以

第三章 外文编辑这个职业

为荣,但这里却有一个老战士对花卉似乎怀有少女般的倾心。

译文二:一个士兵常常被认为只喜欢戴上血红的桂冠,但是这里有一个士兵,他似乎有着一种少女般对琪花瑶草的沉浸醇郁之心。

不挑不行:"一名老兵只会将肩上的带血的桂冠引以为荣"是什么意思?首先弄弄清楚,什么是桂冠?桂冠不是应该戴在头上吗?肩膀上难道能戴上桂冠吗?有不少年轻编辑,问我是否逐字逐句对照外文编辑稿子,我说有时候不得不逐字逐句地对照。总的来说,我采用句群和段落对照的方法更多,大部分情况是仔细阅读译文,遇到疑点和逻辑不通的地方才认真对照。不过问题基本上都找得到的,那就是经验了。像上述问题,逻辑根本不通,对照原文,肯定有问题。原文是什么?on his brow,怎么移植都不应该出现"肩上的"啊?但是,这样的问题总在发生。又比如,floral tribe 移植成了"花卉",而"卉"却只是泛指观赏的草,连花都不是的,如果这里用一个"汇"字,倒还真能抵挡一阵子。

第二种译文,和第一种翻译的错误有些巧合,前者把 on his brow 翻译成了"肩上的",后者用"戴上"二字对付了事儿。更蒙人的是,floral tribe 翻译成了"琪花瑶草",appreciation 幻变成了"沉浸醇郁",看似用词华丽,出手不凡,实质上是最臭不可闻的一种翻译态度。

参考译文:一位老军人,在世人眼里也许只以头戴溅血的桂冠为荣耀;然而,这里这位老军人却像少女一样,对花簇格外偏爱。

◎ The brave soldier had already numbered, nearly or quite,

his threescore years and ten, and was pursuing the remainder of his earthly march, burdened with infirmities which even the martial music of his own spirit-stirring recollections could do little towards lightening.

译文一：这位无畏的战士已然差不多度过了七十个春秋，如今只是踱过他早年行军的余路；他年老体衰的重负，即使靠为他本人提神的回忆之军乐，也减轻不了些许。

译文二：这位英勇的军人已经活了，或者差不多快活了七十个年头了，正在继续他人生征途的最后一段。年迈体弱的重负压得他喘不过气来，即令振奋人心的军乐声也难以使他的心情轻松一些。

不挑不行：译文一中的... the remainder of his earthly march 自然不等同"他早年行军的余路"，这样的舛误是译家可能看花眼的，earthly march 看成了 early march，但是错误多了，就是个态度问题了，需要认真改正。译文二里"即令振奋人心的军乐声也难以使他的心情轻松一些"不只 his own 这个小定语不可漏掉，recollections 同样不能丢掉不译。一句话遗漏东西太多，和黑白错差不多。

但是这两种译文，遗漏还只是一个方面；另一方面是标点符号用得特别不严谨。... burdened with infirmities 的主语是 the brave soldier，还是应该照应起来为好，从这里把句子断开，是不严谨的翻译。如果句子太长，那么应该在 which... 之后断开。如果从这里不好分开，那就是没有必要分开。上面两种译文都分开了，一种用了分号，一种用了句号，都不恰当，而且这样的巧合，很可能有互相参考的背景。至于谁参考了谁,那则需要做版本调查。

　　参考译文:这位勇敢的战士,已经打发走了差不多七十个年头,目前只是在继续完成他的世俗征程的剩余路途,年老体衰,不堪重负,就是他自己脑子里时时想起的军旅乐章,也不能帮他轻松多少了。

◎ I remembered to have read (probably in Felt's Annals) a notice of the decease of Mr. Surveyor Pue, about fourscore years ago; and likewise, in a newspaper of recent times, an account of the digging up of his remains in the little graveyard of St. Peter's Church, during the renewal of that edifice.

　　译文一:我印象中曾经读到过(大概是在菲尔特的编年史中)大约一百六十年前的一则普督察先生的讣告,亦曾在近期的一张报纸上看到过一条消息,记述了在圣彼得教堂重修期间,在其小墓地中发现了普先生遗骸的始末。

　　译文二:我记得大约在四十年前(很可能在《费尔特纪事》上)曾读到过一则关于稽查官皮尤先生去世的通告;同样,前不久在一份报纸上有一则消息,报道在重新修建圣彼得教堂时,在小墓地里挖掘到他的遗骸。

　　不挑不行:两种译文都大致不差,可是令人费解的是,怎么 fourscore 这样一个量词,一个翻译成了"大约一百六十年前",一个翻译成了"四十年前"。尽管这样的误译可以原宥,但是一点诀窍还是应该牢记的,那就是 score 这个词儿,任何时候只相当于汉语二十来个之意,抓住了这点,上述错误是无论如何都不会发生的。

另外,第一种译文中,in the little graveyard 翻译成了"在其小墓地中","其"字不可用,因原文中是 the,而不是 his。这涉及西方文化背景。教堂墓地,一般都是成片的,多人的。再有是,"的始末"纯属多余。

参考译文:我记得看到过(也许在《费尔特年鉴》上)稽查官皮尤先生的讣告,那是八十多年前的事情;同样,在近年的一份报纸上,我又读到圣彼得教堂这所建筑物修缮期间,在小墓地挖出他的遗骸的报道。

第八节 小结

三种译文放在一起比较,不仅是比较译文质量的高下,更应该从比较中学到如何处理译句的原则、技巧和方法。一样的原文,不同的译者翻译出来的译文,总是不一样。能从比较中悟出一些道理,选择更好的,运用在实践中,才是真正的收获。

第四章 从事英语工作的终身老师

第一节 小引

二〇〇六年,政法大学外国语学院黄宜思教授和我联系说,要我们编辑室接受五个学生来实习。这之前,从来没有大学应届英语毕业生来外文编辑室实习过,更别说一下子来五个人了。我说我们从来没有这方面的经历,不好办,还是到别的地方去吧。但是,黄宜思说应该没有问题,我所在的出版社,莎士比亚、狄更斯、吴尔夫都能出版的地方,接受几个学生实习还是问题吗?

再推托,就是矫情了,因为黄宜思是我的译者,吴尔夫的《出航》,就是我约他翻译的。更何况,他的父亲黄爱先生,是我的老同事和老师,黄宜思对我所在的出版社的信任,是从小产生的。还好,我和编辑室主任谈了这事儿,他十分畅快地答应了:

"只要你有时间,你自己看着办吧。"

什么叫宽松环境?这就是了。我这一辈子,细细想来,也就只求这点。不过等五个青春活力四射的孩子来到我跟前的时候,我还是有点准备不足:让孩子们实习什么呢?如果一两个学生,办公室有地方,安排他们坐在一个位置上,找部译稿让他们看看;适当的时候带他们去出版社的各部门转转,看看编辑稿子的大体流程,然后给他们填一份实习报告表,就算一个圆满的过程了。一下子来了五个,编辑部的办公室无论如何安排不下,看稿子也没有那么多,实习什么呢?还好,我的办公室对面,是一间中型会议室,平常不怎么使用,我就把五个孩子安排在会议室见面了。学生们是黄宜思带来的,必要的引见过后,轮到我单独和孩子们说说实习内容时,我准备了一些话,临到说时却觉得有些一本正经,于是改口问:

"你们上学都使用什么词典?"

五个女孩子,难免矜持,互相看看后,有人说:

"差不多都用《新英汉词典》吧?"

于是,大家都点了点头。

"还有呢?"

"还有《牛津高阶英汉双解词典》?"

"还有呢?"

孩子们互相看看,笑了笑。

"知道这两种词典是哪家出版社出的吗?知道它们之间的差别吗?"

孩子们笑了笑。

我想,她们确实还是孩子。从学习外语角度看,年龄越小,记忆越好,越容易把外语学好。这确实是一条好经验。不过,岁数大一点,理论上说,眼界可能会宽一些。至少我学英语的经历是这样的。有了她们的对照,我一点接一点地回想起我上学时是怎么渐渐接近词典并区别它们的差别的。

第二节　好词典重视基础

我上大学的时候,有个老师叫钱建业,别的老师都叫他"教授",其实他才三十多岁,那时候不评职称,只是个一般教师而已。但是,现在想来,他确实配得上"教授"这个称号。他的英语词汇量又大又杂,社科、文学和科技,样样不差,还对词典很有研究。我们那时学英语从 ABCD 开始,用不着词典,老老实实把课本后面的单词记得烂熟就足够了。后来学的单词多了,英语单词又一词多义,买一本词典便成了大事。有的同学英文底子好,早已拥有词典,难免被借来借去地用,大家对英语词典有了最初的印象,但那时很穷,对究竟购买哪种词典,还有些犹豫。

那时候,全国出版英文词典的出版社,只有商务印书馆一家。听说上海早在组织人力编写一本新词典,但是我们上学的时候还没有公开出版,至少我们在新华书店还见不到。商务印书馆当时常印的英文词典,只有三种:《英华大辞典》、《简明英汉词典》和《英汉小辞典》。我们一开始多数人都倾向购买《英华大辞典》,因为它词汇量大,每个词条下给出的词义比较多,年轻人喜欢繁复的东西,从中选一个自己喜欢的词义,觉得很自由。另外,好不容易买一本辞典,买个容量大一些的,经得起使用。但是,钱建业老师力挺《简明英汉词典》,说我们在校学三年多英语,主要是打基础,《简明英汉词典》不仅有利于我们打基础,也足够我们使用三四年的。他给我们列出了《简明英汉词典》的优点:词义解释清楚;动词类型清楚;辞源清楚;例子清楚。在这四项优点中,他更强调"动词类型

清楚",并用具体例子说明。他当时用什么例子,我记不清楚了,不过这不妨碍我从《简明英汉词典》中现选一个例子:

> **accord** Ⅰ ① *vi*. 一致;符合;协调;Our policy *accords with* the interests of the people. 我们的政策符合人民的利益.
> ② *vt*. 给予:*accord* him a warm welcome 向他表示热烈的欢迎 / *accord* a request to a person 答应某人要求.
> Ⅱ *n*. ① Ⓤ一致;调和:be *in* [*out of*] *accord with*… 同…[不]一致;跟…[不]调和 / *with one accord* 一致地;异口同声地. ② Ⓤ 自愿:*of its own accord* 自然而然 / *of* one's *own accord* 自愿地;自动的.
> ③ Ⓤ【乐】和音.
> ④ Ⓒ[国际]协定.[＞ 下二条;*accordion*; *disaccord*]

基本上照录了《简明英汉词典》一九八一年版(与我七十年代使用的属同一版本,还未修订)第八页上 accord 这个单词。这个单词有两解。第一解当动词使用,分不及物动词(*vi*.)和及物动词(*vt*.),基本词义用汉语标出。当作不及物动词时,后边接什么介词,当作及物动词时,后面接什么间接宾语和直接宾语,都举出了具体的英文例子和汉语解释。第二解当名词使用,分可数名词和不可数名词,各种情况里当什么意思讲,应该和什么介词搭配,怎么搭配,都表示得非常清楚。最后方括号里的"＜",指词源之间的联系,其后两个单词都是 accord 的衍生;如果是">",则指和上面的单词有联系。这样的标示,非常有利于英语初学者掌握英语。

英语的语法,相对于其他语种,例如俄语和法语,开始阶段要简单一些。因为相对简单,开始阶段比较容易掌握,因此往往会让学习英语的人麻痹大意,忽略英语语法的深入学习。这么多年来和语言打交道,我体会到,一个语种,如果开始阶段的语法比较简单,其后期阶段则要难得多。比如汉语,开始学习汉语,几乎可以先不管它的语法现象,用方块字往一起拼,差不多都可以把想说的意思表达出来。但是到了复杂的表达阶段,不学习汉语的语法,表达就会很混乱。在这点上,英语和汉语有些相似的东西。英语到了高级阶段,动词的细化掌握非常重要。

学习英语的开始阶段,动词的过去时和完成时的变化,需要死记硬背,好像很困难。但是随着学习深入,反复循环,渐渐熟练,这一难题基本解决。正因如此,许多人便会懈怠,不再深入,不再提高。当然,如果从事一般的英语工作,比如教书、口语翻译、工业、农业、军队、金融和管理业务,等等,动词掌握到这样的程度,基本上可以对付一辈子了。然而,如果从事英语写作和翻译,动词的深入学习还有两个阶段:首先要弄清动词是及物和不及物,在使用时,如果没有把握,每个动词都要查一下词典,则是必要的,必须的。其次,动词和介词的搭配,最常见的和最基本的,必须熟练掌握;遇到特殊的情况,每个都要查一下词典,也是必要的,必须的。

还以 accord 这个词为例子,说明动词的及物和不及物的差异和一致。当作不及物动词使用时($vi.$),词典给出的汉语解释是:一致;符合;协调;英文例句是:Our policy *accords with* the interests of the people. 译文是：我们的政策符合人民的利益。accord with 用了斜体，提醒你 accord 应该与 with 一起使用，才有"一致；符合；协调"的含义。如果搭配别的介词，比如 to，就不行，也完全不是原来的含义。如果它和 to 放在一起使用了，又符合英语习惯，那一定有别的意思，一定要在词典里找出根据来。反之则是错误的。当作及物动词（vt.）使用时，其意为：给予，例子是 accord him a warm welcome，译文是：向他表示热烈的欢迎。另一例子是：accord a request to a person，译文是：答应某人的要求。accord 所及的直接宾语是 a warm welcome，间接宾语是 him。到了另一个例子里，当间接宾语放在后面时，则需要加一个介词 to。两个例子简单而明了，把 accord 做及物动词时如何使用，示范得一清二楚。

如果查词典时细心揣摩，你还会发现，它当及物和不及物动词使用，看上去意思差别很大，由"一致；符合；协调"变成了"给予"，但是你从实际例子里，还是看得出它的第一解在起作用。比如，accord him a warm welcome 可以翻译成"让他和热烈欢迎保持一致"；accord a request to a person 可以翻译成"让一个人和要求保持一致"。因为这样说话不符合汉语习惯，才有了更通顺更合乎语言习惯的说法。因此可以看出，掌握词汇的基本含义和用法，是多么重要，从中还可以悟出翻译的一些道理。当然，毫无疑问，查词典的优势也在这里了。

accord 作为名词和使用时，与其作为动词时的使用，仍然有内在联系，比如和介词 with 连用。不过，名词的使用，最重要的一点是可数和不可数的区别。这点，几乎可以和动词的及物和不及物的重要性相提并论。尤其在学习英语写作和翻译阶段,每逢疑问,一定要请教辞典。掌握和利用好这点,是学习英语的高级阶段,尤其对变通译文,大有好处。

第三节 好词典的吸收和提炼

俗话说,天下文章一大抄,看你会抄不会抄。这话不如换作:天下词典一大抄,看你会抄不会抄。《简明英汉词典》之所以编纂得如此简练而到位,主要是借鉴了一本英英词典——《现代高级英语辞典》。这是我当初学英语时,接触的第一本英英词典,也是我最先看英语解释能轻松看懂的一本英英词典。这本词典的文化含量非常了得,其中许多例句都特别耐读,特别有英国特色。不妨先来看一下当时附在词典里的非常有趣而又"可怕"的"告国内读者":

告 国 内 读 者

《现代高级英语辞典》("The Advanced Learner's Dictionary of Current English" 2nd ed. 1963)是我们在无产阶级文化大革命前编目征订的外语工具书之一,现在根据读者的要求,继续予以发行。

原书是英国的几个资产阶级学者编著的,出于他们的资产阶级反动立场,对所收编的词语,按其资产阶级观点进行了歪曲性地解释。诸如该书第 272 页中关于"dictatorship"("专政")一词的释义："Government by a dictator."第 362 页中对"feasible"("可以实现的")一词的用法所举例句："A counterrevolution is feasible, we can, if we choose, bring one about."等等，不胜枚举。这一类词句的解说是相当恶毒的。我们希望通过无产阶级文化大革命锻炼的革命读者，遵循伟大领袖毛主席教导的"**洋为中用**"和"**排泄其糟粕，吸收其精华**"的原则，批判地加以使用。

北京 608 邮政信箱
1971 年 8 月

这是夹在词典扉页的一张纸，比三十二开小，比六十四开大。每逢翻动这本词典，我就会拿着这张小纸审视好一阵子；而每次审视，都会有不同的感受。编词典的三位教授，毫无疑问是有思想的，把他们的思想体现在他们编著的词典里，不足为奇。然而，我每每怀疑，从那么大一本词典里选出这样两个例句，尤其第二个，选用这个例子的人，要比三位学者还有思想。我甚至怀疑，他或她是故意选用这两个例句的。我是从这样的文化专制下走过来的人，想来真是让人打冷战！可是当我们现在重新审视这样的例句时，我们发现：真的假不了，假的真不了。我们当时认为反动的东西,即便我们不愿意说成真理,也是极其正常的东西!我们现在的生活方式,不仅验证了"专政"就是独裁者的专利,而且我们也真的做到了"A counterrevolution is feasible, we can, if we choose, bring one about."(反革命是可以实现的,如果愿意的话,我们能够策动一场反革命)。和这份"告国内读者"所处的时代相比,我们的现状似乎就像在"策动一场反革命",而且正因为我们策动了这场革命,我们的生活才发生了翻天覆地的、空前美好的变化。仅凭这个被验证了无比"圣明"的例子,这本词典的价值,就可想而知了。

"告国内读者"中提到的"英国的几个资产阶级学者"分别是:霍恩比(A. S. HORNBY),盖腾比(E. V. GATENBY),和韦克菲尔德(H. WAKEFIELD)。他们不是名声远播的人物,但是他们的经历值得注意。上世纪四十年代,他们都在日本教过英语——盖腾比还在马来西亚长期从事英语教学——一起编出了《习语和句法英语辞典》(*Idiomatic and Syntactic English Dictionary*),而《现代高级英语辞典》就是在此基础上,大规模修订后由牛津大学出版社出版的。他们在东方的英语教学实践,对突出这部词典的特色(适合外国人使用)非常重要,尤其总结了日本人学习英语的经验和教训。日本人的语言,起源于汉语,发展为日语,尽管对日本人来说已经成熟,但是作为一种语言,缺陷多多,比如其发音,既不全面,又不好听,对日本人学习英语造成了极大的影响。一则最著名的故事讲:日本驻联合国的代表在台上用英语发言,振振有词,自我感觉良好,可别人听来却是叽里咕噜,连大会主席都听不懂,不得不打断他,提醒说:"这是联合国讲坛,请用英语发言。"

一个国家的联合国代表讲英语都如此糟糕，一般人的英语学习，可见多么困难。我上世纪九十年代初，在英格兰中部班布里小镇学习英语，碰上几个日本青年，特别愿意和我用英语交谈。我夸奖他们的英语口语很好，他们听了，笑容灿烂无比。

回归正本。《现代高级英语辞典》最大的可取之处，是把英语的动词归纳出了二十五种句型，分别用表格形式列出，在辞典前言中用多达十页的用法说明里，占了整整七页。如果一个学习英语的人，能熟练掌握这二十五种动词句型，即使在英语国家，也算得上名副其实的语言专家。毫无疑问，对大多数人来说，这是不可能的。因此，张其春在编纂《简明英汉词典》时，把这二十五种动词句型，做了极为细致而适用的归纳和吸收，使之更适合中国人学习英语，是值得赞赏的。

这部词典，我一直使用到了大学毕业，后来很长一段时间，遇到需要从句型上解决问题时，我也常常求助它。到了工作单位，翻译和编辑的活儿涉及的面广，我使用的词典的范围扩大了，但是使用词典的习惯是早期养成的。

第四节　好词典的特色必须鲜明

说来有些运气：大学刚刚毕业，就和一群老编辑和老翻译一起工作。那时候真有点"无知者无畏"的意思，愣头愣脑的，什么都敢问，什么都敢说，一点不怕老先生们笑话我孤陋寡闻。也许就是这种愣头愣脑的好问态度，几乎所有的老先生们特别喜欢向我传授知识。我们刚开始工作，上海人民出版社出版的《新英汉词典》出版了,我们每个人分得一本。这本词典十六开,近五百万字,首印五万,定价十一块八角。在很长一段时间里,这本词典成了办公室的话题。有的说词义解释准确,有的说容量够用,有的说例子够新的……我却说,词典太大,用起来不方便;还有是一些例句太政治化了点。说着,我就把 barefoot 的例句念了出来:

The "barefoot doctors" serve the commune members heart and soul. / 赤脚医生全心全意为社员们服务。

老先生们听了哈哈大笑一阵,后来我才明白,在那样的年代(当时正在批邓反击右倾翻案风),只有我们新毕业的学生,涉世不深,所谓背景清白,敢这样放肆,在某种程度也是替老先生们说了些不敢说的话。其实我呢,我专门说了 barefoot doctor 这个词儿,也是有原因的。

当初我们实习是在天津新港的海员俱乐部的餐厅,给外国海员上菜。海员一拨又一拨的,我们熟悉不过来,说话的机会很少。但是,有一艘英国船滞留了一个星期,船上的大副喜欢和我们说话,渐渐熟起来。他来餐厅用餐,经常会要二斤大块红烧肉,配几块面包,干净利索地吃下去了。同学中有人问他不怕消化不良,他笑笑说消化不良找医生好了。由此,他问我们,barefoot doctor 是一种什么样的医生?我们就凑合着给他回答,但是他听了还是不明白,就又问:他们必须光着脚才能给人看病吗?我们听了哈哈大笑,尽力给他解释,但是凭着我们当时的英语水平和政治水平,是说不大清楚的。这位大副就难免迷惑,说他对中国许多东西都迷惑,都不懂,尤其不懂毛泽东为什么反对自由主义。人没有自由,还能干什么? 这下,他的话就很让我们敏感了,有的学生索性向老师反映,说这个英国大副很反动,吓得我们就不敢和他多说话了。

因为这个碴儿,我才在办公室里念了 barefoot doctor 的例句。后来,随着意识形态的环境越来越宽松,《新英汉词典》作了修订,把政治恐怖的影响基本上清理了,成了一本很流行的词典。

后来,有一天,领导说沈凤威和刘邦琛两位老先生,愿意带我到中国书店看看有没有合适的词典,给编译室买几本。那是我第一次逛中国书店,旧书很多,还专门有英语书籍的书架。进入书店,说我目不暇接再准确不过。那时候,新华书店的书都不多,一下子看见那么多书,许多书都很陌生,根本不知道看什么,从哪里看起。沈凤威和刘邦琛两位老先生,把我带到了词典书架前,问我熟悉哪些词典。我只说了《简明英汉词典》和《英华大辞典》,承认别的词典都不熟悉。刘邦琛先生是个混血人,爱脸红,不爱说话。沈凤威先生呢,说话磕巴,个别词儿还往往憋半天才说得出来。但是,在那些词典前,他说话流畅得多;一本接一本地拿起辞典,随便翻开一页,都能说出辞典的收录词条的优势和劣势。什么词条不该收,收了;什么该收,没有收……等等。他还拿起一本部头很大的英日辞典,大加夸奖,说日本人编词典认真,讲究,舍得花工夫。我在一旁听得迷迷瞪瞪,如坠云雾之中,对两位老先生佩服得五体投地。那时候,我翻译一个句子都不知道要查多少次词典,心想,词典一辈子连查都查不清楚,哪还能把那么多词典的收词和编选情况说出一个子丑寅卯? 两位老先生让我大开了眼界,对词典产生好感,让我养成了喜欢查词典的习惯。

后来,刘邦琛和沈凤威两位老先生,都回归商务印书馆,参加了《英华大辞典》的修订。可以想象,沈凤威和刘邦琛两位老先生,一定把他们对别的辞典的了解的情况和他们的宝贵经验,统统吸收到《英华大辞典》里去了。两位老先生的英名,至今仍印在《英华大辞典》上呢。

《英华大辞典》是一部非常实用的中型英汉词典。首先,不论动词还是名词,汉解的词汇多,仍是它的最大特色;而且,那些汉解词汇都是从不同的语境里甄别出来的,与编者的翻译经验有直接的关系。对于词汇量不够使的译者来说,从众多的解释中挑选汉解词汇,是很方便的。其次,它关于《圣经》、古希腊罗马神话、著名文学家、学者、经典名著中的人物、英国文化事件、报纸和杂志等方面的信息,也是最大的。最后,其中的人名译法,也更规范,一些过去使用的僻词,如"忒"等,都弃掉了。如果在目前的基础上,增加一定范围和级别的各种历史人物的简历,吸纳百科辞典的一些成分,编成小型百科辞典,那就是另一番了不起的景象了。

这一缺憾,一九九三年上海译文出版社出版的《英汉大词典》,弥补上了。这是一部小百科性的词典,对于从事翻译和编辑工作的人,是很好的一个助手。

话至此,中国大陆的英汉词典,可以说已经配套了:小型词典很多,初学阶段,以记单词为重,只要没有黑白错,书店里公开出售的,差不多都可以作为初学阶段的工具书使用。进入语法和句型的学习阶段,如果买得到,《简明英汉词典》还不失为一种初、中级阶段的工具书。中、高级阶段的工具书,《英华大辞典》和《新英汉词典》(2000年版)和小型百科词典《英汉大词典》,从英汉学习和使用的角度看,足矣。

尽管目前书店里的词典琳琅满目,林林总总不计其数,但是在我看来,质量超出上述提及的几种,根本没有。我不是一个因循守旧的人。我曾经看到一些新兴的出版社在报纸上登载的广告性质的宣传,专门到书店买过两三种词典,回来使用,不仅错误多,主要是没有一点特色,深感上当受骗,只好弃之不用。

因此,介绍词典,等于向学生介绍了一个可以陪伴他们终生的老师,对自己的教学也是大有好处的。如果作为老师,不能从学习英语的经历中总结经验,给学生介绍几种优秀的英汉词典,应该说是不称职的。

目前占领市场最多的,怕是双语英汉词典了。从编纂词典的角度看,出版双语词典是捷径,难免投机取巧之嫌。出版社买下版权,组织大专院校的教师,每人领到几个字母,长则一年半载,短则几个月半年,一部双语词典就可以面世。至于汉语释义,质量肯定参差不齐,也许释义十分蹩脚甚至错误多多。即便释义说得过去,双语词典的处境也是很尴尬的。大部分使用双语词典的人,基本上还是冲着汉语释义去的,而在这点上,就不如英汉词典的释义多而全了。如果冲了英语去,那就不如购买英英词典。在这方面,我仍然认为《现代高级英语辞典》是最好的英英词典。再需要更高级的,还是到国外购买一两种为好,反正现在国际交流很多,很方便。

如果做翻译工作,商务印书馆出版的《英语姓名译名手册》和《英语地名译名手册》,是常备的。

如果能有一套原版《不列颠百科全书》和《牛津英语大辞典》,对于一个和英语打一辈子交道的人来说,基本上算一个高级阶段了。

当然,拥有词典不是目的,经常查词典才是目的。对于从事文字工作的人,不论翻译社科著作还是文学作品,养成查辞典的习惯,非常重要。尽管现代的外语辅助手段很多,甚至手机里都装上了英汉汉英辞典,但是都不如认真查词典,更有助于文字翻译和编辑工作。查阅词典,上下文一目了然,直接引发的是思考,这是别的辅助工具做不到的。

第五节　词典的老师作用

学习外语离不开老师,但又必须离开老师。哪个老师都不可能一直跟着学生教学,哪个学生也不可能一辈子跟着老师学习。但是,认词典做老师,这两点却是可以两全的。一本词典,放在写字台上或者常备书架上,只要你不随便扔掉,它会一直在一个地方等待你。你使得狠,使得烂,词典从来不会抱怨。白天,它等待阳光;夜里,它等待灯光。你需要查了,随手拿起来。你不需要查了,随手放回去。它不需要点头恭维,不需要送礼打点。即使你遇到难题心情不爽,虐待了它,下次用它,它还是随拿随到。把它用破了,你用浆糊粘一粘,用纸裱一裱,它会立即面目一新,再陪你走下去。添新词典,买高级词典了,它也不会埋怨你得了新欢忘了旧宠……

关键还是它能帮助你解决疑难问题。以下用一些具体例子,说明词典的老师作用。"词典纠错"的栏目,是告诉读者,自己通过查词典,就能解决疑难问题。

◎Rabbit basks above that old remembered world, rich, at rest. /兔子却已超脱他记忆中的这个夕阳世界,变成了富人,正在安安稳稳、舒舒服服地享乐。

只看译文,似乎可以看下去,但是看了原文,稍有经验的编辑一定知道这是胡编乱造的译文,乍看和原文有些联系,细看会立即反感起来,因为文字翻译切忌胡乱添加原文里没有的东西。"安安稳稳、舒舒服服"是原文里根本没有的,而"夕阳"和 old 绝不等同。问题还是出在单词上,显然 bask 这个单词对译者来说很生,它的不及物动词有"晒太阳"、"沐浴"和"感到舒适"等意思;及物动词则是"使身体受太阳照射"等意思。原句中 bask above 肯定是作为不及物动词使用的,绝无"却已超脱"之意,更不能把"夕阳"和它连起来使用。这句话的大概意思:兔子待在那个过去记忆中的世界上感觉很好,他阔了,他在休息。

词典纠错:这段文字出现在我的拙著《译事余墨》第 254 页上。例句实在不难,但是翻译错了,原因不是别的,就是动词的及物和不及物掌握得非常糟糕。熟悉美国文学的人大概猜得出,这是美国著名作家约翰·厄普代克的长篇系列小说"兔子四部曲"里的句子。我看到这个句子之前,"兔子四部曲"已经有两个译本了,译者都是大学老师(现在也许都是教授和博导之类了),在这样并不困难的句子面前栽跟斗,真是有些说不过去。中小型词典里对这个词解释有限,但是商务印书馆的《英华大词典》里,对 bask 的解释是:

第四章　从事英语工作的终身老师

> **bask** *vi.* ① 晒太阳；取暖。受宠,沐恩;〔喻〕感到舒适。
> --*vt.* 使(自身)受(暖),使(自身)受(太阳晒)。
> ~ *oneself in a sunny place.* 晒太阳　~ *in sb.'s smile* [*favor*]得某人欢心[恩宠]　~ *in the sunshine* 晒太阳。~*ing shark* 姥鲨。

如果对动词的及物和不及物一贯注意,词典里这点解释和例子足够了。Bask 后面必须和介词连用,不可动摇。它可以当作及物动词使用,你会发现句型则会截然不同。这就是一个语种的语法到了高级阶段的现象。从上述解释和例句中看得出,一个动词在及物和不及物的使用上,英语语法非常严格,必须有相应的介词搭配使用。因此,一开始学习英语就注意这点,习惯成自然,到了高级阶段,这样的错误断不会出现。掌握不好,这样的错误则会屡屡出现,再看一例:

◎ Rabbit basks above that old remembered world, rich, at rest. /兔子晒着那个记忆中的老世界的暖儿,富了,歇了。

这句译文是出现在一个新译本上的。相比"兔子却已超脱他记忆中的这夕阳世界","兔子晒着那个记忆中的老世界的暖儿"对不对呢?不仅不对,糊弄得更唬人,更可怕。首先是中文似是而非:什么叫"老世界的暖儿"? 如果是说"温暖",那就老老实实写上，如果另有所指，还是从词典里找个合乎汉语习惯的词儿为好。就是生造个词儿"暖儿"，如果意思就是暖和，那也该用"取"之类；"晒……暖儿"，什么意思？其次，主要是原文里根本没有这层意思。bask 不仅是译者的难点，above 这个很熟的介词，译者也不注意（实际上是许多译者会难免忽略的语法成分）。我举这个例子，很大意义上是提醒译者注意英语中不及物动词和介词配合使用的普遍现象。如果说译者因为没有上下文翻译出了问题，他可以把这个句子还原成更规矩的英文：Being rich and at rest, Rabbit basks above that old remembered world。如果这样的英文还会翻译成"兔子晒着那个记忆中的老世界的暖儿"，那就是译者的真实水平了。

我们在《兔子富了》书中 71 页上的上下文中，看得出 that old remembered world 当指兔子的父母家，尤其父亲"从来没有从底层摆脱出来……"。原文中 above 这个介词，应该指兔子眼下摆脱出来了，高高在上了。这段的开头，写到了夕阳西下的情景，作者用了 bask 这个词儿，是他的讲究。但是，"老世界"里实在没有"暖儿"，整部小说里的"老世界"都没有温暖，这是很清楚的。好的翻译，抓住作者想表达的，才是最难得的。"兔子晒着那个记忆中的老世界的暖儿"，看似译者想玩俏皮，想玩转文，实际上是在蒙哄读者。真想转文，倒还不如翻译成：往事不堪回首，好在苦尽甘来，兔子阔了，正在休闲。

◎ Was the said Miss Schlegel to have a life interest in it, or to own it absolutely? / 那位施勒格小姐是不是会对这

房子有终身的兴趣或是不是无条件接受它呢?

词典纠错:望文生义的典型例子。life interest,译者查了词典,发现它是一个法律术语,只有"终身财产所有权"或者"终身受益"等意。如同法律程序需要一步步进展一样,翻译这活儿该到查词典的时候,需要一个词条一个词条地查,一本词典接一本词典地查,是不能偷懒的。另一方面,仅从"终身的兴趣"这个短语上看,也是文理不通的表达。什么叫做"终身的兴趣"?一个人对另一个人都很难有终身的兴趣,对一座房子怎么能有终身的兴趣?是隔三岔五地去看看,以解"终身的兴趣"之痒呢,还是索性买下它来住进去,让兴趣相伴一生?这样多问问自己,也许多查词典解惑的兴趣就来了。翻译是个脑力活儿,可贵的是要把脑子用到底,别半途而废。如果脑力不够,向人请教,不丢人的。

参考译文:那个施莱格尔小姐对霍华德庄园拥有终身权益,还是绝对权益呢?

◎ But what was she doing? Why was she stumbling about amongst the ruble and catching her dress in brambles and burrs? / 但是她要做什么呢?为什么她要在碎石间颠簸地行走着,在荆棘中拉扯她的衣服,还一面低语不停?

词典纠错:"着"这个汉字,跟一个十足的舶来品差不多,完全是为了迎合外语中的进行时而造出来的。这就是翻译文字对汉语的影响了。不过,这个字已经成了现代汉语里最常见的一个字了。语言这东西,习惯成自然,没有黑白分明的对与错。如果有哪个当代作家,在自己的作品里可以做到一个"着"字也不用,恐怕再好的作品也过不了编辑关,因为"着"已经融进编辑的血液里了。但是,这仍然不能说,"着"可以到处用,随便用;实际上,"着"字还是少用并且用得恰到好处,才更合乎汉语习惯。"行走着"的"着",显然多余。

但是,这个译句可以让人笑掉大牙的,当然不是"着"字,而是它后面的两个译句。"在荆棘中拉扯她的衣服"是一个很危险的句子,不仅因为在荆棘中拉扯衣服会把衣服撕破,而且对衣服的主人来说也随时会有肉体受伤的危险。不过,最要命的是"还一面低语不停",不知是从哪处英文生出来的?对照起来,也只能是 burrs,可是在这里怎么也说不通啊。英文句子的主语 she 的谓语 stumbling 和 catching,都是进行时,burr 这里怎么就成了现在时了呢?更说不通的是,in 这个介词之后,第一个名词 brambles 是复数,第二个名词 burrs 分明也是个复数,怎么可能跳过 in 去作谓语呢?即便 burr 要作谓语,它也只有用粗喉音说话等意,绝没有"还一面低语不停"的意思啊?况且,"还一面低语不停"是个进行时的汉译句子,怎么能和第三人称的现在时等同移植呢?

其实,只要带着疑问,把词典查到,就会知道,burr 是 bur 的异体字,而 bur 的意思是刺果植物、刺球植物等意,和前边的 brambles 是同类植物。

又是一个一词之差,谬之千里的例子。这样的差错,不仅仅是译家汉英水平有问题,而是译家的智力也很有问题。

参考译文:但是,她在干什么呢?为什么她在乱石中磕磕绊绊行走,在黑莓和带刺植物间把衣服剐得唰唰响?

第四章　从事英语工作的终身老师

◎ Herr Forstmeister lived in a wood, and, standing on the summit of the Oderberge he had pointed out his house to Helen, or, rather, had pointed out the wedge of pines in which it lay. / 佛斯特梅斯德先生住在一片林木中。当他们站在奥德伯吉顶峰上的时候,他指指自己的房子给海伦看,其实海伦只看到隐藏着他那间房子的楔形松林。

词典纠错:这实在不是一个很难的英语句子,但是译文却错得让人很难看出来译家的症结主要在哪里。Forstmeister 是个德语单词,"林务员"这类意思;Herr 是"先生"之意。这样的错误属于黑白错,但是可以理解,因为是查词典不够引发的。不过也有深层原因,那就是看看 Forstmeister 在书中是不是一个比较重要的角色。如果只是在某个段落里提及一下,一般说来不会是一个有名有姓的人物。不过总的说来,这样的错误可以理解。优秀的译者,这样的错误有过一次,便再也不会犯了。重大的错误是译家在后半个句子中,不仅把主语"他"随意更换成了"海伦",还把 point out 这样很简单的英文,翻译成了"只看到",实在匪夷所思。

参考译文:林务员先生住在一片林子里,后来,他站在奥德贝格山顶的时候,向海伦指辨他的房子,或者,更确切点讲,指出了他的房子所在的那片楔形松林。

◎ The Schlegels were certainly the poorer for the loss of Wickham Place. It had helped to balance their lives, and almost to counsel them. Nor is their ground-landlord spiritually the richer. / 失去维克罕宅邸,史莱格姊妹的确变"穷"了;这栋房子一直对她们的生活具有平衡的作用,经常给予她们抚慰。不过,她们的地主在精神方面并没有比她们富有。

词典纠错:因为一个英文单词,即 counsel 的理解有误,使得一个句子落下了硬伤。只要译者手勤一点,查阅任何一本辞典,counsel 无论作为及物动词还是不及物动词,都只有忠告、劝告等意。例如:She counsels her son to go at once. / 她劝儿子立即动身(及物);They counseled against traveling at night in such dangerous country. / 他们劝告夜里在这样危险的乡间不要上路(不及物)。

在这个例句中,counsel 是作者拟人化的用词儿,但决无"抚慰"之意。

参考译文:施莱格尔姐弟因为失去威克汉老巷,确实更穷了。威克汉老巷有助于他们生活保持平衡,而且几乎和他们有商有量的。他们的房产地主在精神方面也不比他们富有。

◎ As she trod the staircase, narrow, but carpeted thickly, as she entered the eating-room, where saddles of mutton were being trundled up to expectant clergymen, she had a strong, if erroneous, convection of her own futility, and wished she had never come out of her backwater, where nothing happened except art and literature, and where on one ever got married or succeeded in remaining engaged. /

第四章　从事英语工作的终身老师

她踩上了铺了厚地毯的狭窄阶梯，走进餐厅，里面有几位神职人员，热切地等待一块块羊肉排骨剔出骨头。她突然强烈地感受到自己的无奈（这种感觉或许并不正确），她真的希望没有离开她的窝——那个只有文学艺术的僻壤之处；在那儿没有人结婚，纵使有人订婚也没有人维持长久。

　　词典纠错：尽管如今汉译作品汗牛充栋，但是经得起英汉对照的并不算多。或许是许多人向你推荐的一部译著，你用心在看，哪天身边有了原作，好奇心驱使，想对照一下。这个时候，有点心理防备是很需要的，因为有的译文会让你怀疑自己的英文水平有问题，查了许多词典后，还是不明白某个英文词怎么就翻译成了毫不相干的中文。比如，... where saddles of mutton were being trundled up to expectant clergymen 怎么一下子变成了"里面有几位神职人员，热切地等待一块块羊肉排骨剔出骨头"。令你迷惑不解的，还不是 expectant clergymen 摇身一变成了主语，而是 trundle 这个动词，在你所查过的词典里，只有用轮车推东西之类意思，怎么就成了"一块块羊肉排骨剔出骨头"？ trundle 在句子里是被动式，说明它是一个及物动词。如果你担心它可以当作不及物动词使用，那就要在词典里查到依据。比如：He trundled the wheelbarrow along the street. / 他推着手推车在街上走（及物）；The tank trundled over the enemy's trench. / 坦克从敌人的战壕上滚压过去（不及物）。例句是理解用词最好的方法，从中可以看出译家的翻译，根本没有依据，纯粹胡译。

　　还有将 or succeeded in remaining engaged 译为"纵使有人订

婚也没有人维持长久"也实在是离谱了。

参考译文：她走上了楼梯，窄窄的，不过地毯铺得很厚，然后她走进了用餐室，这里羊排骨正在被小车推向馋涎欲滴的牧师们，她强烈地相信——哪怕是错误的——自己微不足道，真希望压根儿就没有离开她的蛰居之地，那里除了艺术和文学没有别的干扰，也还没有人结婚或者把婚事实实地定下来。

◎ Other regrets crowded upon her; for instance, how magnificently she would have cut Charles if she had met him face to face. She had already seen him, giving an order to the porter—and very common he looked in tall hat. But unfortunately his back was turned to her, and though she had cut his back she could not regard this as a telling snub. / 她心头上还有些懊恼。例如，如果有机会和查尔斯碰面，她一定狠刮他一顿。事实上，她已经见过他；他戴着高高的礼帽，正在向门房发号施令。很不幸他背向着她；她对着他的背部诅咒，可是认为这样的反击远不够看。

参考译文：另一些懊恼也萦绕在她的心头，挥之不去；好比说吧，如果她和查尔斯面对面碰上了，她还得装出根本没有看见的样子呢。她已经看到过他，见他在吩咐那搬运工干活儿——他总是戴着一顶高高的帽子。很不幸，当时他是背冲着她，虽然她当时假装没有看见他的背，然而她总不能把假装看不见一个人的后背，当作是当面还击的急慢行为呀。

词典纠错：两种译文看过，读者会发现它们好像不是从同一原文里翻译出来的。参考译文好像多出来许多东西，确实也多出来一些东西，不过只是因为一个很短的英文词儿——cut；仅仅因为这样一个很常见的词儿，译文的错误便错得极为可笑。可能是受女性渐渐称霸世界的影响，也可能是译者很想做一个"野蛮女友"："如果有机会和查尔斯碰面，她一定狠刮他一顿。"译家忘了，西方女性公开场合伸手打男人的，即使现在也很少见。何况从"他戴着高高的礼帽"这样的句子中，译者应该看得出所写内容的背景，是比较早的年代，那就更没有女人暴打男人的行为了。

主要说说 cut 这个词儿。它在这个句子中出现了两次，译家分别把它翻译成了"她一定狠刮他一顿"和"她对着他的背部诅咒"。从译文看，译家好像知道 cut 有及物和不及物的区别，但是不论哪种用法，其基本意思都是：割、切、剪、砍等意，例如：He cuts himself some pineapple. / 他给自己切菠萝吃（及物）；This knife cuts well. / 这把刀子很快（不及物）。从两个例句中，根本没有"打人"的意思；要打，那便是白刀子进去红刀子出来也。问题出在哪里？词典没有查够。cut 是个多义词，作为及物动词，有一解是"假装没看见、不理不睬"之意！因为译者没有查够词典，不知道 cut 有这样的解释，所以只能连蒙带唬，把 cut 第一次出现翻译成了"她一定狠刮他一顿"，第二次 cut 的出现翻译成"她对着他的背部诅咒。"一词之差，谬之千里！

另外，句首 crowd 这个动词，也没有多加琢磨，没有翻译出应有的意思。

第六节　小结

回到开头的话。

毫无疑问,这不是我给五个英语专业大学生布置的实习内容。当时我正好有一部译稿,是童话,我便请她们每人翻译了一篇。我要求她们遇到生词必须查词典,而且多查几种词典,比较词义解释,并且吓唬她们说:说不准我在讲解她们的翻译作品时,会抽查某个词儿的更多解释;人名地名词典都要查到;典故和专有名词都要注释,等等。她们干得很漂亮,很有收获。

当然,收获最大的还是我,因为实践证明了我的一个看法:只要是做文字工作,多备词典,多查词典,是一步步走向更高阶段的唯一通途。

第五章 翻译作品的淘汰和沉淀

第一节 小引

毫无疑问,如同原创作品要经过淘汰和沉淀一样,翻译作品同样面临这样的过程。翻译作品的这个过程,在中国确实有中国特色,与改朝换代、社会变迁、文字演变等重大事件有直接关系,也与文化交流、科学发展、商业贸易等日常事件有关系。当然,对于汉语这个世界上历史最悠久、体系最繁复的语种来说,与翻译活动最直接的关系,还是汉语语言的变化,那就是一九一九年以来白话文崛起,取代了文言文。

有时候,我会想,如果我们现在还在使用文言文,我们的图书馆里会收藏什么样的图书呢?翻开一本安徒生童话,我们之乎者也地念给我们的孩子们听,那又是一种什么样的童话呢?打开电视,我们不得不看之乎者也的广而告之,那又是一种什么样的景象呢?……真是这样的情形,我又会想,如果哪方超级权威,一下子宣布文言文结束,从二十一世纪第二个十年开始,一切都必须用白话文来表达,文言文的译本统统淘汰,我们又会为浪费了多少心血而心疼呢?

其实,这样的弯路是有的。比如,林纾的文学作品翻译,几十种用文言文翻译的小说译本,随着白话文的兴起,眨眼之间就淘汰了。据说,上世纪北京某大出版社,重印了他的译本。我的一位朋友还跟我说,读林纾的译本,是另一种享受。这,我相信。不过,我的那位朋友已经往花甲之年奔了,他有阅读和欣赏文言文的能力。换了我们的孩子,这样的译本连翻也不翻,就扔到一边去了。影视和网络游戏带来的视觉冲击,哪是文言文译本抵挡得了的?如同前几年出版界炒作红色经典,重印林纾的译著,实质上不过是某类人物的一种怀旧心理。这是在强迫读者的阅读意识,而不是培养读者的阅读意识。是驱赶和疏远读者的举措,而不是拉拢和引导读者的办法。所谓把握时代脉搏,跟上时代的步伐,是需要思考和研究之后才能调整策略,有所作为的。

从这个层面上讲,翻译作品出版这个领域,还算不上是重灾区。第一,沾了西方文化东进的光;第二,沾了汉语这个大语种的光。毕竟,想看看西方人在怎样写作并且写出了什么作品的好奇心,已经成了主流。毕竟,阅读汉语作品的中国人,总是占绝大多数的。所以,怎样翻译出当代主要读者群体喜欢的文化文学作品,才是上策。翻译作品的内容是主要的,翻译文字的质量是次要的;但是,如果翻译文字过分滞后和劣质,这种主与次的关系,则会颠倒过来。所谓滞后,就是文字过于老化;所谓劣质,就是文字没有提炼,没有升华,没有文采。这就与本章所探讨的内容有关系了。因为优秀的文学翻译作品的阅读量远远大于社科和科技翻译作品,所以下面还是以文学翻译作品为例,进行探讨。

文学翻译作品的淘汰和沉淀,和读者的阅读习惯有关系,但是促进并完成翻译作品的淘汰和沉淀,却应该是翻译、编辑、出版者的使命。比如杨必翻译的《名利场》,之前是有译本的,钱锺书这个中国最有权威的大读者认为已有的译本不好,建议杨必重译一次。新译本出来后,获得了读者和专家学者的欢迎和认可,如今近半个世纪过去了,仍然是超一流的译著。旧译本,甚至没有多少人知道曾经存在过。重译本呢(如果有的话),即使做到相当好的水准,充其量作为一种译本存在而已,不会对杨必的译本造成更迭之势。这样的淘汰就是非常成功的。但是,这样成功的例子不算很多。

然而,这并不能说,优秀的译本不存在;只能说,我们没有分辨优与劣的良好的批评体制,没有优胜劣汰的出版体制。在市场经济的体制下,优胜劣汰的出版体制即使存在,也难以推广。名著,哪家出版社不想拿来挣钱?至于译本质量,只要市场能卖掉,好像就是好版本了。遇到这样的情况,倒是对译本"举优抑劣"的批评机制,更为重要。当然,如今自知之明的人少,而自我推销的人多,你"举优",我高兴;但你胆敢"抑劣",怕是没有好果子吃,吃官司也不是没有可能。那么,我们就"举优"好了。这法子看似"退其次",却也管用的。我在拙著《译事余墨》里,用具体例子剖析和点评了我的老前辈吴钧燮先生翻译的《简·爱》,十分肯定地结论,他的译本是所有译本中最好的。我的一些朋友拿别的版本作了比较,直接间接地告诉我:吴钧燮的译本,确实最好。

毫无疑问,这样的"举优抑劣"的批评,也是有风险的。因为,我就听过至少两个《简·爱》的译者,当面和我说过他们自己的译本是最好的。我也是在比较的基础上,对吴钧燮的译本"举优",以理服人。让我高兴的是,学者就是学者,只要不虚伪,就会说公道话。这样的行为是很有意义的。人类之所以在漫长的进化中,成为所有生命中的精华,万物之灵长,不仅仅人类本身是优胜劣汰的结果,人类也一直在"举优抑劣"。

　　作为一个长期从事外国文学引介的编辑,我在分辨外国文学翻译作品方面,是很不称职的。这与我的阅读经历有关系。我阅读翻译作品,几乎和我编辑翻译稿件同步。在就职出版社之前,阅读过一些翻译作品,但是那些作品和时代政治联系密切,阅读难免偏向,得到的信息也难免这样那样的色彩。因此,对翻译作品的文字质量,自然注意得不够了。回头看,阅读翻译著作,和阅读中国原创作品一样,应该从小做起。为了弥补这一缺憾,我经常和同行交流看法,听取他们的感受,理解他们的见解;其中,上海译文社的新锐编辑冯涛,写给我的一封伊妹儿很有内容,原文抄录如下:

苏老师,

　　如你所言,如果真有合适的人把奥斯丁全翻译出来那真是幸事了。我个人还是最喜欢王科一的本子,尽管有人批评"发挥"得多了些,可中文读起来就是好。《傲慢与偏见》也是这位女作家最光芒四射的书了,想来写的时候应该是最爽的,我的感觉是:这种畅快的感觉在其他作品中再也找不到了,不是不好了,是感觉上确实没有那么"光芒四射"了——应该说是更"收敛"了,作家本来就主张要"理智"嘛。王科一是个真才子,想来翻译这本书的时候也畅快淋漓。我中学的时候看的《傲慢与偏见》,看了后狂喜欢,马上又去买了当时书店里唯一能买到的作家的另一本书《理智与情感》,看了后却很不喜欢。这也难怪,当时那正是个"狂飙突进"的年龄,怎么会喜欢你"克制"、"中庸"的书呢。幸好那时没有机会看到《曼斯菲尔德庄园》,否则又要轻慢了另一部杰作了。这的确是年龄、阅历的问题。后来,思想比较成熟了,才会真正体味出《理智与情感》这类书的好处。说到李安的电影,我也一直是觉得《理智与情感》最到火候,李安源自我们传统的"中庸",也是他能拿捏得恰到好处的一个原因吧。

这话很有些意思。亏得冯涛还不是一方权威的批评家,否则这话一准会成为金玉良言,被引用来再引用去,转载来再转载去。实际上,一旦你被封为一方权威,这样的见地也就没有了。这番话,是从翻译说起,但是涉及更多的则是作者、译者和读者的关系。名著是什么?好书是什么?那就是作者"写的时候应该是最爽的",译者"翻译这本书的时候也畅快淋漓",读者"看了后狂喜欢"。这些话中的形容词或者说描述,可以因为不同的作家、译者和读者,置换不同的内容,然而好译本应该产生如此的效果却是相同的。

从引文中可以看出,变化最大的,不是作者和译者,而是阅读产生的倾向性。倾向性与不同的书有关系,与年龄有关系,与职业有关系。因此,如果仅以阅读倾向性而淘汰一种译本,显然不公道。如果译本毫不顾及阅读的倾向性,也显然不公道。优秀的译本给读者带来欢愉,无形中也会影响读者。阅读倾向性积少成多,冷落或者喜欢一种译本,在某种程度上也决定着它的存亡。在译本和读者中间进行调节的,一是译者,二是编辑。如果译者的文字粗糙和滞后,翻译出来的译本一定不会持续长久。如果译者注意文字修养，古典文学有底子，又经常阅读当代报刊和文学作品，还适当地看些影视作品并且多和青年人交往，翻译过程中的用字，至少不会过于迂腐。编辑呢，除了应该像译者一样不断修炼文字，还应该选择译本和译者。这种选择的原则就是"举优抑劣"。毫无疑问，这种工作并不容易。译本的优劣，除非优秀到超一流，或者低劣到不堪卒读，优与劣并不好界定。既然冯涛在他的伊妹儿中提到了《傲慢与偏见》，本章就不妨以这部名著为例，进行更细致的分析。

第二节　经典小说开头有讲究

学习英语的人，很少没有读过《傲慢与偏见》的；再差，这本书的片断总是免不了会接触到的。我在突击阅读原著阶段，曾请教我的老前辈绿原先生，读哪些原著更好。绿原先生首推《傲慢与偏见》。我问为什么？他说首先是书写得好，再有是英文规矩，便于阅读。但是，我只读了个开头，便丢下去读美国著名作家德莱赛的《美国悲剧》去了。毋庸讳言，德莱赛的小说故事情节更引人，德莱赛的文字也更易懂。我曾经拿着两本书的某一两页仔细研读，发现词汇量区别并不大。美国小说的表达比较直接，而英国小说的表达比较委婉。这种委婉如果贴住了人性，读起来确实需要一些准备阶段，比如文学修养和领悟，才能渐入佳境。因为工作，后来接触《傲慢与偏见》多了，其中的妙味也就品尝到了。

简·奥斯丁一生写了六部小说，被冷落的时候，有过；被热捧的时候，也有过。但总的说来，她的作品是英国出版业的常青树，各种经典丛书,几乎至少都会选收她的一两种。为了区别,这种丛书选此不选彼,那种丛书选彼不选此,选来选去还是在她的六部小说中打转转,结果她被选中的概率超出了所有的英国小说家,就连一生写了二十多部小说的狄更斯都望尘莫及。她的六部小说,至少有三部改编成了电影,百分之五十的改编率,也算一个佐证。有的批评家,索性大惊小怪,认为简·奥斯丁的小说长销不衰,是一个谜。这话当然难免哗众取宠,其实简·奥斯丁并没有多么神秘,关键是她的每部作品都贴住了人性;一不小心,你就能在她小说中某章某段甚至某句话中,看见自己的什么东西。以下,我们一边欣赏这本小说,一边点评译文的是非曲直。

为了方便读者,本章以王科一的译本为主,同时提供"另一种"译文。另外,设一个"名著欣赏",便于区别对译文分析的"译文点评"。

◎ It is a truth universally acknowledged, that a single man in possession of a good fortune, must be in want of a wife. / 凡是有财产的单身汉,必定需要娶位太太,这已经成了一条举世公认的真理。

另一种:饶有家资的单身男子必定想要娶妻室,这是举世公认的真情实理。

名著欣赏:仅因为《安娜·卡列尼娜》产生于《傲慢与偏见》之后,我们就有理由相信,托尔斯泰在他的这部著名小说开篇写出"幸福的家庭是一样的,不幸的家庭各有各的不幸",或许就是借鉴了《傲慢与偏见》开篇这句话。一部小说能写出这样的醒世恒言，并在小说中成功地诠释了这样的论断，就应该是一部不朽之作了。财产，不管是继承的还是置办的，从一般人性上讲，仅仅由自己享受是不够的；与别人分享，看见别人分享的感激或者喜悦，听见别人夸赞或者妒忌，都是占有财产的必然反映。要想让更多的人参与进来，最保险、最有效的方式，对一个男人来说，也就是结婚了。一个人一下子变成了两个人，两个人还有希望变成三个、四个、五个……

　　译文点评：truth 是一个好词儿，不用动脑子，译为"真理"，不会有人认为不合适。真理是我们过去主流意识形态用滥的一个词儿，有的译者想变一变，在情理之中，但是"真情实理"这样的重叠词儿，不够简练。所以翻译中的"思变"并不容易。这里还不如省心一点，翻译为"公理"，与后边的"公认"重叠一下，更有强调的意味。universally acknowledged 译成"举世公认"，大概可以作为"定译"了，再怎么变花样也变不到哪里去，因此两种译文都用了这个译法。…in possession of a good fortune，译为"有财产"好，还是"饶有家资"好，可能还是前者好，因为"财产"尽管当作一个词儿来使用，但是毕竟是"财"和"产"组成的，足够吸引人的。如今媒体喜欢用的"财富论坛"，英文就是 fortune forum。接下来，…in want of…相当于"需要"或转义一点"缺乏"；一个男子拥有家产，而…in want of a wife 这句英语，大约等于"万事俱备只欠东风"之意，娶来一个太太就万事大吉了。

　　所以，《傲慢与偏见》这个开头，译得好了，和《安娜·卡列尼娜》的开头"幸福的家庭是一样的，不幸的家庭各有各的不幸"，一样是名言。从这个角度看,两种译文比较一下,读者大概可以产生自己的取向了。

◎ However little known the feelings or views of such a man may be on his first entering a neighbourhood, this truth is so well fixed in the minds of the surrounding families, that he is considered as the rightful property of some one or other of their daughters. / 这样的单身汉,每逢新搬到一个地方,四邻八舍虽然完全不了解他的性情如何,见解如何,可是,既然这样的一条真理早已经在人们心中根深蒂固,因此人们总是把他看作自己某个女儿理所应得的一笔财产。

另一种:正是因为这个真情实理家喻户晓深入人心,这种人一搬到什么地方,尽管他的感觉见解如何街坊四邻毫不了解,他就被人当成了自己这个或那个女儿一笔应得的财产。

名著欣赏:这句话承接了第一句话的论断,却一百八十度大拐弯,一下子由男方拐到了女方,字面上说真理在世人心中扎了根,实际上是写真理后面的物质更有力量。人是围绕着物质转的,这也是人之所以为人的根本所在。没有物质,我们人类什么都不是。但是,我们人类毕竟是高级动物,有高级思维,所以,总是避开赤裸裸的东西,打一些冠冕堂皇的幌子。这也是人之所以为人的根本所在。一部小说,开篇统共使用了不过一百来个字,就把人的某部分特质揭穿了,真是高明。从小说的发展看,主要是写了一家女儿的出嫁问题,用男人开头,落在了女人这厢,点明了男大当婚、女大当嫁的主题,从此揭开了"傲慢"与"偏见"产生的物质基础;从小处开端,大处收获,是这本名著的最大特色。

了解这点,读者衡量两种译文的长处和短处就有依托了。

译文点评:从句序上讲,第一种译文基本上跟了原文走的,多出"一个地方",不过用"四邻八舍"做主语,照应了后面的 the surrounding families,而"人们"又呼应这个短语,并出现两次,可行。…some one or other…翻译成"某个",挺好,堪称出彩。

第二种译文,从 this truth 开始翻译,这是译者处理原文的习惯,无可厚非。…so well fixed in the minds of the surrounding families…用了"家喻户晓深入人心"移植,似贴近原文却并不精确,因为原文中"家"、"户"的意思有了(the surrounding families),但是"喻"、"晓"却是没有的。当然,翻译不是做数学题,不能扣得丝毫不爽,但是使用四六字翻译西文,总是难免"丢东落西"或"添油加醋"的。还有,…such a man 译为"这种人"虽然照搬原文,但不如"这样的单身汉"有连接性,和上下文贯通。

第三节　写行为却处处连着心迹

◎ Till Elizabeth entered the drawing-room at Nerherfield and looked in vain for Mr. Wickham among the cluster of red coats there assembled a doubt of his being present had never occurred to her. / 伊丽莎白走进尼日斐花园的会客室,在一群穿着"红制服"的人里面寻找韦翰先生,找来找去都找不着,她从来没有一丝怀疑:他会不来。

另一种:伊丽莎白走进内瑟菲德的客厅,在一群身穿红色上衣的人中间寻找魏肯先生,一直没有找见;直到这个时候,她才怀疑他大概没来。

名著欣赏:我一直以为,不论什么体裁的文字,写人的活动却处处受到脑子的支配,或者写思想活动却表现在行为上,那就是高级层次了。《红楼梦》的文字就有这样的魅力。这个英文句子也有这样的水准。实际生活中,我们也常说,某某一举一动都有用心,但是写作起来,手中的笔是否跟了思想走,是另一回事儿。正因如此,这样的句子更显珍贵。

译文点评:第一种译文在标点上作了点儿文章,red coats 转化成了"红制服",是为了强调到场的都是当兵的,有道理,也传神。…a doubt of his being present had never occurred to her 的字面意思是:一种他到场的怀疑从来没有在她心中出现过。这当然很欧化,不明了,但是怎样翻译好,这就要看译者的功力了。这里译为"她从来没有一丝怀疑:他会不来",多用了一个冒号,译者处理得有想法,但未必是唯一。特别值得一提的是,in vain 翻译得贴住了人物的形容举止,特别有画面感。现在的译文,十之有九,会翻译成"白白地"、"徒劳"、"瞎忙"等,很少把这样的含义展开翻译。这里把 in vain 译为"找来找去都找不着",是在真正懂得作者创作意图的前提下,把汉语表达得更生动的做法,对突出书中人物的性格,大有好处,值得借鉴。

第二种译文注意了这个英文句子是用 till 开始的,在汉语句子里多出了一个分号,分号前边有"一直",后边有"直到",强调有了,却难免重复之嫌。"大概"这个成分,添加得值得怀疑。另,译文把 in vain 翻译成"一直没有找见",虽然和句子开始的 till 照应上了,但是,这个英语句子真正应该和 till 照应的是 a doubt 以后的内容;因此,这样的翻译也有些疑问。

值得注意的是,英文句子中 there assembled,两种译文中都没有反映,显然还是对句子成分分析不够,理解上有问题。因为 there assembled 这个句子成分,从语法上讲,只能限定 red coats,不可能和 a doubt… 发生联系,作它的引导词;一旦做引导词,…had never occurred to…这个大谓语,就没有主语了。

两种译法的优劣,了解了这些因素,读者会有自己的看法的。

◎ The first week of their return was soon gone. The second began. It was the last of the regiment's stay in Meryton, and all the young ladies in the neighbourhood were drooping apace. The dejection was almost universal. The elder Miss Bennets alone were still able to eat, drink, and sleep, and pursue the usual course of their employments. Very frequently were they reproached for this insensibility by Kitty and Lydia, whose own misery was extreme, and who could not comprehend such hard-heartedness in any of the family. / 她们回得家来,眨下眼睛就过了一个星期,现在已经开始过第二个星期。过了这个星期,驻扎在麦里屯的那个民兵团就要开拔了,附近的年轻小姐们立刻一个个垂头丧气起来。几乎处处都是心灰意冷的气象。只有班纳特家的

第五章　翻译作品的淘汰和沉淀

两位大小姐照常饮食起居,照常各干各的事情。可是吉蒂和丽迪雅已经伤心到极点,便不由得常常责备两位姐姐冷淡无情。她们真不明白,家里怎么竟会有这样没有心肝的人!

另一种:她们回家后第一个星期转眼就过去了。第二个星期也开始了。这是民团在梅里顿驻防的最后一个星期,附近的年轻小姐一个个很快都蔫了。几乎人人都是垂头丧气的样子。唯有本内特家几位年长的小姐还能吃、能喝、能睡,照平常一样干她们自己的事情。基蒂和莉迪亚更经常地责备她们的这种麻木不仁,因为她们自己已经伤心到了极点,无法理解家里怎么有人会有这样的铁石心肠。

名著欣赏:这段文字是一种对比的写法,从众人写到少数人,行为和心理都在对比,客观描述的文字不少,情景也交代得很清楚,因此落到少数人时,落笔的力量就很到位了。有趣的是,这部作品表现的"傲慢"和"偏见"情绪,从这些看似中立的叙述中渐渐显露了。

译文点评:第一种译文中,开始的三句英文,合起来翻译成了一个汉语句子。一般说来,笔者是不提倡这样的合并的。尤其现当代英语,句子都很短,可是每句话都有自己的深意,合并不好,适得其反。这段英文,是十九世纪的英文,短句子很不常见,译者处理起来难免不习惯,合并句子翻译的现象也就常见了。这里的关键是要把句子合并得有道理。这三处合并,尽管多了"现在已经",但很有道理,跟住了主语"她们",又强调了 week 这个词儿,而强调 week 这个词儿,又和"民兵团"开拔有直接关系,而"民兵团"走人,又和方圆一带的姑娘小姐们的低落心情有关系,而方圆的姑娘小姐的郁闷心情,又和反衬班纳特家的小小姐们和大小姐们的心情和举动有关系,因此一环套一环,环环有用意,应该说,译文是非常成功的。其中…still to eat, drink, and sleep,移植成了"照常饮食起居";…pursue the usual course of their employments…移植成了"照常各干各的事情";…such hard-heartedness…移植成了"这样没有心肝的人",挺精彩,挺传神。

第二种译文基本上按照英文句序翻译,中规中矩,稍欠推敲的是 insensibility 译为"麻木不仁",而 hard-heartedness 译为"铁石心肠",把这样的词用在活泼爱动、涉世不深的年轻女子的身上,还是有出入的。另外,very frequently 译为"更经常地",显然不到位。

其中英文"The dejection was almost universal."译文一为"几乎处处都是心灰意冷的气象",译文二为"几乎人人都是垂头丧气的样子",孰高孰低,明眼的读者尽可评判。

第四节　委婉传神的写作

◎ They were within twenty yards of each other, and so abrupt was his appearance, that it was impossible to avoid his sight. Their eyes instantly met, and the cheeks of each were overspread with the deepest blush. He absolutely started, and for a moment seemed immoveable from surprise; but shortly recovering himself, advanced towards the party,

第五章 翻译作品的淘汰和沉淀

and spoke to Elizabeth, if not in terms of perfect composure, at least of perfect civility. / 他们只相隔二十码路光景,他这样突然出现,叫人家简直来不及躲避。顷刻之间,四只眼睛碰在一起,两个人脸上都涨得血红。只见主人吃惊非凡,竟楞住在那儿一动不动,但是他立刻定了一定心,走到他们面前来,跟伊丽莎白说话,语气之间即使不能算十分镇静,至少十分有礼貌。

另一种:他们彼此之间相距不到二十码,而且他又出现得那么突然,要避开他的视线已根本来不及了。他们的目光立刻相遇在一起,彼此的面颊顿时绯红。他大吃一惊,变得呆若木鸡;不过很快就恢复了常态,向大家走过来,和伊丽莎白讲话,即便说不上神色镇定,至少也还是礼貌周全。

名著欣赏:两个心中各怀心思的情人相遇,这些文字是非常传神的。作家从客观的角度描写人物,面对面的相遇,是需要功夫的。不同的人,不同的场合,不同的年龄,不同的身份,不同的背景,都会影响两个人想见面的情景;更重要的是,把两个情人见面的表现,和心理活动联系起来,更见功夫。在这部小说中,"傲慢"是男主人公方面的,"偏见"是女主人公方面的,而这个场合,是消除这两种情绪的重要拐点,此后两个人就开始往一块儿走了,为有情人终成眷属作了很好的铺垫。

译文点评:第一种译文中,…within twenty yards…等于"只相隔二十码路光景";their eyes… met 等于"四只眼睛碰在一起"…impossible to avoid…等于"叫人家简直来不及躲避";…in terms of...等于"语气之间";... immoveable from surprise... 等于"竟楞住在那儿一动不动",都是非常地道的文学翻译语言,使译文显得生动,内在联系紧密,值得学习。不错,有些词儿,如"四只""叫人家简直"等,是译者发挥出来的,但是这样的发挥在原文中有根据,是译者对原文把握得准确的结果,翻译远离呆板的灵活的表现,无可厚非。自然,和当代汉语相比,省掉"路""住"这些字,会更为精练。

另一种译文,从句序和文字字面上的意思理论,非常准确;个别用词,比如把 immoveable 翻译成"变得呆若木鸡",显然差了很多东西,和两个情人不期而遇应该有的样子,不大相符。这就是用成语表达的大缺陷了。翻译文学作品,一定要自觉地使用更生动的文学语言,把原文中的种种潜在因素尽量挖掘出来,这是一个好译者的使命。字面意思翻译出来,固然很好,但是翻译是一种好上加好的活儿,需要毕生努力。当然,如同我经常强调的,翻译更高的层次,确实与译者的智力有很大关系,不能求全责备。

◎ Elizabeth feeling all the more than common awkwardness and anxiety of his situation, now forced herself to speak; and immediately, though not very fluently, gave him to understand, that her sentiments had undergone to material a change, since the period to which he alluded, as to make her receive with gratitude and pleasure, his present assurances. The happiness which this reply produced, was such as he had probably never felt before; and he expressed him-

第五章 翻译作品的淘汰和沉淀

self on the occasion as sensibly and as warmly as a man violently in love can be supposed to do. Had Elizabeth been able to encounter his eye, she might have seen how well the expression of heart-felt delight, diffused over his face, became him; but, though she could not look, she could listen, and he told her of feelings, which, in proving of what importance she was to him, made his affection every moment more valuable. / 伊丽莎白听他这样表明心迹,越发为他感到不安和焦急,便不得不开口说话。她立刻吞吞吐吐地告诉他说,自从他刚刚提起的那个时期到现在,她的心情已经起了很大变化,现在她愿意以愉快和感激的心情来接受他这一番盛情美意。这个回答简直使他感到从来没有过的快乐,他正像一个狂恋热爱的人一样,立刻抓住这个机会,无限乖巧、无限热烈地向她倾诉衷曲。要是伊丽莎白能够抬起头来看看他那双眼睛,她就可以看出,他那满脸喜气洋洋的神气,使他变得多么漂亮;她虽然不敢看他的脸色,却敢听他的声音;只听得他把千丝万缕的感情都告诉了她,说她在他心目中是多么重要,使她越听越觉得他的情感宝贵。

另一种:伊丽莎白听了他这番话,更加感到异常尴尬,对他的境遇也更加感到异常不安,于是不得已而开口说话了;虽然她说得不那么痛快,可是立刻就让他懂得,自从他提到的那个时候以来,她的感情已经发生了极其重大的变化,所以她能怀着感激和愉快的心情,接受他现在的表白。她这个回答使他感到他大概从来没有过的快乐;于是他抓紧时机向她倾诉衷曲,那份多情,那份炽烈,只有热恋中的人才这样。如果伊丽莎白能够抬起头来看看他的眼睛,她就会看到,他由衷的喜悦表现在他的脸上,显得神采奕奕;不过她虽然没有看,还是可以听,听他吐露自己的真情,表明她在他心里占了多么重要的位置,越听就越珍惜他的深情。

名著欣赏:这是一段非常精彩的英文,把两个情人长久误会后的真实感情、感觉、内心活动和当场的举止,都写得非常到位。但凡有过恋爱经历的人,都会对这些文字由衷感谢,因为它们让读者重温了一种曾经经历过的感觉。原文三句话,换了两次身份;首先写女主人公,接着转到男主人公的反应,然后又回到了女主人公。每次转换,都不是平行的,而是更深入一层揭示两个情人的心理活动,而这样的心理活动,又是借助了人物说话的口气、眼神和脸色,毫不牵强,毫不附会,堪称文学写作的最高层次。从男女主人公的行为举止和心理活动,我们不仅看到了两个活生生的人,而且窥见了英国当时的社会风气。尤其最后一句,把一个矜持而热烈的年轻女子的表现,写得可谓活灵活现了。

译文点评:英文用词十分平常,强调的地方,也不过…how well…或者…such as…两处,但是传达出来的信息,却非常丰富,好像用汉语中的一般词语无法表达似的,但是却也只需要把平常的汉语词汇,调动起来,就足够了。译文一把第一句话分成了两句,断开的地方准确,可行。不过,…though not very fluently, gave him to understand 译为"她立刻吞吞吐吐地告诉他说"没有过分的不妥,但是如果译为"尽管吞吞吐吐却让他十分明白",似乎更曲折有味些。英语…as…as…的句型,是个强调语气的,译者领悟到了这点,用汉语"无限乖巧、无限热烈"对应,很恰当的。值得赞赏的是,though she could not look, she could listen 翻译成了"虽然不敢看他的脸色,却敢听他的声音",看似多了"他的脸色""他的声音"几个字,却是传达原文神韵的必需,是符合人物身份的。

译文二,开头的一句,翻译得有出入,不应该随意断开。以后的译文是准确的,却显得拘谨,对传达两个情人儿"尽释前嫌"的瞬间,表达得显然差点什么。

至于两种译文在翻译的过程中,把自己的母语调动到了什么份儿上,谁优谁劣,笔者这里就不再啰唆,留给高明的读者比较一下,得出自己的看法,权当笔者和读者的一次沟通,如何?

第五节 人物行为举止的连贯性

《傲慢与偏见》,是这本书的名字,也是本书写作的主题。"傲慢"从哪里来?

"偏见"又从哪里来?作家自然不能凭空捏造,即便你捏造了,但实际生活里没有,不存在,作品是站不住脚的。英国是个阶级等级分明的国家,仆人是仆人,主子是主子,平民是平民。位置的互换,需要个人的努力。在更早的封建制度下,公爵伯爵侯爵之类,肯定比平民和百姓傲慢,但是平民百姓靠租种他们的土地生活,对他们的傲慢不习以为常,又能怎么样?但是,简·奥斯丁的时代,社会已经开始发生变化,科学技术发展在加快,工业生产显示出了前所未有的效率,使得英国成了世界上最早的殖民者。为什么万里迢迢地奔赴殖民地？当然是为了发财。于是，英国成了世界上最早富裕起来的国家，继承遗产的后代多起来。这样的人有了钱，别的本事没有学会之前，除了表现得"傲慢"，确实也没有更好的招数。

这样的变化，简·奥斯丁观察到了，写出来了。她恐怕也没有想到，其实"傲慢"是人类的通性，而对付这样的通性，也只有"偏见"这样的人类通性好使。我们经常说："你以为你是谁？我还偏不吃那一套！"大概，这就离"傲慢"与"偏见"这两种情绪不远了。因此，简·奥斯丁写出来的，是人类的通性。我们看这部作品，随处能看见现实生活中的影子，或者就是自己的影子。所以，我常说，能把读者绕进去的作品，才是不朽的作品。

当然，很多优秀的作品，多多少少都能把我们绕进去一点儿，但是像《傲慢与偏见》这部作品，随时随处都能把读者绕进去。简·奥斯丁的作品历久不衰，说明我们当代的人比一百多年前的人没有多少变化。谁有家产没有几分傲慢？谁对接受家产有仇？谁不想迈上更高的门槛儿？"偏见"可以和"傲慢"抗衡，这种力量可以让一个人去奋斗，但是，到头来抗不过了，也只好放弃"偏见"了。《傲慢与偏见》这本书，写得好，是女主人公放弃"偏见"的方式很有趣味，不仅成全了爱情，还表现了一个小女子品格的高尚，这就又是我们人类的通性了。因此，只要我们人类的通性不发生截然不同的变化，这本小说就会一直被人阅读。

以下选取了书中第十章中极为精妙的段落，放在一起，气氛贯通，像是一篇小小说，更见作家的才气。当然，这对译者是个挑战，王科一的译本显然经受住了挑战，把原著的方方面面传达得很到位。这样的译本，应该传下去，即便个别文字呆滞了一些，但是读者接触并习惯一下,也是拓宽阅读范围和接触不同文字表达的好路子。

笔者认为,作为译本,王科一的《傲慢与偏见》,唯一有点儿遗憾的是,书中的人名和地名的翻译,应该参照如今已经广为接受的译法。比如,"赫斯脱太太",的确没有"赫斯特太太"更容易让读者接受。毕竟,中国读者对外国人名叫法的习惯,在国门大开的今天,已经超乎寻常了。

译文点评,点到为止。英文和中文的标题都是我擅自加上去的。

How Proud and How Prejudice

Mrs. Hurst sang with her sister, and while they were thus employed Elizabeth could not help observing① as she turned over some music books that lay on the instrument, how frequently Mr. Darcy's eyes were fixed on her. She hardly knew how to suppose that she could be an object of admiration to so great a man②; and

赫斯脱太太替她妹妹伴唱。当她们姐妹俩演奏的时候,伊丽莎白翻阅着钢琴上的几本琴谱,只见③达西先生的眼睛总是望着她。如果说,这位了不起的人这样望着她是出于爱慕之意,她可

---

① could not help observing,有禁不住瞟见之意,写年轻女子一心二用的好表达。
② so great a man,这里含贬义,就是女主人公伊丽莎白的"偏见"所在。
③ 因为是写一个姑娘的一心二用,作者用了 could not help observing,因此"只见"二字显然不到位,更何况前边已经有了"翻阅";一心可以二用,而两眼是不能同时看东西的。

yet that he should look at her because he disliked her, was still more strange. She could only imagine however at last, that she drew his notice because there was a something about her more wrong and reprehensible①②, according to his ideas of right, than in any other person present. The supposition did not pain her. She liked him too little to care for his approbation.

After playing some Italian songs, Miss Bingley varied the charm by a lively Scotch air; and soon afterwards Mr. Darcy, drawing near Elizabeth, said to her—

"Do not you feel a great inclination, Miss Bennet, to seize such a opportunity of dancing a reel?"

不大敢存这种奢望,不过,要是说达西是因为讨厌她所以才望着她,那就更说不通了。最后,她只得这样想:她所以引起了达西的注意,大概是因为达西认为她比起在座的任何人来,都叫人看不顺眼③。她做出了这个假想之后,并没有感到痛苦,因为她根本不喜欢他,因此不喜欢他的垂青。

彬格莱小姐弹了几支意大利歌曲以后,便改弹了一些活泼的苏格兰曲子来变换变换情调。不大一会儿工夫,达西先生走到伊丽莎白眼前来,跟她说:

"班纳特小姐,你是不是很想趁这个机会来跳一次苏格兰舞?"

---

① reprehensible,应受严责的,应受申斥的。
② approbation,赞扬,褒奖。
③ wrong and reprehensible 译为"都叫人看不顺眼",不是随便一个译者做得到的。

第五章 翻译作品的淘汰和沉淀

She smiled, but made no answer. He repeated the question, with some surprise at her silence.	伊丽莎白没有回答他,只是笑了笑。他见她闷声不响,觉得有点儿奇怪,便又问了她一次。
"Oh!" said she, "I heard you before; but I could not immediately determine what to say in reply. You wanted me, I know, to say 'Yes,' that you might have pleasure of despising my taste; but I always delight in overthrowing those kind of schemes, and cheating a person of their premeditated contempt. I have therefore made up my mind to tell you, that I do not want to dance a reel at all—and now despise me if you dare."①	"哦,"她说,"我早就听见了;可是我一下子拿不准应该怎样回答你。当然,我知道你希望我回答一声'是的',那样就会蔑视我的低级趣味,好让你自己得意一番,只可惜我一向喜欢戳穿人家的诡计,作弄一下那些存心想要蔑视我的人②。因此,我决定跟你说,我根本不爱跳苏格兰舞;这一下你可不敢蔑视我了吧。"
"Indeed I do not dare."	"果真不敢。"
Elizabeth, having rather ex-	伊丽莎白本来打算使他

---

① 尽管本书中精彩的文字数不胜数,但是这一番话,由一个还未出阁的女子说出来,也太有心计和个性了。除非作者把自己写进去,这样的写作是很难得的。如果是情人之间在逗趣,这样的话当然是越多越好,但是偏偏一个姑娘说给一个傲慢的未婚男子听,读来就很有味道了。

② "只可惜……"这半句话,译文虽然和原文有出入,但是极其传神。

pected to affront① him, was amazed at his gallantry; but there was a mixture of sweetness and archness② in her manner which made it difficult for her to affront anybody; and Darcy had never been so bewitched by any woman as he was by her. He really believed, that were it not for the inferiority of her connections③, he should be in some danger④.

难堪⑤一下,这会儿见他那么体贴⑥,倒愣住了。其实,伊丽莎白的为人一贯温柔乖巧,不轻易得罪任何人⑦,而达西又对她非常着迷,以前任何女人也不曾使他这样着迷过。他不由得一本正经地想到⑧,要不是她的亲戚出身微贱,那我就难免危险了。

---

① affront,当众冒犯,故意轻慢。
② archness,经验丰富的;狡猾的,调皮的。
③ the inferiority of her connections,她家亲戚的低下地位。
④ …that were it not for the inferiority of her connections, he should be in some danger,大意是:要不是她的家庭背景拖后腿,他就面临掉入爱河的危险了。这是达西这个男主人公内心"傲慢"的另一种表达,很有文学味道。一共七段,三段描写,四段对话,"傲慢"与"偏见"的情绪,自然而然地展开了。
⑤ 这里把 affront him 翻译成了"使他难堪一下"。
⑥ gallantry,(对女人)殷勤,译为"体贴",有些过,不如"风度"和"涵养"这类有分寸,因为男主人公还没有熬到体贴女主人公的份儿上。
⑦ 这里把 affront anybody 翻译成了"不轻易得罪任何人",可见译者的灵活。
⑧ He really believe 等于"他不由得一本正经地想到"吗? 仅从一个插入语也可以看出,译者在翻译中是多么注意整个译文的通顺。

第六节 小结

优秀的译者是优秀翻译作品的先决条件,而健康的编辑工作和批评活动是优秀翻译书籍淘汰和沉淀的保障。淘汰和沉淀是需要时间的,没有相对历史和良好传统的出版社,千万别指望它们会有什么淘汰和沉淀。

第六章　名著名译的标准和弹性

第一节　小引

"名著名译"的叫法,起始于上世纪九十年代中,盛行于二十一世纪初,听起来两个世纪,实际相差十几年。这个叫法是老牌出版社发明的,实际上也只有老牌出版社才有这个资格;效仿者风起云涌,却是最没有资格的,纯粹出于商业盈利的目的。最坏的是,效仿"名著名译"只是名字,内容基本上是剽译、窃译、瞎译、胡译、乱译的大杂烩(据说,专干这行的人行话是"扒",真是入木三分的说法);书籍粗制滥造,纸张和印制都很低劣,压低价格,从价格上迷惑读者,贩卖文字垃圾和文字毒品。一个名不见经传的出版社,某年某月突然推出一套"名著名译丛书"或者"外国经典译著丛书"之类,只能是伪奸书商和卖书号共谋的畸形产品。如果真有文化建设之说,这是应该建设的范畴之一。作为真正的出版者,又是无奈的哀叹之一。

即使是老牌出版社打出"名著名译"的旗号,"名著"名副其实,"名译"则不一定,因为有些译本舛误多多,文字过气;还有些译本则很差,或说很糟糕,因种种原因一直沿用,混迹于"名译"之中。另一方面,老牌出版社打"名著名译"旗号的理由却是很充分的,因

第六章 名著名译的标准和弹性

为他们的版本已经经历了几十年的时间,培养了一拨又一拨的读者,口口相传,有了定评,尽管误差很大。

真正的"名著名译",虽然没有严格的一定之规和标准,但是只要环境健康,又有经验丰富的专家学者进行大体上的筛选和甄别,是可以确定下来的。如果是计划文化,有资金投入、专项督促和管理,这样的筛选和甄别程序完全行得通,并可以获得成功。比如,京剧的音配像工程,就是很成功的例子。中国历来重视书籍,因此历代的书籍,大体上是好书为多;唯有现在,一方面美名曰文化建设,管得很死,高度垄断;一方面打着"市场经济"的幌子,放任自流,买卖书号。如任这种古今中外闻所未闻的毒瘤,蔓延中华大地,实在会破坏民族文化建设的长城。

因此,一种体制如果缺乏有效的遏制手段和有力的改革措施,那么,有良知的活动,便只能寄希望于知识分子的个人行为了。比如,译者个人的高水平和高要求,为读者提供优秀的译著;功底深厚的编辑约到高质量的翻译作品;热爱好书的出版者策划和出版高质量的翻译作品,等等。尽管人数尚不占优,却代表了一种出路,是人类修正错误的最后一招。所以,即便在现在翻译界基本上处于浑水摸鱼的状态下,仍有许多优秀的译者、编辑和出版者,在惨淡经营。这样的人,数目虽然不多,但是一旦有了成果,对作伪者就是致命一击。目前的困难,是他们的各种阵地越来越少了,尤其是宣传和评论翻译作品的阵地。这是一个大问题,且越来越大。

"名著名译"这种叫法,也不可一概而论,而是应该有三个档次。这三个档次,不是我划分的,而是本来存在的。

首先,优秀译本与名著的"名"的程度很有关系。在长时间的阅读过程中,读者和专家学者的认知度保持了高度一致的名著,比如莎士比亚、歌德、但丁、托尔斯泰和陀思妥耶夫斯基等文豪的作品。这部分作品,是历代经典作品的宝塔尖。另一部分则是这个宝塔的大多数,即大量著名作家的代表性作品,多则五六本,少则一两本。这部分作品,阅读和评论虽然有起有伏,但是出于这样那样的原因,仍是各个时期被推荐和被阅读频率最高的,因此吸引了大量优秀的译者投入其中,纷纷施展身手,不断改进,大浪淘沙,积累了一批优秀的译著,堪称名副其实的"名著名译"。在拙著《译事余墨》中,我谈及和列举的优秀翻译作品,如朱生豪翻译的莎士比亚戏剧、杨必翻译的《名利场》、吕叔湘翻译的《伊坦·弗洛美》、吴钧燮翻译的《简·爱》和《海浪》等;没有谈及和列举的还有许多,比如,王科一翻译的《傲慢与偏见》、王永年翻译的《欧·亨利全集》、张有松翻译的马克·吐温作品、潘家洵翻译的易卜生戏剧、黄雨石翻译的《沉船》和《终生之路》、施咸荣翻译的《麦田的守望者》等。如果冒昧涉及别的语种,法语方面傅雷的译著和西班牙语方面杨绛翻译的《堂吉诃德》等。这些翻译作品,也许有这样那样的不足,但是作为一个翻译作品的内涵和氛围,也就是文学性,是无可挑剔的。读者阅读这样的翻译作品,得到的不仅是内容的信息,还有阅读的愉悦;不仅是故事情节的引人入胜,还有文字方面的美感和享受。这样的译著,除了译者的功力,作者和译者在文学上的相通,彼此互相吸引,可能也是一个重要因素。

其次,"名著"是名副其实的,但是它们吸引读者的数量不够多,专家学者的看法因时代不同而不尽相同,文学史上的地位无可争议,却属于一般读者"不读也罢"的范围。这样的文学作品,也是一个民族文学不可或缺的部分,但不是翻译介绍的不可或缺的部分。没有这样的文学作品,一个民族的文学创作算不上丰富多彩,但是翻译介绍多少,则要取决多种因素,比如经济、文化和历史的厚薄。这类翻译作品,只要做到了忠实原文,译文通顺流畅,读者在阅读中能收获十之八九的信息,也应该是"名译"之列。这样的作品,尽管翻译力量投入不集中,译者也往往不是一流的,但是翻译作品的数量在不断增加,因此也往往是一个民族翻译作品积累的重要部分。这些翻译作品主要是为文学这个领域服务的,因此知名度肯定不如第一类。

其三,"名著"也是名副其实的,但是因为文化背景不同、文字体系迥异、作家标新立异、作品内容庞杂、故事情节不成功等因素,为少数(相对普通读者)专家学者津津乐道,是他们的研究和批评的主要对象。比如中国的古典诗词和《红楼梦》、英国的《项狄传》、爱尔兰的《尤利西斯》、美国的《白鲸》等等。翻译这样的作品绝对是苦差事,不管译者投入多少精力和感情,译著质量都很难提升到一般读者喜欢的程度。这类作品,只要译者下了功夫,态度认真,能传达出基本内容,哪怕译著对一般读者来说阅读困难,欧化现象严重,甚至佶屈聱牙,都应该算作"名译"。这样的作品属于"怪"的范畴,那么,翻译作品也应该允许有"怪"的文字。

不管怎么说,"名著名译"这个提法是可取的,是对我们所有从事外国文学翻译人员的一种要求。只要大家采取认真的态度,"名著名译"的积累会不断壮大的。在经济大潮的背景下,因为我们的出版体制改革严重滞后,有人打着"名著名译"的旗号赚黑心钱,也是没办法的事情,至少眼下如此。在中国这个人口大国,对芸芸众生来说,求生存并想法子活好,总是第一位的。因此,既然写书编书和出版书籍是知识分子的营生,那么最终还得依靠知识分子来把这件事情办好。

那么具体到文字,到底什么译文就算得上"名译"了呢?"名译"和"非名译"的区别主要是什么?"名译"的丰富在哪里?"非名译"的贫瘠在哪里?"名译"给读者带来什么?"非名译"让读者损失了什么?……

本章将引用一些具体译句、段落和章节进行分析,具体方法是:(一)提供两种译文,分别为"一种"译文和"另一种"译文。

(二)"点评"。两种译文,是用来比较的;点评,只是我的一种意见,试图指出高与低的区别;不见得十分准确,能抛砖引玉,就算成功。

列为"一种"的——和英文直接对照的——对移植原文的含义和思想,不存在问题;有些可以说是非常准确的。译者对原文的理解基本到位,汉语表达也基本到位。如果这样的翻译发生在自然科学和社会科学方面,那么算作"名著名译"是当之无愧的。但是发生在文学领域,这样的译文则还有相当的改善和提升的余地。文学的写作空间一定比自然科学和社会科学宽阔、温柔、丰富、活泼。反映在文字上,用词就更讲究、形象、生动,富有想象力和比喻。可以肯定,能做到"一种"的译文,就目前的翻译状况来看,已经是很不错的译文了。我们的译本如若能够以这样的译文质量被图书馆收藏,那么我们的翻译作品的积累和建设,应该说,基本上是健康的。

列为"另一种"的,基本上够得上"名译"。我以为,这样的译文,好就好在多了几个字,少了几个字。如同我在"编辑说法"里界定的,属于"发挥"型的。当然,这里的"发挥",是更贴近原文的,而不是相反。

至于"点评",以"点"为主,"评"是"说",而不是批评。

以下分为几节进行分析。

第二节　简单句子不可简单处理

英语中的简单句子,或说单句,在十九世纪之前,是很难见到的。确切地讲,法语、德语、西班牙语等,也都是这样的情况。或许与拉丁文有关系?或许与服务于宗教有关系?不管何种语言,表达意识形态和日常生活的遣词造句总是不一样的。越玄乎的东西,越不需要表达清楚,这当然是因为本来就不容易表达清楚。越具体的东西,越需要表达清楚,这当然是因为更容易表达清楚。日常生活,世俗生活,现在比以往任何时候都显得更突出,更重要。作家描写日常生活和日常生活中的人,就一定会更贴近日常生活和生活中的人。文学的语言越来越日常化,口语化,是顺应潮流的结果。现当代文学作品中,单句成了主题,复句倒是比较少见了。

句子简单了,但是人类思维和活动的表达还是一样的,所以,翻译简单的句子,不能不动脑子,不花工夫,简单处理,好像照应了字面的意思,实际上忽视了字、句、段"明处"和"暗中"的内容。因此,翻译简单的句子,应该像翻译复杂的句子一样,注意句子本身的含义和上下句子之间需要表达的东西。

以下先从单句说起。

◎ He was the child of poetry and of rebellion, and poetry should run in his veins. / 他是诗歌和反叛的孩子,诗歌应该奔流在他的血管里。

另一种:他是诗歌的儿子,身上有反骨,诗情就在他的血管里涌动。

点评:原文有一个逗号,也是两层意思。两种译文都可以,两层意思都翻译出来了。翻译这样很有激情的句子,用词灵活一些似乎更生动。第一种译文里"诗歌应该奔流在他的血管里"这样的句子,好像主谓语搭配不够协调。另一种里,多了一个逗号,意思反倒更觉连贯。

◎ Do you suppose, with the world as it is, that it's an easy matter to keep quiet? / 你认为,世界就这个样子,保持安静是容易的事情吗?

另一种:世界就是世界,你以为安静处世是一件容易的事情吗?

点评:原文有两个逗号,句子表达的是两层意思。两种翻译差别不大,喜欢哪种因人而异。不过 do you suppose 这类插入语,现在的翻译活动中,越来越多的译文,随了原文的秩序。就我而言,一般喜欢后一种。

◎ "Because it's right and proper." / "因为那是正确的、合适的。"

"So? Or because she is old?" /"是那样吗？还是因为她已经老迈了？"

"I don't understand," she retorted. But her eyes dropped. His sudden suspicion was true: she was legacy-hunting. /"我不懂，"她反击说。但是她的眼睛掉落下来。他的突然怀疑是真的：她在猎捕遗产。

点评：译文应该说是不错的，也是目前很流行的一种。如果非要指出不当之处，"眼睛掉落下来"欠琢磨，太直白，太抠字面意思了。乍读之下，读者会以为"她"安了假眼什么的，一低头，假眼就掉出来了。译者如果要更上一层楼，则需要在上下文中抠出东西来。不妨先来看看另一种译文，再来说不足。

另一种：
"因为修复关系是正确的，应该的。"
"真的吗？还是因为她活不了几天了？"
"我不明白你什么意思，"她回嘴说。然而，她的眼睛垂了下来。突然袭上他心头的怀疑是真的：她在图谋遗产。

点评：一般说来，人物对话的语言，是相对简单的。因此，译者如果在翻译大段大段的叙述、描写，或者议论时，被实实在在的篇幅和作者的文风缠磨得叫苦不迭甚至精疲力尽，一下子看见了对话，如释重负的感觉在所难免。然而，这个时候，译者一定不能放松精力，以为句子简单而潦草从事，结果会很糟糕。好的译者，在翻译对话时一定更加用功夫，通过人物对话激活人物形象、摸准人物性格、表现人物心理活动，让译文始终浑然一体。

另一种中,"she is old 译为"她活不了几天",以及 she was legacy-hunting 译成"她在图谋遗产",看起来和原文有出入,但是上下文贯通的话,这样的翻译是极为可取的,贴近原意的。老人有财产,越来越容易招来图谋之心,这是人性决定的。老人死得越早,财产就越可以早到手。所以,"她已经老迈了"显然没有"她活不了几天了"更合乎书中人物的心理活动。所以,译文不仅没有任何不当,更显示了译者理解原文的透彻和表达成另一种文字的功力。

就这个例子来看,如果是在翻译单个句子,也许前一种比另一种更可取也未可知。但是,放在对话中,就一定要注意口气和上下文的连贯、相通、相容,力争把对话译出味道、性格和年龄层次,给人活生生的感觉。在小说翻译中,人物对话是很重要的内容,千万不要以为文字简单就松一口气,以为好不容易挨到了简单一些的文字,可以加快翻译速度,因此不做思考,不做雕琢,翻译出来了事儿。这是翻译的大忌之一。

简单句子不可简单处理,在翻译人物对话时,尤其显得重要。

第三节　短句子之间的联系不可忽视

有时想,十八世纪英国有建树的作家,如菲尔丁、司各特、斯特恩和十九世纪狄更斯、乔治·艾略特、特罗洛普等作家笔下的长句子,到了二十世纪作家的笔下,比如 E. M. 福斯特,怎么一下子就成了短句子?长句子表达的东西,短句子还能表达出来吗?这样的担心当然是杞人忧天,因为句子长短是文风流行的结果;长句子表达的内容,用几个短句子一样可以表达出来。但是,差别还是存在的。在长句子中,when,where,who,which,that等关系代词引出来的句子,也称子句,和主句的关系是隶属性的,很紧密;动词的时态也受很大的约束。

短句子的特点是"各自为政",独立性强,跳跃空间大;动词的时态不受约束,灵活性大。这对作家的表达当然更有利,短句子很快代替了长句子。但是,短句子之间的内在关系还是存在的,而且很紧密,基本上是几个或者是几个短句子,表达一个客观体,即作家的写作意念,有一种内在的单位。优秀作家和优秀作品,在这方面尤其优秀。

短句子的应用,是语言发展和演变的结果,原因是多方面的,比如,书面语和口语的关系更近,更模糊;新兴媒体的影响,比如二十世纪电影的兴起和二十一世纪电视的普及。眼见为实,耳听为虚。视力内容的表达,自然是越简短越干净越好。另外,影视文学,基本是口语组成的,主要是人物对话。

因此,翻译短句子,做好了,一样不容易,甚至更需要投入精力。

◎ There was now a wide gulf between them. She, like the world she had created for him, was unreal. / 他们之间现在已经有了很大的裂缝。她,如同她为他创造的那个世界,是不真实的。

另一种:他们眼下彼此间横亘了一条鸿沟。就像她为他凭空创造的那个世界,她是不真实的。

点评:这是两个独立的句子,不过第二个句子显然是在解释为什么会出现"鸿沟"。两种译文都传达出了这样的信息,都是不错的译文。不过,从语言习惯上讲,"裂缝"没有"鸿沟"更适合形容人与人的关系。人们通常喜欢说"我和你有鸿沟",而不常说"我和你有裂缝"。

◎ General culture! A smattering of English Literature, and less than a smattering of French. / 一般文化!英国文学的一知半解,法国文学比一知半解还少都行。

点评:对照原文,这样的翻译很忠实,可是译文读来什么感受?味道不对劲儿啊。几乎造成了理解上的困难。为什么呢?英语的句型,是为了更地道地表达意思,那么译者也应该在翻译时尽量找到本国语言所能表达清楚的说法。smattering 是这句话的关键词,对一般译者来说也比较生涩,那就一定要多查字典,找到它的多重含义。smattering 的英文解释是:a slight knowledge of something; smattering 是从 smatter 来的,而 smatter 的英文解释是:talk ignorantly, 约等于汉语里的"东拉西扯乱说一气"。这样解读下来,上面的译文显然有待提高。

另一种:一般文化!英国文学上泛泛而谈,法国文学上蜻蜓点水,仅此而已。

点评:这样的译文,不仅更合乎汉语表达,实际上也更接近作者的写作意图,充分显示了译者的创造力。

◎ Surely the dust would settle soon: in Italy, at Easter, he might perceive the infinities of love. / 灰尘一定会很快落下来:复

活节期间在意大利他可以发觉爱情的种种无限。

点评:不管对照原文,还是阅读译文,都没有太大的问题。如果细究的话,"灰尘一定会很快落下来"后边是解释性的内容,也就是说,两句话表达的都是一个意思,而重点在后半句。那么,"灰尘"和"爱情"则有点不够和谐。前些年,国内有一本长篇小说很叫响,名字是《尘埃落定》。如果译者知道这个书名,应该很高兴他找到了相应的英文。

另一种:可以肯定,尘埃终会落定:在意大利,在复活节期间,他可以领悟爱情的天长地久。

点评:"种种无限"自然没有"天长地久"更适合描写爱情。

◎ The crown of life had been attained, the vague yearnings, the misread impulses, had found accomplishment at last. / 生命之冠已经得到,含糊的怀念,读错的搏动,终于发现了成就。

点评:很典型的西文表达,是西方文化善思、善辩的表达。这样的表达,在汉语古典的白话文中是见不到的;在五四以来的白话文中渐渐出现,也只有像鲁迅这样的大家在表达中,使用得多一些。所以,翻译这样的西文,不很容易。因为像"生命之冠"、"读错的搏动"尽管忠实原文,但是到底是指什么,并不容易确定。所以,这样的汉语表达,无可厚非。但是,"终于发现了成就"和这样的主语,联系起来,就让人不很好理解了。这可能与译者的原文理解有关系。

另一种:生命的王冠已经获得,那些模糊的渴望,那些误读的冲动,终于修成了正果。

点评：由于原文偏重形而上的表达，"终于修成了正果"可能更接近原文的含义。

◎ The house was divided against itself and yet stood. Metaphysics, commerce, social aspirations—all lived together in harmony. / 这住房针对自己被分割，却挺立着。形而上学、商业、种种社会抱负——所有这些都包容在一起。

点评：原文是很有文学性的文字，把房子拟人化了。其中一些词，如 against，social aspiration，等等，到底在表达作者的什么思想，是不大容易琢磨的。很多时候，翻译这差事难干，这点就是了。在这样的情况下，紧贴原文翻译，是最后的选择。所以，有些译文读起来似是而非，可以从这点找原因。上面的译文，像"这住房针对自己被分割"、和"所有这些都包容在一起"两处，是不大容易读懂的。这样的原文，要把翻译做得更到位，经验恐怕更重要。

另一种：那所住房分裂成派系而自我削弱，却依然挺立。玄学、商业、飞黄腾达——各种观念全都和睦相处。

点评："分裂成派系"似发挥过度，但指向了"玄学、商业、飞黄腾达"三种不同因素，上下文照应较好。

◎ And Tony Failing had once put the thing into words: "There's no such thing as a Londoner. He's only a country man on the road to sterility." / 而托尼·菲林曾把那事儿用话说出来："伦敦佬这样的东西是没有的。他只是走在不生育的路上的乡下人。"

另一种：托尼·菲林有一次把事情说得很明白："伦敦人这玩

意儿是不存在的。所谓伦敦人,不过是走在断子绝孙的道路上的乡下人。"

点评:译文把原文细抠到这样的程度,是很不容易的事情。如果未来我们的翻译就走这样的路子,而广大读者又欣然接受,那就是客观事实,汉语习惯,没有什么好指责的。但是,就目前汉语的现实讲,译者还应该在汉语上多琢磨,多下功夫,尽量把文字推敲得更有味道些,更有文学色彩些。

另一种译文中,看得出一种译文中许多地方是可以改进和提升的。当然,这涉及译者的母语修养和表达能力。另一种译文中"伦敦人这玩意儿"、"断子绝孙的道路上"等处,显然更让读者提神儿。

◎ Patriotism and esprit de corps are all very well, but masters a little forget that they must grow from a sentiment. They cannot create one. / 爱国主义和集体精神都很好,但是老师们有点忘了,它们一定在一种感情上生出来。它们不能创造一种。

点评:这句话可以视为一种非常理性的经典句子。遇上这样的句子,译者必须多思考,多揣摩,多推敲,尽量翻译出类似语录一般的译文才好。其实,名言名句之类,应该是汉语的强项。只要注意前后照应、对仗、对比、对应等因素的发掘,会把翻译做得更好。

另一种:爱国主义和集体精神固然是好东西,但是老师们忘记了这两种东西必须在一种感情上才能成长起来。它们不能创造一种感情。

点评:这里有了"东西"和"感情"的两次出现,"爱国主义和集体精神"由"这两种东西"相互照应,似更好一点。

◎ She was content with the daily round, the common task, performed indifferently. But he had dreamt of another helpmate, and of other things. / 她满足于日常生活,普通的事务,冷淡地演示生活。然而,他梦想过另一种伴侣和另一些事情。

点评:原文看似平常,却颇具文学色彩,是写夫妻性格的很好的文字。中心是要写出两种截然不同的人。译文本身没有错误,但是传达的信息不够分明。如果注意使用文学语言,结果会很不一样。

另一种:她满足于日复一日地过下去,别人干什么她干什么,不咸不淡地扮演角色。但是,他曾经梦想过贤内助,梦想过多种别的事情。

点评:后一种译文显然要优秀得多,尤其 the common task 译为"别人干什么她干什么",helpmate 译为"贤内助",颇值得欣赏。

◎ Serious not in the sense of glum; but they must be convinced that our life is a state of some importance, and our earth not a place to beat time on. / 严肃不是阴沉的意思;但是他们必须相信我们的生命是一种某些重要的状态,而我们的地球不是打发时间的地方。

点评:应该说,对这样的译文横挑鼻子竖挑眼,是不负责任的。译文中的一些用词很到位,比如…beat time 译为"打发时间"。然而,译文中更多的地方读起来似乎缺少东西,或说不是十分明朗、清晰,那是因为在两种文字的转换过程中,一定是某些原文理解还不到位,或者母语表达还不到位。比如一开始的一句,Serious not in the sense of glum;其中没有清晰的主语和谓语,译者需要把这句话还原出来,翻译起来才会更自由。serious 只能当作形容词;如果像译文中的形式,"严肃"是主语,那么这个英文词儿应该是 seriousness。但是,作者没有将它名词化,那么这个句子复原了,似乎只能是:Being serious is not in the sense of glum。如果译者针对这样什么都不缺的句子思考怎么翻译,那么其灵活度就要多得多。"生命是一种某些重要的状态"也不够明了,很难给读者一个一目了然的信息,还需要再下些功夫。

另一种:态度认真,并不等于把脸沉起来;但是,人们一定要相信,我们的生命是一种有几分重要性的存在,我们的大地不是消耗时光的地方。

点评:分号前本是一个短句,译文用了一个逗号,反把内容连缀得更紧凑,可取。

◎ Nor could anyone criticize the exhortations to be patriotic, athletic, learned, and religious, that flowed like a four-part fugue from Mr. Pembroke's mouth. / 谁都不能批评爱国、运动、求知和遵守教规的教导,彭布罗克先生对此滔滔不绝。

点评:前半句很忠实,把四个定语用在一起,对强调被限定的名词有作用。有相当多的译者,为了忠实原文,都采取这样的译法。这样做的前提,是译文一定要通顺、简短,太长了是不符合汉语白话文的表达习惯的。一般来说,长句子不要超过二十个汉字;

万不得已,三十来个字。所以,前半部分的翻译是可以的。后半部分换了主语,由"谁"换成"彭布罗克先生",这也是现代翻译中常有的现象。语言在很大长度上是习惯成自然。既然是常有的现象,读者就容易习惯。何况,这个句子的主语都指人,更换主语没有突兀感,是可以的。不过,这个译句的毛病是丢了…like a four-part fugue…; exhortations 的复数形式,以及 mouth 没有相应的译文反应。应该说这种翻译是不够严谨的。

另一种:没有人能够批评这样的谆谆教导,要爱国,要运动,要博学,要守教规,这些话像四部赋格曲一样,从彭布罗克先生嘴里涓涓流出来。

点评:"涓涓流出来",改为"滔滔不绝",似乎更可取。

第四节　短句子内在组合的连贯性

一组短句子虽然个体都很独立,但表达的是一个中心主体。这样的短句群体,英语好的人,用几个关系代词可以连成一个大长句子。明白这一点,对翻译现当代文学作品,是大有好处的。

眼下很多译文,读起来没有连贯性,单个译句看似没有毛病,但读起来就是欠缺一些东西。这类问题,大概与没有把成组的句子融会贯通有关系。

◎ But what about the cow? He returned to her with a start, for this would never do. He also would try to think the matter out. Was she there or not? The cow. There or not. He strained his eyes into the night. / 不过奶牛怎么样了？他吃惊地回到了它身上，因为这是从来没有过的。他也试图把这个问题想出来。它在那里还是不在？奶牛。在那里不在。他向夜色睁大眼睛。

点评：很简洁，很准确。如果"等效翻译"之说成立，这应该是一例；可惜仅仅是一种说法。但是，因为"它"出现比较多，是原文she在汉语里的表达，显然不如阅读原文更畅快。这样的句子，不能因为原文没有什么难点而麻痹大意，一定要注意代词的移植。

另一种：然而，奶牛怎么样了？他又想到奶牛问题上，不禁惊诧，因为这种情况从来没有发生过。他也尽力把这个问题想出结果。奶牛在不在那里呢？奶牛。在那里还是不在那里。他睁大两眼，望着夜空。

点评：句首强调的是奶牛，译者抓住这个要点，大胆反复使用"奶牛"二字，使得作者要强调的东西在译文中更加突出，效果很好。

◎"How unbusiness-like! They live together without love. They work without conviction. They seek money without requiring it. They die, and nothing will have happened, either for themselves or for others." / "多么不像干正经事样子！他们在一起生活却没有爱。他们干工作却没有信念。他们寻找金钱却不询问。他们死了，什么事情也不会发生，对他们自己或者别人都一样。"

点评：翻译得过分刻板，尤其后面一句，读来竟然像前后内容没有任何联系一样，而实际上是写人活一辈子，死后应该留下一些东西。有些人把这样的译文看作是中文表达不好，实质上是没有彻底吃透原文的结果。

另一种:"多么不像夫妻和睦相处的样子!他们一起过日子而没有恩爱。他们一起干活儿而不知为什么。他们急于赚钱,其实他们并不需要钱。他们死了,死了就死了,对他们自己还是对别人都只是人死了。"

点评:译文好像与原文很有出入,实际上却是一环套一环地把原文的意思都表现出来了。貌合神离的夫妻生活,表达得很到位,尤其第二句,译文出现了四个"死了",把一辈子没有感情的夫妻写到了极为可悲的程度,说得上精彩的翻译。

◎ He had shown her all the workings of his soul, mistaking this for love; and in consequence she was the worse woman after two yeas of marriage, and he, on this morning freedom, was harder upon her than he need have been. / 他曾向她展现了他的灵魂的所有运转,误以为爱情;结果呢,她在婚后两年成了更坏的女人,而他,在这个早上的自由里,比他所需要地对她更加凶狠了。

点评:很简练,几近惜墨如金的程度。有些用词也不错,比如 the workings 翻译成了"运转";但是,这样的译文读起来,并不很舒服。这是一个难题。翻译外国作品,尤其文学作品,译者在充分理解原文的条件下,增加点什么,减少点什么,是进入高级阶段的表现。很多优秀的译本,都是译者在"增与减"的水准上表现出来的。上面的译文,理解原文不错,精确度不错,在"增与减"的层次上表现很一般,而这个层次上的修养,是综合性的,更多的时候涉及译者的文学修养和脑力高下。

第六章 名著名译的标准和弹性

另一种：他过去把他灵魂的一切活动都展现给她看，误以为这就是爱情；这样做的结果，结婚两年之后，她却变成了一个更糟糕的女人，而他，在这个自由的早上，本不需要对她痛下狠心，却偏偏狠起心来。

◎ He was willing to grant that the love that inspired her might be higher than his own. Yet did it not exclude them both from much that is gracious? That dream of his when he rode on the Wiltshire expanses—a curious dream: the lark silent, the earth dissolving. And he awoke from it into a valley full of men. / 他愿意承认，激励她的爱情也许比他自己的更热烈。可是，它就可以把他们两个排斥在通情达理之外吗？那个他在威尔特郡骑马出游时做的梦膨胀起来——一个奇怪的梦：百灵鸟不唱歌儿了，大地溶解了。他从梦中醒来，进入了人满为患的峡谷。

点评：非常诗意的描写，融情感于自然之中。文字看似不难，但是要翻译出味道，并非易事。这样的译文已属不易，问题出在：…much that is gracious 就是"通情达理"吗？…full of man 可是说成"人满为患"吗？…into 译为"进入"应该是不可取，因为刚刚从梦中醒来，不可能一下子身置一条沟里。

另一种：他会承认，令她心动的爱情也许比他的更刻骨铭心。然而，这种爱情就可以让他们漠视仁厚待人之道吗？他在威尔特郡骑马出游的那个梦扩张起来——一个奇怪的梦：百灵不鸣，大地溶解。他从梦中惊醒，看见一条峡谷里到处是人。

点评：后一种译文更简练一些，画面感也更好一些。

第五节　让译文成为文章

短句子组成的文章,翻译时应该注意更细微的地方,比如代词、连词和比喻,让各种因素都为整篇译文服务,读起来既看得见树木,又看得见森林,才是好译文。下面是一篇小文章,三段话,简单的句子,组成了一篇很有深度的文章。我又擅自分别给英文和译文加了标题。

第一种译文,从传达 meaning 的角度看,已经很好了,尤其各个句子,翻译得可谓亦步亦趋。不过,高下的区别,也正是在"亦步亦趋"上。分三段做了点评。另一种译文,只做了总的点评。

The Lost of Soul

The soul has her own currency. She mints her spiritual coinage and stamps it with the image of some beloved face. With it she pays her debts, with it she reckons, saying, "This man has worth, this man is worthless." And in time she forgets its origin; it seems to her to be a thing unalterable, divine. But the soul can also have her bankruptcies.

灵魂的困惑

灵魂有自己的活动领域。它铸造它的精神硬币,并且把硬币上打上了一张可爱的脸的形象。用它,它偿还债务,用它,它估算,说:"这个男人有价值,这个男人不值分文。"到时候,它忘记了它原来的样子;在它看来,它似乎是一样不可改变的,神圣的。但是,灵魂也有它破产的时候。

第六章　名著名译的标准和弹性

点评：整段译文准确、简短，甚至可以说干脆利落。如果不是currency翻译有问题，这样的翻译可以说基本到位了。现下一些英文好的译者（为数很有限），尤其年轻一点的，往往采用这样的翻译方法。往往，这样的译者还有一定的翻译经验，所以处理译文有一定之规。比如，原文中所有的"她"，都译为"它"，因为西文中的拟人代词，除了童话，一般说来都要按汉语的习惯使用。在汉语中，一般说来，只要代词所代的是人，都要使用人称代词。其余，一概用"它"。不管这是怎么形成的，有没有道理，却已经成了汉语的习惯。但是，在这段译文里，恰恰是遵循了这个汉语习惯，译文读起来不仅拗口，内容也混乱了。

currency在这里不能翻译成"活动领域"，尽管这样的译文也许是译家费时琢磨的结果。currency在这里就是其本意：货币。别无歧义。但是，这样翻译的错误，甚至比she改为it，即"她"改为"它"，危害要小得多。前者只是一个翻译错误，而后者却造成了阅读上的混乱，这是翻译上的大忌。准确传达原文的内容，其中一定包括把原文暗含或者因为语言特点造成的曲意，在翻译过程中准确地展现出来，甚至更明白地告诉读者。

Perhaps she will be the richer in the end. In her agony she learns to reckon clearly. Fair as the coin may have been, it was not accurate; and though she knew it not, there were treasures that it could

也许，到头来它会更加富有。在它的痛苦中，它学会了清楚地估算。这枚硬币也许很漂亮，但是它并不准确；虽然它知道它不怎么样，但是有些财宝它却不能买

not buy. The face, however beloved, was mortal, and as liable as the soul herself to err. We do but shift responsibility by making a standard of the dead.

来。那张脸呢，不管多么可爱，却是凡人的，如同灵魂自己一样容易犯错误。我们只是通过给死者制定标准来推卸责任。

点评：仍然延续了代词带来的阅读混乱，让读者读起来顺当而简洁，却不能完全弄懂文章到底在讲什么。这是很可悲的事情。译者用了心，译文经得起对照，但是脱离了原文，阅读译文，却不清楚了。另外，"虽然它知道它不怎么样，但是有些财宝它却不能买来"一句，因为 not 译为"不怎么样"很草率，导致了后半句"但是有些财宝它却不能买来"的逻辑不通，成为这段译文的最大败笔。

There is, indeed, another coinage that bears on it not man's image but God's. It is incorruptible, and the soul may trust it safely; it will serve her beyond the stars. But it cannot give us friends or the embrace of a lover, or the touch of children, for with our fellow mortals it has no concern. It cannot even give the joys we call trivial—fine weather, the pleas-

的确，还有一枚上面没有人的形象，只有上帝的形象的硬币。它不容易腐败，灵魂可以安全地信任它；它将超越星宿为它服务。但是，它不能给我们朋友，不能给我们情人的拥抱，或者我们孩子们的触摸，因为它不关心我们的同胞凡人。它甚至不能给我们称之为小事的乐趣——好天气、吃喝的快

第六章　名著名译的标准和弹性

ures of meat and drink, bathing and the hot sand afterwards, running, dreamless sleep. Have we learnt the true discipline of a bankruptcy if we turn to such coinage as this? Will it really profit us so much if we save our souls and lose the whole world?

活、海浴以及浴后滚烫的沙滩、奔跑、无梦的睡眠,等等。如果我们转向这样一枚硬币,我们就学到了破产的真正规定了吗?如果我们拯救了我们的灵魂而失去了整个世界,它真的会让我们受益吗?

点评:这段译文,因为段首就换了主语,代词给译文造成的混乱一下子就几乎没有了。由此可见,在翻译过程中,把原文的代词,按本国语言习惯翻译成合适的代词,是多么重要。只有一处:"它将超越星宿为它服务"。因为只有一处,无论读者还是译者,都可以忽略过去,只是译者还应该注意"星宿"这样的词儿,无论在西方文化中还是在东方文化中,都是可以当作"命运"来讲的。另有不足的是,几处将 turn to 译为"转向"、bankruptcy 译为"破产"过分拘谨了,多少导致了阅读上的一些费解。

The Lost of Soul

The soul has her own currency. She mints her spiritual coinage and stamps it with the image of some beloved face. With it she pays her debts, with it she reck-

另一种:灵魂的困惑

灵魂有自己的货币。她铸造她的精神硬币,并且把硬币上打上了一张可爱的脸的肖像。她用这枚硬币偿还她的债务,用这枚硬币打如

ons, saying, 'This man has worth, this man is worthless.' And in time she forgets its origin; it seems to her to be a thing unalterable, divine. But the soul can also have her bankruptcies.①

Perhaps she will be the richer in the end. In her agony she learns to reckon clearly. Fair as the coin may have been, it was not accurate; and though she knew it not, there were treasures that it could not buy. The face, however beloved, was mortal, and as liable as the soul herself to err. We do but shift responsibility by making a standard of the dead.

There is, indeed, another coinage that bears on it not man's image but God's. It is incorruptible②, and the soul may trust it

意算盘,说:"这个男人有价值,这个男人无价值。"如意算盘打来打去,她忘记了这枚硬币的原样;在她看来,这枚硬币似乎是一样不可改变的神圣物件。然而,灵魂也有她如意算盘落空的时候。

也许,她最后可以更加富有。在她的煎熬中,她学会了精打细算。这枚硬币也许很漂亮,但是它并不准确;虽然她知道它不准确,有些宝物它并不能买来。那张脸呢,不管多么可爱,却是凡人的,如同灵魂自己一样容易犯错误。我们也犯错误,却通过给死者制定标准而推卸责任。

的确,还有一枚硬币,上面没有人的形象,而是上帝的形象。这枚硬币不容易腐蚀,灵魂可以信任它,万无一

---

① bankruptcy,破产;彻底失败。
② incorruptible,不易腐蚀的,不溶解的;不受腐蚀的,廉洁的,纯洁的。

safely; it will serve her beyond the stars①. But it cannot give us friends or the embrace of a lover, or the touch of children, for with our fellow mortals② it has no concern. It cannot even give the joys we call trivial—fine weather, the pleasures of meat and drink, bathing and the hot sand afterwards, running, dreamless sleep. Have we learnt the true discipline of a bankruptcy if we turn to such coinage as this? Will it really profit us so much if we save our souls and lose the whole world?

失;这枚硬币将为她服务,不受命运的左右。然而,它不能给我们朋友,不能给我们一个情人的拥抱,不能给我们孩子们的触摸,因为它一点也不关心我们的同胞凡人。它甚至不能给我们称之为生活琐事的种种乐趣——晴天朗日的天气啦、吃肉喝酒的口福啦、海浴以及浴后热乎乎的沙滩啦、奔跑啦、无梦的酣睡啦,等等。如果我们求助于这样一枚硬币,我们就学到了如意算盘落空的真正戒律了吗?如果我们拯救了我们的灵魂而失去了整个世界,这枚硬币真的会让我们获益多多,得到补偿吗?

点评:"这个男人有价值,这个男人无价值。"这句话,使得 she 译为"她",有了百分之八九十的理由;不只是出于准确,也是作者本来的意思。"她"的出现,也使得灵魂和硬币的关系主次分明,一

---

① star,星;星宿,命运;明星,主角。
② mortal,肉身凡骨,凡人;人。

目了然。如果 she 影射女人,"她"的使用,就有了百分之百的理由。"如意算盘"、"精打细算"等表述人类才有的思考活动的用词儿,恰到好处,非常自然。尤其值得赞扬的是,译者把"如意算盘"当作这篇译文的眼儿,相应的用词都照顾到了这个眼儿;例如 bankruptcy 翻译成了"落空",reckon clearly 翻译成了"精打细算"等;译文读来内在逻辑很强,杂文的特色毕露无遗,耐琢磨,思辨而味浓。

第六节 小结

经典名著应该有名副其实的"名译",如果没有优秀的译者和优良传统的出版社作保障,"名译"会成为急功近利的商家们操作的虚假广告。

第七章 汉译英种种

第一节 小引

工业革命以来(甚至可以说文艺复兴以来),西方建立了一套科学理论,我们需要西方工业革命的成果,因而首先引进他们的理论,便是理所当然的事情。但是,科学理论需要载体,这个载体就是文字。要弄懂科学理论,就必须先弄懂文字。学习文字呢,又必须学习文字所表达的人文历史,比如吃喝拉撒,比如天文地理,比如文化和文学。可以说文字是传统的载体,于是,一连串的东西便呈现出来了。即使简单到请一个人来传授某种技术,比如请一个洋工程师来指导铺设一条铁路,这个人理论上讲是学理工科的,但是他的日常生活和精神生活却不会断然脱离他所属国的生活。更有趣的是,他还会认为他所属国的生活比他所在国的生活舒适,会用他过去的生活影响或者改造他所在国的生活。

我们现在动不动就谈西方现代文明,其实就是这么回事儿。

然而,倒退五百年,不,甚至更短,三百年,我们的物质生活和精神生活,未必就比西方落后。一九九一年底和一九九二年夏天,我两次到莎士比亚的故乡斯特拉特福拜谒。漫步在莎士比亚故居,我在莎士比亚童年使用的那张桌子(确切地讲,是莎士比亚童年时代的学生所用)面前辗转多次,停留得最久。我不是在想象莎士比亚怎么在那样的桌子上用功,怎么梦想将来做一个伟大的戏剧家,而是仔细观察那张桌子的做工。那是两个学生共用的桌子,比起我上小学的时候使用的长的、方的、条的桌子,从互不打扰的角度看,要进步许多。因为我小学使用的桌子,基本上都是村子庙里使用的,用来供神灵摆祭品的,不是专门为孩子们上学使用的。所以,一张桌子至少可供三个孩子使用。如果是条桌,五六个学生共使一张桌子,是常有的。那些桌子,一直使用到上世纪九十年代,因为村里的小学被撤销,才完成使命。其间,那些桌子只有坏的,没有修的,只有扔的,没有添的,可谓鞠躬尽瘁。但是,那些桌子的做工,却是很讲究的。从它们的款式推测,至少是明清的产品。当然,因为是供神灵的,一年中利用率不是很高,我们刚刚使用的时候还颇能窥见它们当年的不凡的面貌。但是自从我们这些孩子们使用以来,它们的抗暴能力相当了得。我们当初跳上桌子,嬉戏追逐的野蛮程度,只是比付之一炬稍好一点儿。

想必,莎士比亚小的时候,也少不了跳上桌子嬉戏追逐的把戏,桌子不仅做得粗壮结实、毛毛糙糙,而且桌面有点向怀里倾斜。我曾就这个问题请教过有学问的人,问他们为什么一些课桌的桌面有些倾斜,他们都说是为了孩子们的书本放上去倾斜一点儿,利于他们阅读。我表示怀疑,因为我一直怀疑是大人为了防止孩子们跳上桌子淘气而设计的陷阱,等他们吃了皮肉之苦,自然就会减少跳上桌子的次数了。

不管怎样吧,莎士比亚时代的课桌的做工,比同时代中国的桌子的做工,却是要差很多。另一方面,莎士比亚的祖辈们,知道专

第七章 汉译英种种

门为孩子们做课桌,教育理念又确实比我们先进好多。也许就是因了良好的教育理念和环境,莎士比亚尽管充其量也只是读到了高小水平,却基础牢固,后劲十足。说到莎士比亚,我们就回避不了文艺复兴。那是西方人摆脱神的统治的开始,也就是人为人的存在寻找存在理由的开始。现在,我们都承认,那是一个伟大的开端,人类的思想一下子火花四溅,一步步发生了工业革命、电子革命和网络革命。

因此,当我从我小时候的课桌上向西方看时,西方的种种先进目不暇接。后来读了点书,知道整个上世纪,我们的前辈们也是用这种眼光看西洋的。因为这个惯性由来已久,历史演变到今天,我们把西方的一切理论都看作是先进的,也就在情理之中了。翻译理论,也不会逃避这个路数。好不好呢?当然没有什么坏的,因为借鉴总是一种开放的态度。理由呢,也很充足。仅从英国的角度看西方文化,希伯来文翻译成拉丁文,希腊文翻译成拉丁文,拉丁文翻译成英语,过程漫长,转换繁杂,如果翻译理论汗牛充栋,那也是顺理成章的事。有意思的是,西方的翻译理论书籍并不多,更没有到了汗牛充栋的程度。看过一些文章,西方近代好像有几位学者把翻译理论说到一定水平的,这也在情理之中,因为历史在发展,学者也不能只吃老本嘛。不过,我们如果因此大呼小叫,动不动就拿出几句西方的翻译理论,硬往汉语翻译体系上套,硬说西方的翻译理论也比我们汉语的翻译理论先进多少,那就难免有生搬硬套之嫌了;因为汉语自成体系,仅在佛经翻译过程中,它就形成了自己的翻译结构和说法,我们只要了解一下它的演变过程,足矣。

我一贯对理论的东西比较头疼,好在对实际的翻译行为有些兴趣,因此,仍以例子为主体,列举出来进行分析和解剖,看看西方人是怎么将中国的文学作品翻译成英语读物的;他们的翻译具有什么特色;有没有相应的"信达雅"之说;有没有"直译"与"意译"之争,等等。

"比较点评"中的"比较"二字,主要对象是英译汉所遵循的标准,因在这章中选了四种译本,也就各个译本的特点捎带说几句。

第二节 《围城》英译本的一些例子

《围城》的汉英对照版,应该感谢吴学昭这位"文化使者"。她是钱锺书和杨绛两位大学者的代理人,也是他们两位的朋友。她的《听杨绛说往事》出版并引起广泛关注和好评,是一个很好的证明。二〇〇二年,她到出版社来办事儿,谈起我策划的"名著名译英汉对照丛书",说了很多表扬的话;甚至说只有我所在的出版社和我所在的出版社的编辑,能够策划出这样高水平的书。我不善于听好听话,心想:她要我干什么呢?后来,说话中,我听出来她对翻译界了解很多,又因为这套丛书中收入了杨必的《名利场》,她认为这是用了心的,现在许多教翻译课的人连杨必是谁都不知道了。我说,那可能,因为现在认真做翻译的人都很少了。她说,所以要向读者推荐好译本。我说,是的。她于是问我,能做英汉对照读物,能不能做汉英对照读物?我说,从操作程序上讲,难度是一样的。

"你做一个《围城》汉英对照如何?"

第七章 汉译英种种

"只要版权没问题,应该成。"我略想一下,说。

"版权没问题,只要你想做。"

我一想:可不是吗?她就是全权代理啊。

第二天,她就打电话说:总的说来问题不大,只是杨绛先生担心英译本的质量,你能不能挑一些例子给杨绛先生看?我说,你把英译本寄给我,我看看好吗?

要挑出一些典型的例子让杨绛先生看,也不是信手拈来的事情。首先需要把《围城》读一遍,把全书再体会一下,心里才能更有底。英译者说,钱锺书在《围城》里写了当时一群特定的知识分子的生活现实,如同英国现实主义大家特罗洛普的名著《我们现在的生活方式》的名字一样。这样的文学批评是非常有渊源的。钱锺书深受英国文化和文学的影响,是毫无疑问的。但是,《围城》的语言,则是非常地道的汉语,是钱锺书深厚的汉学的一种体现。换句话说,《围城》的内容翻译起来并不是很难,但是如何把其中的语言翻译得非常英语化,是一个难点。汉语能够把一连串的动词或者名词放在一个句子里,而英语的句子架构基本上都是主、谓、宾,这是汉译英的主要难点。

那么说,我挑选的例子,首先是内容要非常中国化,其次语言也要非常中国化,能把非常中国化的东西翻译得非常英国化,或者非常地道的英语,那就没有什么可担心了。以下就是我选出来的九个例子。

◎ 方鸿渐心里想,糟了!糟了!这一介绍就算经她家庭代表审定批准做候补女婿了!/ Hell! Thought Fang Hung-chien. An introduction like that as well as be her family representative's official approval of me as candidate for son-in-law!

选择理由：汉语往往把几个动词放在一起，一点不显得罗列。比如这个例子里"审定—批准—做"，三个动词在一起，给汉译英造成了很大障碍。一般说来，译者往往用连词把几个动词连起来，并列使用。这里的译文却统统用名词表达，简洁明了。英文写作，名词使用多寡，往往是英语水平高低的一个尺度。

◎ 这姓方的不合适，气量太小，把钱看得太重，给我一试就露出本相。/ That Fang fellow isn't suitable. He's too small-minded and values money too highly. He showed his true colors the moment I tested him.

选择理由："这姓方的"怎么翻译呢？That Fang fellow 是一般译者不会想到的。"气量"是个不容易翻译的词儿，small-minded 这个英文词儿选用得很准确。"给我一试就露出本相"这句话，"给"、"一试"、"露出"，三个动词挤在一起，处理不好，译文会很啰唆，而这句译文却和原文一样简洁清楚。值得赞叹的是，译者把原文中隐蔽的"他"扯出来做主语，和原文句子一开头的主语一致起来，因此尽管译文分为两句，意思却是紧紧相扣的。

◎ 天生人是教他们孤独的，一个个该各归各，老死不相往来。/ Man was created to be lonely. Each one has to keep to himself and never have anything to do with anyone else to his dying day.

第七章　汉译英种种

选择理由：汉语句子读起来，好像全都是动词组成的："生""是""教""该""归""老死""往来"都含有行为动作。英文译文也不含糊，也用了七个，但是和汉语动词相照应的动词，却似乎只有 keep 这一个，但是两厢内容却十分吻合。翻译的妙处，这里很可以看出几分。

◎ 他用最经济的口部肌肉运动说这四个字，恰够鸿渐听见而止，没有多动一条神经，多用一丝生气。/ He had used the most economical movement of the mouth muscles to utter these words—just enough for Hung-chien to hear and no more. Not a single nerve was twitched nor a single breath of sound emitted unnecessarily.

选择理由：这句话算得上《围城》中典型的钱式表达的一种。机智、诙谐、细微，很形象的语言，令读者感到新鲜。自然，翻译起来就让人头疼了。没想到，前半句译者几乎一字不错地照原文翻译出来，但是译文读来也不难懂，可见忠实地传达作者的表达，在翻译过程中是很重要的。后半句，译者断开，另立主语，有了强调作用，但是不如一个主语用到底，用 without 把内容全部带出来，更加顺畅。

◎ 沈先生下唇肥厚倒垂，一望而知是个说话多而快像嘴里泻肚子下痢的人。/ Mr. Shen's lower lip was thick and drooping. One could tell at a glance that he was a man who spoke much and quickly as though he had diarrhoea of the mouth.

选择理由：这是另一种典型的钱式表达——挖苦得近乎刻薄却又不失幽默，不妨称之为"刻薄幽默"吧。对于你讨厌的人，这样的描写，是一种宣泄。英语译文非常忠实，但是读起来似乎没有原文的那种表达的深度。这可能就是两种文字的差异所致吧。

◎ 鸿渐大有约翰生博士不屑把臭虫和跳蚤分等的派头。/ Hung-chien was of a mind with Dr. Johnson of England in not distinguishing between the rank of a louse and flea.

选择理由：译文为读者着想，把"派头"翻译成了 mind，和后面"把臭虫和跳蚤分等"这样的脑力活动联系起来，很细腻。约翰生博士后面加了 England，可取，因为可省一个注释。当然，如果整体译文都已加注释，这里有一个注释，似更好。

◎ 苏小姐临别的态度，冷缩了方鸿渐的高兴。/ Miss Su's partings manner dampened Fang Hung-chien's high spirits.

选择理由：原文"冷缩了……高兴"，这样的动宾搭配不多见，应是大学者所为吧。英译…damp… high spirits，直译是"弄湿（浇灭）……热烈兴头"，照顾到了"冷"这个字，总体上又很贴近原文，值得学习。

◎ 你在大地方已经玩世不恭，倒向小节上认真，矛盾得太可笑了。/ You thumb your nose at the big things, yet fake the trivial so seriously. This contradiction is hilarious!

选择理由："在大地方"翻译成 the big things，可取；不过，这句译文最出彩的是"倒向小节上认真"翻译成了…yet fake the trivial so seriously。fake相当于汉语的"作假",因此强调作用十分明显,远胜出原文里的一个"倒"字。译文为原文增色,应该表现在这样的地方。

《围城》的翻译时间是上世纪七十年代,因为年代特殊,译者没有办法和作者联系,未经过作者的同意,也没有向作者请教作品中的难点。但是,《围城》的两位译者是一外一中的夫妻结合;珍妮·凯利是美国人,而毛国权是台湾的老一辈学者。毛国权读懂《围城》这样一本书没有问题,珍妮·凯利的英语翻译便有了基本保证。综观《围城》的英译,非常忠实,全书几乎字字句句都对得上;只有第七章中间部分,有两句对话,其中一句多出来许多,现抄录如下:

辛楣道:"那有什么关系。可是,鸿渐,咱们同路来并不觉得她邋遢。"

鸿渐因为人家说他是"从龙派"外围,又惊又气,给辛楣一问,随口说声"是"。汪太太道:"听说方先生很能说话,为什么今天不讲话。"方鸿渐忙说,菜太好吃了,吃菜连舌头都吃下去了。

Hsin-mei said, "Oh, that doesn't matter. But, Hung-chien, we didn't think she was so bad when we traveled with her, did we?"

Surprised and angered because someone had said he was

on the fringe of the "Dragon Follower Clique," Hung-chien was like the crab described by William James. Classified as a crustacean by biologists, it wanted to wave its claws about in protest and say, "I'm just me. A true gentleman comes and goes of his own accord without belonging in any category." To Hsin-mei's replied with an offhand "Yes." Mrs. Wang said, "I've heard Mr. Fang is a great conversationalist. Why are you so quiet today?" Fang Hung-chien replied hastily that the food was so good he'd even swallowed his tongue along with it.

即使不懂英语,甚至不懂汉语,只告诉对方上面是汉语,下面是英语,请回答哪个多些、哪个少些,答案毫无疑问:英语多。一点儿没有错,第一段汉语一行,英语译文一行半,汉语翻译成英语,多出半行,是正常范围。第二段汉语两行半多,三行半不足,英语译文则多达七行半! 仔细对照,读者会发现,Hung-chien was like the crab described by William James. Classified as a crustacean by biologists, it wanted to wave its claws about in protest and say, "I'm just me. A true gentleman comes and goes of his own accord without belonging in any category."近三行英语,是汉语里全都没有的。再仔细看,我们还会发现,多出来的内容还很讲究,翻过来的意思是:鸿渐像威廉·詹姆斯笔下描写的那只螃蟹。在生物学家看来是一只甲壳类动物,它却挥动着大钳子,说:"我就是我。一个真正的绅士,天马行空,不属于任何圈子。"威廉·詹姆斯是谁？他笔下的那只螃蟹是什么样子？为什么说出这么一大堆话？查了《围城》的一些版本，没有见哪个版本有这些话。上下文中，只是人家说他属于"从龙派"，并没有强迫他什么，他为什么会说出这样一大段话？还把威廉·詹姆斯这样并不为中国读者熟悉的作家拉出来充数？仅从这样的角度看，这段译文显然是译者兴致所至，把自己喜欢的一个语境加进来了。如果真是译者加上去的，那么这样的译文是画蛇添足了。读者不仅看不出增添的译文有什么更深的意思，还多出一个对于这样的对话没有什么帮助的"威廉·詹姆斯"，读者还得去查询和请教专家。

译文如果走这条路子，都想当专家，是极不可取的，也是不对的。好在，全书就多出来一处。

第三节　《洗澡》英译本的一些例子

好事成双。

《围城》的英汉对照本出版不久，吴学昭和我说，《洗澡》的英译本将要出版，你还做不做英汉对照版了？岂有不做之理？更何况，杨绛先生健在，英译本如何，她说了算，我来执行任务就是了。

记得，我到杨绛先生家取英译本，问：

"译文可好？"

"我读过了。反正许多地方我忍不住笑了。"杨绛先生笑眯眯地说。

"您笑了，读者就会笑的。我保证做好书，争取姊妹篇或者双胞胎。"

"那我就等着了。"

说这话,是前年初的事儿,杨绛先生已届九十五岁高龄,但是谈锋敏锐,言语风趣,一点儿不输年轻人。书出版后,我亲自把样书送去,仅仅过了一个星期,她便打电话给我,说书里有一些错误。我诚惶诚恐地赶去,尽管发现都不是编辑上的错,但还是无限佩服杨绛先生阅读的快捷和眼力。有时候,我总想,我们的学问越来越稀松,实在是因为我们不太勤奋,不太认真,不太及时。如果我们能像杨绛先生他们那代人,爱书、看书、维护书,我们有什么理由做不好学问呢?

有了杨先生的肯定,我挑选例子就要自由得多。

《洗澡》出版于上世纪八十年代初,杨绛先生的文字一向深入浅出、驾轻就熟,和时代的语言毫无隔阂,因此仅从文字上挑选有翻译难度的例子,显然不现实。好在因为做汉英对照,前前后后看了好几遍,觉得应该从内容上切入。

那么,《洗澡》是一本什么小说呢?杨绛先生在《前言》里说:"这部小说写解放后知识分子第一次经受的思想改造——当时泛称'三反',又称'脱裤子,割尾巴'。这知识分子耳朵娇嫩,听不惯'脱裤子'的说法,因此改称'洗澡',相当于西洋人所谓'洗脑筋'。"

"洗脑筋"是一种宗教活动,自古到今的宗教,不管创始人怎样设计,发展的结果都是以清洗世人的脑筋为使命的。西方人对此感受更清楚,因此把《洗澡》的这个书名,翻译成了 Baptism,汉语一般把这个英文词翻译为"浸礼、洗礼"。不过,"浸礼、洗礼"到底是什么意思,一般读者也未必十分清楚;英汉词典一般解释为:给某人洒水,或者把某人浸于水中,以示准许其为基督教徒,通常还

第七章 汉译英种种

授予教名。也就是说,这纯粹是一种宗教活动。不过,就中国的国情来说,《洗澡》根本不能因此说成是一部宗教小说。

杨绛先生在《新版前言》里说:"《洗澡》不是有一个主角贯穿全部的小说,而是借一个政治运动背景,写那个时期形形色色的知识分子。"她对这个译名很满意。这句话里,尽管杨绛先生只把"政治运动"四个字当作背景提出来,其实《洗澡》是一部颇有深度的政治小说;甚至可以说,它是一九四九年以来最成功的一部政治小说。它不仅让读者看到了最荒唐最残酷的洗脑活动,还形象地让读者看到了知识群体遭受的精神摧残和折磨。书中写的人人过关的检查活动和因为过不了关导致自杀的现象,在现实中要惨烈得多。书中所写的这次洗澡活动过后,据不完全统计,知识分子自杀人数多达上千人,且多数是学有成就的知名知识分子。

这样可怕的政治运动,一定会有相应的政治语言。这样的政治语言对外国人来说,自然是不容易弄懂的。因此,怎么把这样的语言和语境转换成英语,让英语读者读懂,应该是本书翻译过程中的难点所在。因此,以下所选的例子,多数是这方面的。

◎ 常言道:"清官难断家务事",何况他们俩中间那段不清楚的糊涂交情呢。/ They say even Solomon can't judge family quarrels, much less the murky relations between these two.

选择理由:Solomon 等于"清官"?自然不等于,但是由于宗教文化,在西方是个家喻户晓的人物,以智慧著称,而智慧的人都理不清家事。从传达翻译的内容上讲,是没有问题的。从翻译规则上讲,用西方文化熟知的形象代替原文中的形象,可以反证英译汉中用中国文化很浓的成语,例如"江郎才尽"、"破镜重圆"等词儿。

◎ 余楠非常精明,从不在女人身上撒漫使钱。/ Yu Nan shrewdly avoided spending money on women.

选择理由:"撒漫使钱",近似乱花钱,译文用了 shrewdly avoid,"狡猾地避免"之意,用词讲究。

◎ 请两个客人"便饭"是方便的,称得上"便饭"。/ Inviting two guests for a potluck supper is easy; that's why it's called potluck.

选择理由:原文出现三个"便"字,很见汉语特色。Potluck,"家常便饭"之意,一个短句句子里反复用两次,注意照顾原文特色。不过,如果译文中的 is easy,换成 needn't a big pot,也许别有异趣。

◎ 是剥削来的,知道吗?剥削了劳动人民的血汗,还受照顾!/ It was exploitation, don't you know? They squeezed the blood and sweat of the laboring classes, and now they're getting special treatment!

选择理由:squeeze 一词儿用得好,避免了重复,又极传神。

◎ 难听着呢!叫什么"脱裤子,割尾巴"!女教师也叫她们脱裤子?!/ It sounds ugly! They call it, "Pull down your pants, cut off your tails!" Even the women professors have to pull down their pants!?

选择理由:"脱裤子,割尾巴"一个极具流氓意识的政治术语,作者用"女教师也叫她们脱裤子"揭示,文明而有力。译文的特色是用词直截了当,颇具翻译上的呼应感。

◎ "你们看着我像个人样儿吧?我这个丧失民族气节的'准汉奸'实在是头上生角,脚上生蹄子,身上拖尾巴丑恶的妖魔!" / "Do I seem like a human being to you? I, this quasi-traitor to China who lost all sense of patriotism! I'm a hideous demon with a horned head, cloven hooves, and a tail dragging behind!"

选择理由:"准汉奸"在英语里怎样讲?记住:quasi-traitor。

◎ "我自命为风流才子!我调戏过的女人有一百零一个。我为她们写的情诗有一千零一篇。" / "I thought I was a romantic scholar! I seduced a hundred and one women! I wrote a thousand and one love poems to them.!"

选择理由:"风流才子"在英语里怎样讲?记住:romantic scholar。

◎ 他草草写下遗书:"士可杀,不可辱!宁死不屈!——朱千里绝笔。" / He quickly wrote a suicide note, "A gentleman will die rather than be disgraced. I would rather die than submit! Zhu Qianli's last words."

选择理由:"士可杀,不可辱",译文用了 rather than 这个句型,表达有力而简洁,可取。

◎ 朱千里打圆场说:"这不过是比喻,不能死在句下。洗澡是个比喻,脱胎换骨也是比喻。只是比在一起,比混了。我但愿洗个澡就能脱胎换骨呢!" / Zhu Qianli tried to mediate. "That was just a metaphor, no need to be picky about wording. Scrubbing is a metaphor, and so is being reborn. It's just that when you mix them it's a bit of a mish-mash. If only I could be born anew just by taking a bath!"

选择理由:原文尽管是在说话,但属于知识分子的抠字眼。译文表达很清楚,却不觉得在玩字眼,为英文着想,可取。

◎ 丁宝桂急了,"难道还要洗?我听说是从此不洗了。洗伤了元气了!洗螃蟹似的,捉过来,硬刷子刷,掰开肚脐挤屎。一之为甚,其可再乎!" / This upset Ding Baogui. "You think we'll have to scrub some more? I heard that after this we wouldn't. They've scrubbed the life out of us! It's like washing crabs: you catch them, scrub them with a hard brush, break open their abdomens and squeeze out the shit. Even once is too much! How could we go through it again?"

选择理由:汉语表达苦涩而幽默,英语读来也很有趣味,可见翻译效果不错。

◎丽琳说:"看来我比你还糟糕。我是祖祖辈辈吸了劳动人民的血汗,吃剥削饭长大的。我是'臭美',好逸恶劳,贪图享受,混饭吃,不问政治,不知民间疾苦,心目中没有群众……" / Lilin said, "It looks like I'm even worse than you. I come from generations of people who sucked the blood and sweat of the laboring classes. I grew up on the fruits of exploitation. I'm a 'stinking beauty' who loves leisure and hates work, who seeks only pleasure and eats unearned bread, who cares nothing for politics and knows nothing of the people's suffering, who doesn't have the masses in her heart…"

选择理由:这是原著再现当时政治恶劣气候的众多精彩文字之一,以知识分子糟践自己为特色。因为汉语表达很到位,英语紧贴原文走,很精彩,连"臭美"都找到了相应的英语:stinking beauty。

毫无疑问,所有例子中的汉语都是精彩的,简洁的,极富表达力的。仔细对照英文,读者同样可以发现,所有例子中的英语,同样精彩、简洁、极富表达力。这是因为,人类的表达本身是有共通之处的,翻译的使命只是寻找两种语言表达的融合点。翻译的高下,译文的优劣,也在其中了。

第四节 《古船》英译本的一个段落

汉译英,目前看来,有两种情况。一种是中国译者把自家的作品翻译成英语。这样的译作,评价始终不高,也很难取得英语国家读者的认可。有些汉学家,甚至直截了当地指出,中国现当代的文学作品很难在西方世界打开局面,主要问题在翻译。我或多或少做过一点汉译英的工作,知道自己翻译出来的东西是中国英语,所以要是反击这样的说法,毫无还手之力。就我个人的看法,我还是非常佩服和尊重那些敢于做汉译英工作的同行的。那是个苦差事,费尽周折憋出来的东西,真的是不够地道啊。但是,要让外国人阅读中国文化和文学作品,这项工作还得有人做。

另外,中国人翻译的英文译本,看起来很轻松,很容易,这又是一个优势。对于提高初学英语的人来说,阅读这样的译本可以加强语法训练,扩大词汇量,提高阅读速度,增强信心,多少读一些,也是可取的。不过,问题也随之出来了。你看谁的作品,都是一个味道:中国英语。如果把不同作家的作品节选几段放在一起,让你甄别谁是谁的文字,恐怕是最难的试题了;就是鲁迅那样有特色的文体,也难免这一劫。

随着中国经济实力的提高,中国文化越来越为西方人看重,希望了解(当然亦有趁热牟利的因素)中国文化,所以,现在许多汉学家参与了汉译英的翻译,这实在是一个可喜的现象。近些年,美国有个名字叫葛浩文(Howard Goldblatt)的汉学家,如今在汉译英的地界,颇有些名气了。企鹅出版社面向世界推出的《狼图腾》就是请他翻译的。我本来一直在寻找《狼图腾》的英译本,却意外地碰上了他翻译的《古船》。

张炜的《古船》在国内走红的时候,我还是半个文学青年,喜欢看中国作家的新写作。当初看下来,觉得《古船》写得神神道道的,

第七章 汉译英种种

和我知道的那段中国历史不相符,所以印象并不深。我想,忙里偷闲,再看一次《古船》英文译本,也是一种收获。当然,这次的重点是想体会一下阅读外国人翻译的中国当代小说,究竟有什么感受,从中找出一些译得精彩的句子和段落,写一篇文章。读起来,才知道我是在想当然。除了故事情节,阅读中文版本的那种感受,一点儿也找不到。我又不得不感叹道:母语就是母语,外语就是外语。可又不甘心罢休,于是就找来原著,专挑一些我看来在翻译过程中不大容易对付的词句,看看英译者怎么处理。不知道是我把标准提高了还是别的原因,从原著里挑选这样的句子,也不太容易。直到见到一处需要技术知识的地方:

> 第三天上,老多多突然差人来厢房里喊见素。那个人急急慌慌地喊着:"倒缸了!倒缸了!"

我在老家的时候,经常在村里的粉坊里虚掷时光,清楚"倒缸"的说法不仅很专业,也很吓人。虽然没有亲自操作过,但是大概知道,一斤玉米应该出七八两粉,一旦"倒缸"就意味着什么粉都不出了,整个粉缸成了浑浊的水,根本沉淀不出粉来。凭借在中学学的那点化学知识,我估计是发生了什么不良的化学反应,但是到底怎么能把粉缸扶正过来,我并不十分清楚。一旦"倒缸",确实需要找懂这行的高手拯救。如果我翻译到这里,恐怕要大费周折的。我找到英文版相应的地方,译文是这样的:

> On the third day Duoduo sent someone for Jiansu. "The

vat is spoiled!" the man said. "It's a spoiled vat!"

这里,译者用了一个 spoil,就解决了问题,我是怎么也想不到的。的确,缸里东西坏掉了,这样的英译传达了这样的信息。但是,这么关键的地方,如果再翻译成汉语,就成了:"缸坏了"或者"缸毁了"或者"缸糟蹋了",这样一来,就有了另一层意思:有人把缸砸掉了。那么,英语读者到底怎么看,就成了关键;如果从上下文他们看明白了"倒缸"是个很专业的说法,那就是地道的翻译;反之,则存疑。

凭我这点儿有限的英语水平,要我批评这段译文,除了第一句把"厢房里"漏译了,第二句把"急急慌慌地"漏译了,别的说不出个子丑寅卯。不过,有了这个例子,在译本里找自己想选用的东西,倒是方向明确了。于是,我就选用了这段文字:

> 张王氏吸引了很多的人。人们都看到她多灰的鼻翼不停地张大,喉结也上下滑动,不吭一声。到后来张王氏扬扬右手,让老多多驱开众人,然后语气平缓地念叨:"冤无头来债无主,没有云彩也下雨。初七初九犯小人,泥鳅一摆搅水浑。"老多多惊慌地说:"'小人'姓隋吧?"张王氏摇摇头,又念出一句:"天下女人是小人,女人之心有裂纹。"赵多多揣摸着,陷入了茫然。他求张王氏再解,张王氏露出黑短的牙齿,缩了缩嘴角,说:"让我替你祷告祷告吧。"说完闭上眼睛,将两脚也收到椅面上,咕哝起来。她的话再没法听清。老多多无声地蹲在一旁,额头上渗出一些小小的汗粒。张王氏坐功极深,竟然端

第七章　汉译英种种

坐椅子上直到第二天放明。夜里她的祷告声渐弱直到没有，可是夜深人静时又陡然响起。几个伏在浆缸和水盆边的姑娘纷纷被惊起来，恍惚间箭一般奔到太师椅跟前。张王氏纹丝不动，嗡嗡的咕哝声里插一句"大胆"——姑娘们赶紧又跑回原来的地方。

这段文字，用夸张的写法，把一个跳大神的女人活灵活现地呈现给了读者。大部分文字是叙述性的，客体清楚，文字实在；但是王张氏的念念有词，声音实在，但内容是虚的。这些地方，恰恰有些曲里拐弯的东西，尤其她的顺口溜。中国读者看来，这些顺口溜只是表现一个跳大神的标志，没有实际意义。但是，怎么翻译成英语，让英语读者看得懂却很作难；尤其"天下女人是小人，女人之心有裂纹"两句。以下是相应的译文：

Zhang-Wang attracted a lot of people. Her dust-covered nose kept flaring and her Adam's apple moved up and down, though she didn't say a word. Finally she waved for Duoduo to get the gawkers out and recited in a calm voice, "The enmity has no cause and the debt has no debtors, but rain falls from a cloudless sky. Watch out for petty people on the seventh and the ninth days, for the loach will squirm and muddy the water."

"Are the petty people surnamed 'Sui'?" Duoduo asked in a panicky voice.

She shook her head. "All the petty people are women, for there are cracks in their hearts." Stumped, he asked her to elaborate. She tightened the corners of her lips and exposed her short, blackened teeth. "Let me say a prayer for you." Closing her eyes and crossing her legs on the chair, she muttered something unintelligible. Duoduo crouched wordlessly beside her, his forehead beaded with sweat. Zhand-Wang had a remarkable capacity for sitting, and she sat there until daybreak. Her voice got weaker until she was completely quiet, but it rose again at midnight, so startling the girls by the paste vat and water basins that they ran up to her chair. Although she remained motionless she added "Don't you dare" to her prayers, sending the girls back.

阅读这样的英语,应该是轻松的事情。即便有一两个生词,也很容易联想出其中的意思。照我的英语水平,就 gawker(伸着脖子看热闹的人)这个英文词用得生动,其它的优势,我还真的看不出来。还是老话,毕竟不是母语,英语语感不行,其中的妙处,体会不到位,英语读者应该最有发言权。但是,英译者处理句子译文的手法,很老到,举重若轻,还是能感觉出来的。

为了把一个跳大神的言行突出来,译者把一段汉语分成了三段。当代英译者似乎常用这样的手法,不知是两种文字的差异所致,还是译者认为应该分开段落为好?也许,这样做是为了和当代英语靠近或者受当代英语的影响?有一点是肯定的:当代英语,大

第七章　汉译英种种

段落的描写和叙述确实比较少见了,尤其通俗读物。

有趣的是,我阅读原著时看中的东西,在英文里也令人瞩目,那就是王张氏念叨的那些顺口溜。但是效果却截然不同。汉语里的顺口溜,在英语里颇有些严肃的意思。比如:The enmity has no cause and the debt has no debtors 和 Watch out for petty people on the seventh and the ninth days 两句,如果翻译成中文,分别是:"仇恨没有原因,债务没有借方"和"第七天和第九天上警惕小人"。如果我是一个纯粹的英语读者,这个段落里这两句话给我的印象最深;至于"天下女人是小人,女人之心有裂纹"移植成了 All the petty people are women, for there are cracks in their hearts,尽管译文很忠实,但是读着这句英语,简直有点心惊肉跳的感觉,因为我不知道…cracks in their hearts 是说她们的心脏有了毛病,还是指她们的心态有问题。跳大神的几句顺口溜,翻译成英语,能给读者一些实在的东西,不是很有意思吗?当然,我不是英语读者,这样的体会未必准确。

依然漏译了一些东西,例如"又念出一句""赵多多揣摸着",还有合并句子的现象。这样的漏译和处理译文的手法,虽然无关紧要,但是既然原则上是跟紧原文走的,漏译就是漏译,失之严谨。从 Zhang-Wang had a remarkable capacity for sitting… 开始,仍然有合并句子和漏译现象,但是所有的译文都紧跟了 Zhang-Wang 和 her voice 这两个主语,令其动作连贯起来,便有了合并句子和漏译的理由。这种现象,也可以说是让英语更精炼了。这样的漏译和前边的不是一回事儿,不为过,但也不值得提倡。

比较点评:葛浩文的译文,就我的英语阅读水平来说,是忠实的、流畅的、简练的，近似英译汉所依据的"信达顺"的标准。合并句子但没有打乱句序，这种情况是汉译英译界比较常见的情况，应算正常。这样的译法，主要问题不在是否合并句子，而在于合并之后是否和原文表达的意思基本吻合，较之原文是改进了，还是伤害了。这和译者的母语修养关系密切。如果译者的母语修养很好，那一定是改进了；反之，就是伤害了。我提倡比较严格的遵循原句序，是因为有的当代译者的母语修养很不够，自己连一篇文从字顺的小文章都写不出来，倘若破坏原文的遣词造句，那只能给原文造成伤害。

第五节 《红楼梦》两个英译本的长短

一

《红楼梦》，一部史诗般的、百科式的、集中国文化和文学之大成的大作品，翻译成英文，只要能传达百分之五十的信息，就是了不起的译本。译者，除了一个合格的译者所需要的条件，还需要胆识、勇气和耐力。因为《红楼梦》是一座令人望而生畏的大山，所以两部英译本的产生，都有一个津津乐道的故事。

杨宪益和戴乃迭翻译的《红楼梦》英译本，是我们非常熟悉的。进入我编辑工作的倒计时十年之际，我开始回忆、甄别和搜寻优秀译本，打算出一套丛书，把我所在的出版社建社几十年来的优秀译本，做成英汉对照本，为广大读者和专家学者提供学习翻译的方便条件。在挑选剧本时，我仔细对照了杨宪益翻译的《凯撒和克莉奥佩特拉》。这是英国著名剧作家萧伯纳的名剧，据考证，是他和莎士比亚叫板的结果。萧伯纳一生创作了五十多个剧本，数量上已经超出莎士比亚三分之一强，因此创作剧本的领域，也不想落后莎士比亚。莎士比亚的《安东尼和克莉奥佩特拉》尽人皆知，萧伯纳同样利用罗马帝国那段历史，写出了《凯撒和克莉奥佩特拉》，仅从名字上看，便是既讨巧又高明的。凯撒的英名，显然高于安东尼。萧伯纳的文字，善辩、犀利、幽默、机智，在英语发展史上，虽然不能和莎士比亚相比，却也是数得着的。

那么，翻译他的剧作，就需要些汉语功底了。杨宪益的译本，紧紧扣住了萧伯纳在剧本中熟练使用对话体的特点，充分调动了汉语口语的表达力量，译文非常传神。那是他上世纪五十年代的译作，我和他谈起译本的情况，他竟然娓娓道来，记得非常清楚。我说："您英译汉做得这么好，为什么不多翻译一些优秀作品呢？"

"那时候，我们是没有选择的，领导安排干什么就干什么。我们接受了大量翻译汉语作品的任务，像鲁迅的作品等，更大任务是很快接受了《红楼梦》的翻译。"

"那也算投您所好了吧？《红楼梦》看过无数遍，这时候接着翻译，更细致地消化一遍，也很好啊。"

"其实，动手翻译《红楼梦》之前，我一遍都没有看过。我这个人不喜欢《红楼梦》那种作品，更喜欢《三国演义》。要说《三国演义》，那倒是不知道读了多少遍了。实际上，我对历史比文学更有兴趣。我干事情计划性不强，别人替我计划了，我听命，也好。"

"是好啊。《红楼梦》有了英译本，大贡献。"

"过奖,过奖。"

我再去是给他送稿费,把我买下的英译本《红楼梦》带去,让他签名,他签了"福忠兄指正 杨宪益 二〇〇三年六月十二日",让我看出了老先生幽默和平易的天性。

《红楼梦》是我书桌和床头的常备书,有了英译本,读来增加了一层情趣,那就是每逢看到我认为精彩的地方,就把两个本子对照看。我原来有个观点,认为汉语翻译外语,没有翻译不过来的;外语翻译汉语,却会大打折扣,有些甚至是不可翻译的。但是,我认为,杨宪益、戴乃迭的《红楼梦》英译本,汉语中那些曲里拐弯的东西,比如诗词、谜语、对联等等,全都翻译了出来,而且传达得比较好。这里不妨列举第八十九回中,宝玉写的怀念晴雯的词:

> 随身伴,独自意愁缪。
> 谁料风波平地起,
> 顿教躯命即时休。
> 孰与话轻柔?
>
> 东逝水,无复向西流。
> 想象更无怀梦草,
> 添衣还见翠云裘。
> 脉脉使人愁!

在《红楼梦》中,宝玉悼念晴雯的诔文,是宣泄感情最强烈的文字。而这首短词,则是抒发内心深处的积郁的最有力的文字。杨宪益的译文如下：

> My close companion, you alone
> My inmost thoughts could share;
> A sudden storm out of the blue
> Cut short your life of care.
> Who is there now to speak so sweet and low?
>
> Streams flowing east can no more westward flow.
> I long for you, but have no herb
> To bring you back again.
> Glimpsing the cape—a turquoise cloud—
> Fills me with endless pain.

英文译文，按中国现当代诗歌的标准，怎么也算得上散体诗吧。译文的行数一样，尾韵尽可能照应。out of blue, life of care, sweet and low 等处，都是很漂亮的翻译。全文读来，让读者心中涌动，体会到了一种深刻的怀念之情；尤其最后一句，把"愁"翻译为 pain(疼痛)，译文深刻而隐忍，很耐琢磨。对英文读者，no herb 不大容易懂，译者加了注释，让这首怀念词多了文化的底蕴。

二

《红楼梦》还有一个英译本，是英国汉学家大卫·霍克斯的贡献，取名《石头记》。这个版本我所在的出版社的资料室在上世纪八十年代就购进了，我借阅过，却只是翻了翻。一来霍克斯本人没有全本译出，二来我有一个现在看来很糟糕的先入为主的观点。在英译汉的领域，有一个不成文的观点，那就是翻译中国的古典文学作品，最好是"一中一外"或者"一外一中"结合起来做，可以互补。这样的互补，最好是夫妻。另一个很重要的条件是，双方都必须精通两种语言，精通程度只是母语和非母语的差别。因此，当我了解到霍克斯只是单枪匹马在翻译《红楼梦》时，我想一些遗憾在所难免，一直没有拿几段译文认真地仔细地对照和领略一番，罪过，罪过！

坚持读书，真的是一件获益多多的行为。在二〇〇七年第一期的《文学自由谈》上，我读到了一篇好文章，署名蔡小容。人不熟悉，但是文章关于《红楼梦》的体会，作者写得很亲切：

> 《红楼梦》着实好看。它书里有一种芳香气息，教人越看越爱，真是"词藻警人，余香满口"。它是一花一步，移步换形，随便翻到哪一页看进去，都能立刻融入它的一层肌理，其上其下有无数的关联照应，既悬而未决又妥妥帖帖。

所谓的红学家多如牛毛，能说出这么几句的，却是凤毛麟角。他们要么受这样那样的影响，从《红楼梦》里寻求例子，写成大块文章唬人；要么考证考得走火入魔，误导读者；就是不把自己摆进去，写自己的感受，写自己的看法。蔡小容对《红楼梦》感受至深，又懂英文，评价英译本，再好不过。

第七章 汉译英种种

最先读到的是《好了歌》——当时,真是惊得要跳起来,真有如此鬼斧神工的译笔啊!如果说曹雪芹的文字是"神鬼文墨,令人惊骇",这霍克斯的译文,竟然不输分毫。蟹形的西文与方块的原文达到了一个高妙工整的对称:我们有我们,他们也有他们!我反复默诵,惊叹渐渐变成了感念,变成几乎要涕泣地感动。

蔡小容热烈赞美的译文如下:

One day, wishing to take his mind of his troubles for a bit, he had dragged himself, stick in hand, to the main road, when it chanced that he suddenly caught sight of a Taoist with a limp—a crazy, erratic figure in hempen sandals and tattered clothes, who chanted the following words to himself as he advanced towards him:

Men all know that salvation should be won,
But with ambition won't have done, have done.
Where are the famous ones of days gone by?
In grassy graves they lie now, every one.

Men all know that salvation should be won,
But with their riches won't have done, have done.
Each day they grumble they've not made enough.

When they've enough, it's goodnight everyone!

Men all know that salvation should be won,
But with their loving wives they won't have done.
The darlings every days protest their love,
But once you've dead, they're of with another one.

Men all know that salvation should be won,
But with their children won't have done, have done.
Yet though of parents fond there is no lack,
Of grateful children saw I ne'er a one.

Shi-yin approached the Taoist and questioned him. "What is all this you are saying? All I can make out is a lot of 'won' and 'done'."

"If you can make out 'won' and 'done'," replied the Taoist with a smile, 'you may be said to have understood; for in all the affairs of this world what is won is done, and what is done is won; for whoever has not yet done has not yet won, and in order to have won, one must first have done. I shall call my song the 'Won-Done Song.'"

蔡继续写道：

这就是《好了歌》的起首四句："世人都晓神仙好，唯有功名忘不了;古今将相在何方?荒冢一堆草没了。""神仙",是一个道教概念,做神仙是以老子为始祖的道家学说的最高理想。西方世界,不提神仙,霍克斯转用"salvation"一词,意为"拯救",取自基督教的价值观:人人都晓得灵魂需要拯救。从罪孽中得到拯救也是基督教徒的最高追求。道教转换为基督教,一首诗在翻译过程中连同它的文化背景都转换了,虽两相(厢)迥异,却奇妙地对称。标题"好了歌",霍克斯译为"Won-Done Song",善戏谑的人说是"完蛋歌",并由此赞叹霍克斯教授必是一个诙谐之人,"完蛋"二字,简直跟疯癫道人风骨神似。"Won"当然是"好","Done"暗合着"了",这两个字又押韵,恰如"好"、"了"。在四节诗歌中,霍克斯不断重复朗朗上口的"won't have done, have done",而且每一节末尾都以一个"one"准准地压(押)在韵上。他的活儿干得太绝了,语词简直不像是刻意的寻找,倒像是恰好有,给他拈来——哪儿找得到这么绝的对等?这个霍克斯,好生了得啊。

毫无疑问,这样的译文读起来是很见特色的。即便英文不够好的人,这点特色也是读得出来的。不过说实话,如果没有蔡小容的欣赏、解释和评价,我看不出这么多的妙处。从我主张的翻译标准来说,这是一种很灵活的翻译,近乎人们常说的"意译"。既然两种文化差异很大,译者有能力在翻译过程中把两种文化转换出来,也算高级别的"意译"了。关键的关键,是英语读者接受程度如何,能从中悟出什么。为了方便与霍克斯的译文对比,我把《好了歌》原文录出:

可巧这日拄了拐杖挣挫到街前散散心时,忽见那边来了一个跛足道人,疯癫落脱,麻屣鹑衣,口内念着几句言词,道是:

世人都晓神仙好,
唯有功名忘不了!
古今将相在何方?
荒冢一堆草没了。

世人都晓神仙好,
只有金银忘不了!
终朝只恨聚无多,
及到多时眼闭了。

世人都晓神仙好,
只有姣妻忘不了!
君生日日说恩情,
君死又随人去了。

世人都晓神仙好,
只有儿孙忘不了!
痴心父母古来多,
孝顺儿孙谁见了?

第七章 汉译英种种

　　士隐听了,便迎上来道:"你满口说些什么?只听见些'好''了''好''了'。"那道人笑道:"你若果听见'好''了'二字,还算你明白。可知世上万般,好便是了,了便是好。若不了,便不好;若要好,须是了。我这歌儿,便名《好了歌》。"

　　霍克斯的所作所为确实是很地道的翻译行为,对原文理解非常深刻,在寻找相应的英语表达时用了苦心。除了蔡小容赞扬的"won""done"所涉及每首诗的前两行的精彩,实际上每首诗后两行的译文也很精彩。不过不同的是,每首诗后两行的译文非常忠实原文,"实"到翻译出了 Of grateful children saw I ne'er a one 这样的译句:显然,英语 I(我)这样具象人称代词用在这样的诗中,是过分"实"了。

　　通篇看来,就《好了歌》的译文而言,我认为"won"和"done"在诗中反复出现,倒是为最后士隐和道人的对话作了煞费苦心的铺垫。小说中,虽然是人物与人物的对话,但是从身份上讲却有宗教和尘世之别,因此士隐和道人的对话,就有了富于哲理的丰富内涵。从这个角度上讲,霍克斯翻译的《好了歌》是浑然一体的。

　　然而,如前所说,《好了歌》每首前两句的翻译,文化转移的成分居多,从翻译标准衡量,应属"意译",而到了后两句和这一段对话,却几乎是字字句句都对得上,"信"到了一种字字句句都有出处的程度,又似乎不够协调。翻译做到这样的用心,值得称道,不过问题也就出来了:这到底是一种什么样的翻译标准呢?是忠实为首?或是相反?是以传达原文中的文化元素为主旨,还是以转换成本土文化为主旨?

当然,这两种翻译标准都不能简单地以对或错的原则来衡量,关键是要看能不能从英语表达中找到相对的更合适的词句。为此,我们就需要另一种翻译进行比较。

三

我们再回到杨宪益、戴乃迭夫妇翻译的《红楼梦》,找出他们《好了歌》的译文,录出如下:

> He made the effort one day to find some distraction by taking a walk in the street, leaning on his cane. Suddenly a Taoist limped towards him, a seeming maniac in hemp sandals and tattered clothes, who as he came chanted:
>
> All men long to be immortals
> Yet to riches and rank each aspires;
> The great ones of old, where are they now?
> Their graves are a mass of briars.
>
> All men long to be immortals,
> Yet silver and gold they prize
> And grub for money all their lives
> Till death seals up their eyes.
>
> All men long to be immortals

Yet dote on the wives they've wed,
Who swear to love their husband evermore
But remarry as soon as he's dead.

All men long to be immortals
Yet with getting sons won't have done.
Although fond parents are legion,
Who ever saw a really filial son?

At the close of this song Shih-yin stepped forward.

"What was that you just chanted?" he asked. "I had the impression that it was about the vanity of all things."

"If you gathered that, you have some understanding," the Taoist remarked. "You should know that all good things in this world must end, and to make an end is good, for there is nothing good which does not end. My song is called *All Good Things Must End*."

这里把《好了歌》歌名翻译成了 *All Good Things Must End*，相对 *Won Done Song*，对一般英语读者（至少中国英语读者），似乎第一种比第二种更明了，更能引起读者思考。而第二种，如果脱离了上下文和适当的解释，则不大容易立即看清楚到底是指什么。如果真的戏谑为"完蛋歌"，那就和《好了歌》所含的意思相去甚远了，因为《好了歌》看似绕口令，实际上内容很严肃，富于哲理。

再说"神仙"这个词儿,这里的英译用了"immortal"这个词儿,本意是"不朽的人,百世流芳的人";复数形式,则当古希腊罗马神话里的"神"讲。西方人敬神,不想做神,这是实情。不过这不妨碍中国人想做神。就"世人都晓神仙好"这句话讲,其实是说中国人都想长生不老。从长寿的观念讲,东西方又有相通的地方。比如,中国人炼丹,是为了寻求长生不老的药。西方人通过化学成分配制药物,也是为了治病救人,延年益寿。如果英语读者读了"All men long to be immortals"这样的译文,会得出"人人都想万岁"的结论,这样的译文不仅是成立的,还能了解中国人的一种人生观。

译文对于尾韵很重视,像 aspires,briars 和 evermore,甚至 legion 这样的词儿的选用,都和尾韵有些关系。

第二首诗翻译得不够严谨。按原诗的形式和内容,前两句是绝对独立的,后两句的形式和内容也是绝对独立的。第二首译诗的第二句和第三句合并在一起,无论怎样都不可取。从这一角度衡量,杨、戴版的译文,似乎"意译"的东西也不少。

就我而言,因为英语译文是从汉语原文移植出来的,原文又耳熟能详,我倒是从杨、戴的译文中,更能读出我所理解的《好了歌》的内涵。

四

翻译还有另一个衡量标准,那就是读者接受译文的情况。

我的两个爱尔兰朋友,都是著名的都柏林三一学院的高才生,在爱尔兰文学交流署工作。在撰写这一章时,我把两种译文从网上发给了她们,请她们阅读、欣赏并告诉我他们的看法。我先收到

第七章 汉译英种种

了多罗西娅的邮件。这里要特别说明的是,多罗西娅的文中所说的第一种,是杨宪益和戴乃迭的译本。这种顺序是我发给她的邮件里已有的。信文如下:

> About the two translations, I like the first one better, because it sounded as had done the original poem more justice—it sounded more poetic. The second version sounds very simple and like a popular song. It doesn't convey the sense of the first one and makes a joke out of the sad struggle of human existence. But both Graham and I guess that neither version does the original true justice—they sound so Westernised. Perhaps that cannot be avoided when you change from one language with its mentality to another. What do you think? / 关于两种译文,我更喜欢第一种,因为念起来传达了原诗更合理的东西——念起来更有诗的味道。第二种译文念起来非常简单而且像一首通俗曲儿。它没有传达出第一种译文的那种感受,把人生的苦苦挣扎弄成了一个玩笑。不过格雷汉姆和我猜测两种译文都没有完全传达出原汁原味的东西——它们听上去过分西方化了。也许这是不可避免的,毕竟你把一种语言及其思想转换成另一种语言及其思想。你怎么看?

我知道多罗西娅原籍罗马尼亚,后迁移德国,在都柏林三一学院读硕士期间,结识格雷汉姆,留在了爱尔兰。格雷汉姆是多罗西娅的男友，也是文学硕士，毕业于都柏林三一学院。这段话可以算作他们两个研究的结果。在我的请求下，多罗西亚把她和格雷汉姆简单的教育背景从网上发给了我：

> 多罗西娅·德普涅，2005年毕业于德国拜罗伊特大学，获得英国文学和语言以及欧洲法律学位。后求学都柏林三一学院，获得英国-爱尔兰文学之哲学硕士。如今，在三一学院攻读当代爱尔兰文学博士学位，其中包括"原文、语境和文化"项目。
>
> 格雷汉姆·朗，1999年毕业于都柏林三一学院，获得英语和哲学学位。之后在都柏林三一学院获得英国-爱尔兰文学之哲学硕士，同时在都柏林大学学院获得图书馆和信息课程研究生学位。

都柏林三一学院享誉世界，在爱尔兰更是具有独一无二的地位，人才辈出，爱尔兰的绝大多数精英都毕业于这所大学。在文学上，其地位不亚于世界上任何一所顶尖大学，像乔治·萧伯纳、奥斯卡·王尔德、詹姆斯·乔伊斯，都在这所学校求过学。如今，这所大学的文学氛围依然浓厚，文学活动和事件很频繁。从多罗西娅和格雷汉姆的教育背景看，他们算得上是佼佼者。他们的阅读水平很高，分析作品和欣赏作品非常专业，他们的观点是很有代表性的。

五

另一种观点来自麦卡恩·丽塔。

我客访爱尔兰期间,丽塔在爱尔兰文学交流署上班,活泼而友好,我们每次见面都谈正事儿,只是在我请她吃我做的中国饭时,我们才能多说些闲话。丽塔是地地道道的爱尔兰人,生长在都柏林郊区维克娄。她在都柏林三一学院读本科和硕士学位,都是文学专业。有趣的是,丽塔从小对中国文化感兴趣,因此还找了一个上海小伙子做朋友。她写来的关于两种《好了歌》的评论很长,分析得非常细致;评论的方法也非常专业。为了能让懂英文的读者了解全面,我把其中重要的几段英文录出并翻译出来,让读者有更好的参照和理解:

Well, with regard to the two translations themselves, it's very hard to say which is the better "translation" when you can't read the original. However, it is possible to analyze each excerpt in its own right. However, even when I did this, I somehow felt I couldn't escape the original Chinese. I asked myself questions such as, "which is possibly closer to the original Chinese text?", "which translation could be freer and which more literal?", "which English text reads better or sounds better to the native ear?", "which English version is the earlier translation?" / 嗯,说到两种翻译本身,在你不能读到原文时,很难说哪一种"翻译"更好。但是,分析每一种节选译文的各自得失还是可能的。不过,即便我进行分析,我还是在某种程度上觉得我不能逃脱对汉语文本的关注。我难免问自己诸如此类的问题:"哪种译文更可

能接近汉语文本?""哪种翻译可能更发挥而哪种翻译可能更拘谨?""哪种英文文本读来更好些或者哪种英文文本对讲英语人的耳朵听来更顺耳?""哪个英语版本是更早一些的翻译?"

The First Translation(第一种翻译,即杨、戴译文)

On first reading of the first text, I enjoyed the flow and naturalness of the song—only one sentence seemed odd to my ear (*Yet with getting sons won't have done*), and the meaning of the song is immediately clear. For the most part, rhythm is maintained quite well. The rhyming strategy is not always consistent—however, the mere fact that rhyme is maintained in some fashion throughout the song in translation is quite impressive. Of course, at times some rhymes sound a little odd (*done-legion-son*), but are still acceptable to the native ear, even if they are not beautiful. / 初读第一种译文,我很欣赏这首歌的流畅和自然——只有一句话在我听来好像怪怪的(*Yet with getting sons won't have done*(只有儿孙忘不了)),而且歌的意思很快就清楚了。就大部分译文看,诗律保持得很好。韵脚的部署不总是一致——但是,在翻译过程中,按照某种风格让这首歌始终保持诗韵,这一基本事实是不容置疑的。当然,一些诗韵有时听起来有点怪异(*done-legion-son*),不过讲英语的人听来还是可以接受的,即使它们不够美。

In order to achieve this fluency in the text, my suspicion is that the translator has been quite liberal in his/her translation approach. I assume that the message has essentially remained, however. / 为了取得译文中的流畅,我怀疑,译者的翻译态度相当不拘泥字眼。不过,我推测原书的要旨基本上保留下来了。

The subsequent narrative also reads well in English. Some items of vocabulary are a little dated—e. g. "chanted" is unlikely to be used nowadays, and in any case, the collocation is not quite right—you may chant a prayer or a mantra, but you sing a song. / 歌后面的叙述段落读起来很有英文的味道。一些用词有点过时——比如"诵"这个词儿,在今天是不可能用了,不过不管怎样,词组搭配很正确——你可以"诵"祷告,可以"诵"经,但是你只能唱歌。

My criticisms are minor, especially given the huge difficulties in translating song and poetry. If asked, I would say that "immortal" should have been used instead of "immortals", as this is closer to typical English usage. As I mentioned above, the phrase "Yet with getting sons won't have done" sounds very odd, and took me a couple of readings to fully work out what the translator was trying to say and achieve—I assume this is a reference to how they continue to bear sons. However, to say "getting sons" does not make too much sense to me, and does not immediately denote the idea of begetting sons. I can see why the translator chose this route—to avoid having the words sons/son at the end of the second and fourth lines, but also to find something to rhyme with son. However, it does cause the reader to stumble and I'm sure a more artful solution could be found. / 我的批评微不足道，尤其事关翻译歌或诗面临的种种巨大困难。如果非说不可，我会说"*immortals*"（诸神）不应该使用，而应该使用"*immortal*"（不朽的人），这样才更接近典型的英语用法。我提到过，"*Yet with getting sons won't have done*"（只有儿孙忘不了）一句听起来挺怪异，我读了好几遍才完全弄懂译者想说什么，想取得什么效果——我推测这与如何继续生养孩子有关联。但是，译成"得到儿子"在我看来意义不大，没有马上表示出"生子女"的观念。我能看出来译者为什么选择这套路——为了避免在第二句和第四句的结尾出现"儿子"这个词儿，而且还能找到一些东西和"儿子"在韵律上照应。但是，这让读者读来不舒畅，我相信更巧妙地解决办法还可以找到。

The Second Translation（第二种翻译）

My primary reaction on reading the second translation was shock in noting how vastly it differed from the first, with regard to the style in particular. The first words of each stanza are incorrect—it should read "Men all know". At first this made me wonder if the translator was a native speaker of English. However, other uses of language in the translation seemed to contradict that suspicion—it's hard to imagine a non-native speaker writing a phrase such as "ne'er a one". I have had to leave that debate unresolved in my mind—was the "Man" just a typo? Was the translator a native speaker or a highly capable second language speaker? / 读到第二种翻译,我最初的反应是完全惊呆了,它和第一种译文截然不同,尤其译文风格。每一诗节开始那些词儿都不正确——它应该读成"Men all know"(男人都知道)。一开始,译文让我纳闷儿译者是不是一个地地道道讲英语的本土的人。但是,翻译中的其他遣词造句好像又和这种怀疑相抵触——很难想象非本土讲英语的人能写出"*ne'er a one*"这样的短语。我不得已把这一矛盾且存在脑子里——"Man"只是一个排字错误吗? 译者究竟是一个说本族语的人还是一个第二语种掌握得相当熟练的人?

My gut instinct tells me that the translator is probably a native speaker—what a monumental task otherwise—but that s/he stuck much closer to the original text than the translator of the first text you sent me. The style of the piece is more old-fashioned than the first, with the repetitions of "have done, have done", and the use of the word "salvation", which for me anyway has Christian connotations that I found a little odd in the text. / 我的直觉告诉我，译者也许是一个英语为母语的人——否则将会面临一个多么艰巨的任务——但是译者一定要比你寄给我的第一种译文的译者更拘泥于原文。这一译文的风格比第一种译文的风格更老式，反复使用"*have done, have done*"，反复使用"拯救"这个词，而对我来说这个词儿具有基督教的种种含义，我觉得用在译文中有点儿怪。

Overall, I felt the song translation in the first text was more enjoyable to read. The rhymes and rhythms were more natural, less obviously translated. The repetitions in the second text—"have done, have done" and the use of "one" in some form at the end of each stanza—were actually a little stifling and, if I'm honest, irritating. / 整体说来，我觉得第一种译文的歌翻译读起来更受用。诗韵和诗律都更自然，较少明显的翻译痕迹。"*have done, have done*"在第二种译文中的反复出现——以及每节尾部使用"one"的某种形式——实际上有点沉闷，恕我直言，有点儿恼人。

It was harder work reading the second translation in general, and the text and dialogue at the end of the second text made very little sense—the discussion of "won" and "done" is more than a little confusing—something that is

第七章　汉译英种种

"won" does not necessarily imply to the native speaker that it has been gained or earned, nor does "done" imply that something has come to an end. I can see that the translator may have chosen these words for a specific reason—perhaps they were translated very literally from the Chinese or perhaps they were chosen from among a number of possibilities in each case in order to rhyme well in the song. However, the subsequent dialogue is very unclear and, as a result, not nearly as enjoyable or easy to read as the same section of the first translation. / 总的说来,第二种翻译阅读起来比较辛苦,而且第二种译文末尾的那段文本和对话看不出来什么意义——论述"*won*(好)"和"*done*(了)"只会引起混乱——"won"在讲本土语人看来没有明显表示出"获得"或者"挣来"的含义,而"done"也没有表达出什么东西行将结束的含义。我能明白,译者也许因为特殊的原因而挑选了这些词儿——也许就是按汉字的字眼翻译出来的,也许它们是从多种可能性中挑选出来,为了在歌中押韵的。但是,后来的对话却一点儿也不清晰明了,结果是,读起来就不如第一种翻译的相同段落那么受用和容易了。

Also, the combination "Won-Done" is actually kind of difficult to say for a native speaker—it makes you feel as if you have a stone in your mouth! / 还有,"*Won-Done*"连在一起对一个讲本土语的人来说实际上很难脱口而出——它让我

觉得仿佛嘴里含着一块石头!

Conclusions(结论)

My conclusions are very subjective and necessarily very limited, for I have read neither the original work not either of the translations in full. I think it is clear from the above that I preferred the first translation—I must stress again that of course I can't say that it's the better translation (a thorny issue in itself!), but simply that I enjoyed reading that version more than the second. It read more fluently and, at the end of the day, made more sense to me than the second. / 我的结论很主观,难免一孔之见,因为我既没有读过原著,也没有全读两种译本。我认为,从以上论述不难看出我宁愿选择第一种翻译——我还必须强调,我当然不能说它是更好的翻译(本身就是一个棘手的问题),但只是我阅读第一种比第二种更受用。它读来更流畅,一天过去之后,让我觉得更有意义。

将近两千字的翻译文字用在一篇文章中,难免有点长,但是细读之下,我们会发现,它们不仅是点评两种翻译,而且很准确地表达了文章作者对原著的理解和误解之处。比如作者说"*Yet with getting sons won't have done*"(只有儿孙忘不了)一句,作者读了好几遍才明白了,而实际上也未必完全明白这句话是在强调和讽刺中国社会近两千年来"不孝有三无后为大"的观念。又比如

*Won-Done-Song*这个译名,我们因为对《好了歌》太熟悉,以为译者用了如此简练的英文很高明,然而英语读者恰恰很难读懂,因此不容易接受。另外,我认为,这段引文最有价值的东西,是让我们领略到了西方文学批评的缜密和逻辑,文字的质量很高,表达密度很大,一点没有概念化的东西。

六

多罗西娅八岁时离开罗马尼亚,在德国长大,在都柏林三一学院获得硕士学位并正在读博,可以说三种语言都掌握得相当了得。格雷汉姆是土生土长的爱尔兰人。他们对两种译文尽管话语不多,但是很中肯。而丽塔的评论不能仅仅说是有长度,而是更专业。比如,"你可以'诵'祷告,可以'诵'经,但是你只能唱歌",这里的"诵",英文是chant,原文是"诵",实际上等于"念"或"哼",评点极准确;又比如"我会说'*immortals*'(诸神)不应该使用,而应该使用'immortal'(不朽的人)",原文是"神仙",而英文中显然没有相应的表达,译者用了immortal的复数,即诸神,而丽塔主张单数,即不朽的人,既看得出两种文化的差异,也看得出丽塔评点犀利;再比如,"'*Yet with getting sons won't have done*'一句听起来挺怪异"更是中外文化差异的经典例子。她关于第二种翻译的点评,主要涉及遣词造句和诗歌的韵律,很内行,既看得见全球读者的共同胃口,也看得见具体语境下的个体取向。

丽塔评论两种翻译时提出的几个问题非常好——我难免问自己诸如此类的问题:"哪种译文更可能接近汉语文本?""哪种翻译可能更发挥而那种翻译可能更拘谨?""哪种英文文本读来更好些

或者哪种英文文本对讲英语人的耳朵听来更顺耳?""哪个英语版本是更早一些的翻译?"这些问题也是我们审阅英译中翻译稿件的标准。由此我们可以看出,中西方评论译文的标准没有根本区别,我们大可不必非拿外国的翻译理论来衡量我们的翻译,更不必说西方的翻译理论比我们的翻译理论先进多少。道理很简单:自从有文字以来,不管你讲什么语言,人类的基本表达没有根本区别。

最后需要一提的是,这两个版本还有一个非常有趣的现象。霍克斯身居英格兰,翻译小说中的人物的名字,都是用了汉语拼音,而且不惜篇幅,在前边做了相关介绍。杨宪益、戴乃迭夫妇一直生活在国内,却用了威妥玛式的拼音。尽管都是音译,但是取舍标准不同,也能看出译者的倾向性。

英译中的译名翻译问题,曾经有过不少争论。开始阶段,不少译者在译名上煞费苦心,恨不得给外国人都起一个中国名字,至少取个姓氏。后来,渐渐向音译上靠拢,但有些人还是觉得别扭,索性提出来在引文中使用英语名字。随着国际交流频繁,广大读者对外国名字越来越习惯,使用汉字的发音组成外国人的名字,已经基本没有异议了。

霍克斯版和杨、戴版在译名上的方法,尽管各有取向,但谐音译名这点是一致的,从汉译英的角度为英译汉提供了参考。

第六节 小结

汉译英还是一个没有认真开发的翻译领域。这个领域需要大量的外援。

第八章 说不清的诗歌翻译

第一节 小引

尊著200页上说:"以为只有用诗体翻译他(指莎士比亚),这是一种荒谬的不能再荒谬的看法,无知得不能再无知的观点。"您的论点是否强调得稍微过分了一点?对于以诗体翻译莎士比亚的主张和以诗体翻译莎士比亚的实践,可以不赞成,可以批评,可以指出错误或不当。但似乎不必用一棍子打死的办法来对待。这问题说来话长,此处不好展开。

屠岸先生看过我的拙著《译事余墨》,给我写来一封很长的信,主要就其中诗歌的翻译问题以及几首具体的诗译,提出具体的看法和意见。屠岸先生在诗歌翻译上颇有建树,能对我的一知半解提出看法,我真的有点儿诚惶诚恐,因为我在诗歌翻译上完全是门外汉,偶尔应约做一点儿翻译,完全凭解剖句子、彻底弄懂后再进行翻译。颇类似某种说法:分行的散文,再捉摸尾韵。因为做不进去,兴趣不大,所以对西方诗歌翻译成汉语,一直不看好。能得到屠岸前辈的指点,当然很感激,很受益。我现在正在用另一种视角审视诗歌翻译,算是我的一点儿进步吧。

因此，本章主要多举事实事例，少讲道理或不讲道理。

屠岸先生提到的这段话，是我在拙著《译事余墨》第八章《说朱生豪的翻译》中说的狂言。尽管是出于捍卫朱生豪的译文而说，但是毕竟说得不够厚道。当然，用意是好的。因为朱生豪翻译的莎士比亚剧本，可以肯定，是一个经典性的文献。莎士比亚的作品，能有这样一个汉语经典性文献，足够了。我们完全可以把精力用在翻译别的大作家的作品上。有些研究莎士比亚的学者，觉得一辈子没有翻译一两种莎剧说不过去，便尝试着翻译。这本无可厚非。但是，自己译作一出版，为证明自己的好，非要说别人的不好，这是极不厚道的。我参加过一个莎士比亚研讨会，曾听见台湾一名学者公然发问：大陆学者为什么还一直使用朱生豪的译本？朱译莎剧如何过时云云。这位台湾学者翻译了莎剧《哈姆雷》，即通行的《哈姆雷特》，送给我一本。依我看，比起朱译《哈姆莱特》，不在一个水平上。还有一家很有名的杂志，曾请我看一篇谈论莎士比亚译本的文章，批评朱译，赞扬新译。我认为，那篇文章是活人欺负死人的做法。因为文中的说法、论点都站不住脚。批评一种译本，必须列举大量的例子和译本的整体质量，进行理论，才能得出结论。这样的工作没有做好之前，仅仅为了说自己好，挑选个别例子，编排别人，这不是良好的批评风气。

我读过一些朱生豪翻译的诗歌，感觉他译英诗时，是在用百分之百的努力，尝试把英诗翻译成中国传统诗歌的形式。这自然很难，但是他做到了不少。个别英诗翻译得很好，但大面积推广，还是困难。所以，他对用诗体翻译莎士比亚的大量剧本，早有自己的看法：

第八章　说不清的诗歌翻译

拘泥字句之结果,不仅原作神味,荡焉无存,有若天书,令人不能卒读,此则之译者过,莎翁不能任其咎者也。

这是明白人说的明白话,明白莎士比亚的语言,不管是诗歌形式的还是散文形式的,都有它自己的鲜明特点。朱生豪之所以能够意会莎士比亚的语言,除了大量阅读和研究莎剧的功夫,他和莎士比亚有相通的东西,这点似乎更重要。以下来看朱生豪写给妻子宋清如信中的一些话:

出太阳的日子心里常气闷,落雨天有时很难过,刮风则最快活。

你很可怜,因为你居然会爱我,其实我比蚂蚁还不如。让我忘记一切一切,只记得世上有一个你吧。我疼你,我爱你,我崇拜你。

你是好人,我抱抱你。

他们能安心于无灵魂的工作,无娱乐的生活,安心于他们又难看又蠢愚庸俗的老婆,他们的肚皮老是隆起着的,安心于他们那一群猪一样的小孩,他们恰正是诗人所歌咏的纯洁天真的反面,龌龊的身体里包着一颗生下来就卑劣的心,教育的结果使他们变得更笨更坏。

你也许会不相信,我常常想象你是多么美好多么可爱,但实际见了你面的时候,你更比我的想象美好得多可爱得多。你不能说我这是说谎,因为如果不然的话,我满可以仅仅想忆你自足,而不必那样渴望着要看见你了。

> 我希望我在现在就死,趁你还做得出诗的时候,我要你做诗吊我,当然你不许请别人改的。
>
> 我渴想拥抱你,对你说一千句温柔的蠢话,然这样的话只能在纸上我才能好意思写写,即使在想象中我见了你也将羞愧而低头,你是如此可爱而残忍。
>
> 一个人可以和妻子离婚,但永远不能和自己脱离关系,我是多么讨厌和这无聊的东西天天住在一个躯壳里!
>
> 我只想变做个鬼来看你,我看得见你,你看不见我。总有一天我会想你想得发痴了的。

谁能说这不是隽永的散文诗呢?稍把阅读速度放慢一点儿,你就能感觉到文字中的节奏和韵脚。如果把每段文字分行排列,它们就是诗歌,白话文诗歌。倘若不信,我们拿最后一段试一试。

> 我只想变做个鬼来看你,
> 我看得见你,
> 你看不见我。
> 总有一天我会想你想得发痴了的。

读过莎士比亚剧本的读者,谁都不会否认,这样的表达多么和莎士比亚的语言相似。我相信,如若把这些话放进莎士比亚的剧本里,没有几个人敢说这些不是莎士比亚的写作。至少,我还没有读到过现当代中国人写的东西,像上面这些话,幽默、风趣、机智,初读起来好像不见特别,却越读越有味道,越觉出文字的魅力。例如,"天上刮着西北风,我才发疯;风从南方吹来的时候,我不会把鹰当作鹭鸶。"这句出自《哈姆雷特》的著名台词,与朱生豪的"出太阳的日子心里常气闷,落雨天有时很难过,刮风则最快活",何其相似!尽管朱生豪喜欢阅读莎士比亚,但这绝不是朱生豪简单模仿莎士比亚表达的结果。全方位的表达是没有办法模仿的,即使学了表面,思想、思维、想象和创造力也是学不了的。《红楼梦》可以作为一个例子。二百多年来,多少人想把后四十回续写出来?多少人以为根据曹雪芹的伏笔,就可以把后四十回写出来了?即使高鹗那样还算成功的续写,红学家都能找出来哪些是曹雪芹的原作;更有红学家认为高鹗只是把曹雪芹的遗稿攒起来而已。续写是什么?续写就是一种表达的模仿。

以上例子,显然不是朱生豪对莎士比亚表达的模仿,而是朱生豪这个为翻译莎士比亚而生的才子的创作。所以,我一贯认为,朱生豪和莎士比亚相通。什么是相通?首先是智力,其次是性格,其三是趣味。这是智者的相通,概率凤毛麟角。朱生豪在大量研读莎剧的前提下,结论说莎剧不可用诗歌的形式翻译,这样的结论是有权威性的。最有力的证明,是他用散文翻译的莎剧,至今证明比所有用诗体翻译的莎剧都高明,精彩,更能让中国读者看见莎士比亚写作的真面目。既然朱生豪用生命为我们贡献了一个莎剧经典文献,我们除了尊重和修订,实在应该做些别的翻译,别做无用功。

话题似乎绕远了,其实不然,因为绝大部分莎剧都是用诗体写成的。这里只是在用莎士比亚的剧本作为具体例子,说明西文诗歌翻译成中文,是一件不容易说清楚的事情。观点各说各的,不会妨碍人们在翻译西文诗歌方面的尝试。实际上,人们也没有停止这样的尝试。

第二节　翻译的概念是相通的

说来也巧,在拙著《译事余墨》第七章《说英语诗歌的翻译》中,第一节专门谈了一本名为《唐诗今译集》的书。香港一位颇有名气的作家,在报纸上开专栏,一连发了三篇文章,基本上就是把我谈论唐诗今译的利弊的文字抄去发表了。地域的相隔,有时候是障碍,如若在国内,我一定去信索要稿费的。你可以以你的名义发表文章,挣足名气,但是私下应该把稿费分给我一点。看起来,越是有钱的人,干事情越不地道。

那本在中国现代出版史上开创性的《唐诗今译集》,是李易先生策划并编辑成书的。当时我们在同一层楼办公,我们见面时他特别喜欢说几句英语。李易先生是一个聪明人,因为被打了右派,发配到山西长治教中学,中国古典文学专业毕业的他,没有教古典文学,却一直教英语。我想,他把唐诗做成今译本,和他教英语有关系,因为翻译观念的形成,一定是和另一种语言有关系的。前不久,他送了我和老伴儿一本书,名叫《寻踪诗录》,是他一生写作的近二百首古典诗,古典诗文的修养,可见一斑。

真应了"开卷有益"的话,翻开第四页上,是启功先生给他写的信,谈到古诗今译,有一条说:"古诗句翻后,只成了几个字的句子,例如'松下问童子',只成为'在松树底下问一个小童子',岂不成了累赘话?"上世纪七十年代末,我有幸聆听启功先生讲古典文学,他在课堂上潇潇洒洒讲解《红楼梦》的身影和精彩的语言,令我终生难忘。看见他这样一针见血而不失幽默的"翻译谈",如见其人。看似轻松诙谐的文字,却道出了翻译诗歌的真谛:诗歌是不好译的。真正的学者,对学问之事,总是认真的,负责的,所以老先生说:"翻译诗词之事,弟尚未作过,所蓄疑团,敢以奉陈,敬望赐教。如有高手译作,能赐示书名或刊物名,当先见习,再领任务,如何?"

一本书,"开卷有益"到这样的程度,已经令我大吃一惊了,岂知翻阅至三十四页,又看见了更令我惊喜的文字,先录如下:

其二　花心

——《诗经·桃夭》:"桃之夭夭,灼灼其华;之子于归,宜室宜家。"

> 朵霞明灭叶云兴,
> 香瓣辞春绕树行。
> 花谢枝间妩媚在,
> 心心缱绻小桃成。
> ——1985年3月29日《成都晚报》

稿成,因忆及美国诗人惠特曼《草叶集·美丽之妇女》一诗:

The Beautiful Women

Women sit or move to and fro, some old, some young. The young are beautiful—but the old are more beautiful than the young.

—Walt Whitman《The Leaves of Grass. P. 217》

试译如下：

女人坐或行，来去各匆匆。
青春自美丽，老者更多容。

——余以为惠特曼之诗以直赋其事而见其情，所用仍横向对照之法。拙诗则着眼于纵向之发展，而出之以比兴。其对照者确切而易解，其比兴者味长而难会。然亦未知果如是否。

又，曾以此译诗求教于北京大学英文系教授李赋宁老师。1985 年 5 月 1 日复函："您译的诗很简练，给人以清新感。"又，诗友李善泽兄函曰："赋宁恩师所言'清新感'绝非过誉。尤其'青春自美丽，老者更多容'，可谓妙极。兄之译，竟可直追秋白'生命诚可贵'之译风。亦可以为我今后译诗之借鉴。"又，二句七字全为善泽兄所赐补，谨谢。

电脑是个好东西，我不仅照录，而且照搬了字体。这一页多文字，不当之处是把"The Leaves of Grass. P. 217"放进中文书名号里，虽然"中为西用"，却极不符合出版规矩。英语的书名、诗名之类，都用斜体足矣，不用括号的。另外，著名的"生命诚可贵"一诗，译者应该是殷夫，而不是秋白。

闲话少噪，书归正题。这段文字，尽管是叙事，却颇道出了翻译外文诗歌的是是非非。首先，李易先生用中国古典诗歌形式翻译英语诗歌的尝试，精神难得。更难得的是，他把译诗寄给专家学者看，倾听意见，深入探讨。翻译之事，没有任何反响，是最可怕的。只要是为了提高质量，任何批评都可以接受。翻译作品，必须埋头苦干,但是在苦干之前,必要的基础是必须具备的。李易先生翻译出这首诗歌之时,已过天命之年,仍有这样的探讨精神,很可贵。对翻译这首诗歌的体会,说惠特曼的诗歌"直赋其事而见其情,所用仍横向对照之法",他的译作"则着眼于纵向之发展,而出之以比兴。其对照者确切而易解,其比兴者味长而难会",有见地,很深刻,也很难得。他讲的是自己翻译诗歌的体会,其实是两种文字移植中必须顾及的东西。英文的"横向",汉语的"纵向",是两种文字最基本的特点。

值得注意的是,李赋宁说他的译诗"很简练",有"清新感",用词近乎吝啬,却很有内容。中国古典诗歌的形式,不论五言、七言,首要的特色,都是"简练"。"清新感"呢,当是相对于占绝对多数的白话文的诗歌译文而言。换句话说,这样的翻译只能是个例,一种巧合。李善泽先生,好听话说得很多,也够夸张的,但是中心内容说得明确,不可多得,而且拿了另一个著名个例来证明。

中国古典诗歌的形式,用来翻译外文诗歌,是很难畅通无阻的。

第三节　怎样的诗译更可取

199 页上有雪莱的一首短诗,其第二节为[①]:

Rose leaves, when the rose is dead,

---

① 指拙著:《译事余墨》第 199 页。——作者注

Are heaped for the beloved's bed;
And so thy thoughts, when thou art gone,
Love itself shall slumber on.

您赞扬了查良铮的译文：

玫瑰叶子,虽然花儿死去,
还在爱人的床头堆积；
同样的,等你去了,你的思想
和爱情,会依然睡在世上。

rose leaves 不是玫瑰叶子,而是玫瑰花瓣。leaf 是多义词,可以是叶,也可以是花瓣,这里显然是后者。玫瑰花代表爱情,情人赠玫瑰花以表示爱情,从未听说赠玫瑰树叶表示爱情。heaped for…不是在床头堆积,而是堆成爱人的床。注意 for。

thy thoughts 怎么和 love 连在一起,变成"你的思想和爱情"呢？其实是 Love shall slumber on thy thoughts, when thou art gone。这里的 on 是介词(preposition),有它的宾语 thy thoughts。on 不是副词(adverb)。而 thy thoughts 不是"你的思想"。thy thoughts 是"对你的思念"。这后两行的意思是：当你去了,爱情依然睡在对你的思念上。细看第一诗节,这两行的意义自明。

我译过此诗,译文如下：

给——

雪莱

音乐,虽然柔嗓音消亡,
仍在它引起的记忆里回荡——
芳香,尽管紫罗兰萎谢,
仍在他激起的感觉里活跃。

玫瑰花凋落了,玫瑰花瓣
堆成卧榻,给情人安眠;
同样,你去了,爱情将会
倚在对你的思念上酣睡。

我的译法是"以顿代步","韵式依原诗",师从卞之琳先生。此诗原韵式为 aabb ccdd。译文也如此。第一、二行以"亡""荡"押韵,第三、四行以"谢""跃"(yue 二声)押韵;第五、六行以"瓣""眠"押韵,第七、八行以"会""睡"押韵。

请您批评指教。

再说几句:thy thoughts 和 love 之间没有 and,不可能是"你的思想和爱情"。love 也不可能是 thy thoughts 的同位语(appositive),一个是复数,一个是单数,而且意思也讲不通。所以,查译是可疑的。

对穆旦(查良铮),我非常敬重和佩服。但是大家也不免微瑕。

以上所录,是从屠岸先生写给我的长信中摘出来的,长了点,但是涉及到了一个具体的例子,且有屠岸先生自己的译作和翻译准则,是一篇难得的关于诗歌的"翻译谈",读者和诗歌爱好者能从中获益,长也就不长了。更珍贵的是,屠岸先生分析了这首短诗中的语法现象。这确实应该算作翻译诗歌的一种主张。据我所知,许多翻译外国诗歌的人,都不主张剖析诗歌中的语法现象,而是凭读诗的印象和感觉进行翻译。还有一说,认为从诗歌中分析语法,会把诗歌的意境和氛围破坏了,翻译出来的诗歌没有诗情画意。因为我对诗歌研究不够,听到这些说法不知道有没有道理,所以听之任之。至于我自己翻译诗歌的点滴实践,那是必须弄清诗文中的语法现象,才敢下笔的。所以,我历来怀疑我翻译的不多的诗作,没有诗意。屠岸先生的信,对我来说是一种支持。

我要说点理解的是,"thy thoughts 是"对你的思念"这话还需存疑,thy thoughts 只能是"你的思想",不可能把一个英语所属代词 thy"你的"说成"对你的"。这样理解绕了弯,不通。如若译成散文形式,我的译文是:"你的顾念,就是你走了,仍会沉睡于爱情自身。"

屠岸先生是我的老上级,有名的谦谦君子,比我大了近三十岁,信中称我为"您",让我头重脚轻,不堪承受礼仪之重。话从我的拙著《译事余墨》199页说起,我还需把拙著"您赞扬了查良铮的译文"的主要一段照录出来:

> 译者显然注意到了 when 的重复作用,因此用了中文的"虽然"强调,效果不错;只是 when thou art gone 译为"等你

去了",不如译作"如果你去了"有连贯效果。译文积极主动地照顾了原诗中的尾韵,不惜把一些句子中的词颠倒一下。有了尾韵,朗读或默诵都比较上口。完全用白话文译诗,这样的译作应算作中上品,但事实上味道还是没有。

雪莱这首短诗,一共两节,八行,却用了四个 when,显然和中国古典诗歌的用词有根本的区别,我所以引用这首诗,主要就是因为短短一首诗中出现了四次 when 这样的时间代词。很难想象我们的五言七言绝句,谁敢这样遣词造句,实际上也没有办法做到。

从西方诗歌传进中国,中国已有几代人探索诗歌翻译之道。屠岸先生提倡的"以顿代步",也有许多敢于探索的译者在实践。但是,这些只能在圈子里说得明白,讲得清楚,而广大读者是很难读出"以顿代步"的诗韵的。方块字几乎个个都可以"顿"下来表明自己的身份和意义。别说广大读者,就是像王小波这样很有建树的作家,阅读翻译作品,也是能引起他自己共鸣的才会叫好的。他在《我的师承》一文中,写道:

> 我终于有了勇气来谈谈我在文学上的师承。小时候,有一次我哥哥给我念过查良铮译的《青铜骑士》:
>
> 我爱你,彼得兴建的大城,
> 我爱你严肃整齐的面容,
> 涅瓦河的水流多么庄严,

大理石铺在它的两岸……

他还告诉我说,这是雍容华贵的英雄体诗,是最好的文字。相比之下,另一位先生译的《青铜骑士》就不够好:

我爱你彼得的营造
我爱你庄严的外貌……

现在我明白,后一位先生准是东北人,他的译诗带有二人转的调子,和查先生的译诗相比,高下立判。

谁高谁下,读者有自己的取向,这是客观存在。作为专业人士,我可以肯定,查良铮的译文是发挥性的,至少没有"另一位"先生更遵循诗文中的语法现象。但是,作为读者,一定是自己喜欢的文字,才看起来过瘾。所以,王小波在这篇文章稍后一点,甚至写道:"查先生和王(道乾)先生对我的帮助,比中国近代一切著作家对我帮助的总和还要大。现代文学的其他知识,可以很容易地学到。但假如没有像查先生和王先生这样的人,最好的中国文学语言就无处去学。"

一家之言,也许言过其实,但是作为读者的王小波,对于译诗的取向,却是实实在在的。

第四节　诗歌翻译也必须以准确为上吗？

不怕笑话,现代当代人写的长诗,我至今没有一气呵成地读下来过一首。不管别人怎么向我推荐一首长诗,说有多么多么好,我读着读着就不知所云,然后赶快往回找,找到自以为还算懂了的地方,接着往下读;读者读着,又不知所云,又往回找……这样往返数次甚至数十次,我才能勉强读完一首长诗。结果呢,可想而知,整首长诗读下来反倒更不知所云了。翻译过来的长诗,我阅读的结果也大同小异,效果很差。我曾怀疑我对长诗的接受能力,但是反思的结果,却又发现我对古典长诗,比如杜甫的"三吏""三别",白居易的《琵琶行》和《长恨歌》,尤其苏东坡的长词,百读不厌。所以,我只好怀疑我对现当代白话文诗歌的领悟水平。可我是一个对自己短处耿耿于怀的人,觉得不改进一下有点虚度此生。所以,对喜欢现当代诗歌的人,不论热爱原创还是翻译诗歌,都特别愿意和他们结交,向他们请教。

我有一个诗人朋友,叫赵少琳,《都市》杂志的编辑,他主持的诗歌专页,如今在全国已经很有知名度,甚至成了当今江河日下的中国诗歌的一个亮点。他出版的诗集《红棉布》和他在《都市》发表的诗歌,我都阅读,渐渐有了一点点儿感受。录一首如下:

劈柴的人/手上带着蜂蜜/劈柴的人/柴禾高过了种子/劈柴的人/有人向他问路/劈柴的人/把柴禾堆得高高的/劈柴的人/手上尽是蜂蜜/劈柴的人/远远就能听到他劈柴的

声音

他最近送给我一本散文集,《蜂鸟的段落》,其中大量篇幅都谈及他熟悉的诗人和作品,更使我开了点儿眼界。其中一首翻译的诗歌,读了让我心颤:

> 亲爱的刽子手叔叔/请您把我埋得浅一些/再浅一些/您埋得太深了/明天我妈妈来了/就找不到我了

这是一首叙述纳粹集中营里种族灭绝的一幕,一个被害的小姑娘面对刽子手的绝唱。很难说,这样的诗歌是写得好,还是翻译得好。我要说,这是一种撞击灵魂的表达。一切都在诗中,别的评论,不是废话,就是矫情。

另一个朋友,是对外国诗歌研究颇有建树的罗益民教授;近些年来,每当我对翻译过来的诗歌有不解和迷惑的地方,都会在网上向他请教,获益多多。前段时间,我在翻译 E. M. 福斯特的《最漫长的旅程》,费了不少脑力。本来约出去的稿子,几经转手,还是退回到了我的手中。力不能及的译者不敢约,只好自己翻译了。一上手,才知道不接受的人是多么聪明,避开了一本难啃的作品。这是福斯特的自传性质的长篇小说,故事情节初读好像不够紧凑,越往下发展却越环环紧套,内在的联系十分紧密,其中最大要素是作者写进小说里的处处可见的诗意。在小说第六章里,福斯特引用了雪莱一首长诗的一段,我想偷懒,于是给益民写了一个伊妹儿,写明英文名字,问他知道不知道那首诗的名字怎么翻译,查良铮先生是否翻译过？网络这东西也是宝贝儿，这时候你就知道它的厉害了。要是写一封信求教，你且得等呢，一周半个月都是快的了。网上来的利落，第二天我见到了回信，益民还直跟我说只顾了上课，没有及时回复，让我久等了！他告诉我雪莱的那首长诗是《心之灵》，查良铮有译文，在哪个版本里，还给我用附件发来了一页查先生的题解。

接下来，我要做的事情比较痛苦，找到译本和那首长诗的名字没有费劲儿，但是阅读这首长诗又像以往我阅读长诗一样，向前读一读，向后退一退，进退往复了不知多少次，我才把诗读完了。要不是事前看过题解，我这样费劲的阅读，只能是瞎子点灯白费蜡。只好再读一遍，那个煎熬，和希腊神话里往山上推巨石的那个大力神一样，一块巨石推上去立即又滚下来，再往上推，再滚下来，真需要一些耐性呢。我一贯认为我这个人是有些耐性的，可是这次差一点让我否定了自己，因我认认真真读过两遍，又无数次地一段接一段地浏览之后，我怎么也找不到我要找的那个段落。我失望了，结论说：要么是查先生漏译了那段，要么是我阅读翻译诗歌的水平太低，近乎有眼无珠。有些泄气，把书推在一旁发呆，琢磨这事怎么办是好。书和我保持了一段距离，我有意无意间瞪着打开的那个页面，突然发现一段诗文和寻找的那段有些联系。赶紧拿起书，细读并对照原文，乖乖，就是它，真有点蓦然回首，它在灯火阑珊处的味道呢：

……啊，我从来没有持有
一般人所抱有的信条：我不认为

每人只该从人世中找出一位
情人或友伴,而其余的尽管美丽
和智慧,也该被冷落和忘记——
这就是今日的道德规范,它成了
许多可怜的奴隶所走的轨道:
他们在世俗的通衢,以疲倦的脚步
走向死人堆中的家——坟墓,
总曳着一个友伴,甚至是一个仇人,
看啊,这旅途多么漫长,又多么阴沉。

　找到了!那种喜悦和收获,真的很美妙,但是这种热烈的劲儿,很快就冷了下来;不仅因为和原文对照起来出入过大,主要是因为如果我引用了这段译文,和我翻译的福斯特小说的内容大相径庭,尤其是这本书的名字,就是从这段译文中挑选出来的。如果引用这段译文,别说更细致入微的地方,就是这本书的名字都不好使,因为我怎么也不能用"这旅途多么漫长"来当书名吧。
　为了行家们便于判断,我把原文照录如下:

I never was attached to that great sect
Whose doctrine is that each one should select
Out of the world a mistress or a friend,
And all the rest, though fair and wise, commend
To cold oblivion—it is the code
Of modern morals, and the beaten road

第八章 说不清的诗歌翻译

> Which those poor slaves with weary footsteps tread
> Who travel to their home among the dead
> By the broad highway of the world—and so
> With one sad friend, perhaps a jealous foe,
> The dreariest and the longest journey go.

怎么办呢？这首诗在《最漫长的旅程》里，是一个很要害的地方，对确定男主人公的生活取向、营造自己的后半生，是关键的渲染。思想斗争了好几天，只好再进行一次痛苦的经历：还是我自己把它翻译出来吧。一如往常，我还是从语法现象入手，把这段诗文读懂了，再进行翻译。一共十一行，按原来的十一行译出，改了又改，能押点尾韵的地方，尽量往上凑，好不容易翻出来一个初稿，怎么看都不尽人意。唯一满意的，是我在译诗的最后一行，译出了"最漫长的旅程"这几个字，总算对书名有了一个交代。心中无底，只好把查译和我的拙译，统统发给益民，请他鉴别。这有点儿像我向约我翻译诗歌的责任编辑交稿，只要他们说"译稿收到拟用"，我就如释重负了。给益民网上发去时，只让他看看两种译文，哪种好些，或者他倾向于哪一种；原文和两种译文一并发去，没有说明哪种译文是谁翻译的。这样考试朋友有些不够厚道，可是猜谜语也是朋友间的一种游戏呢。我的译文如下：

> 我从未属于那个庞大的一族
> 它的教条是每个人应该挑选
> 这世界的一个情人或一位朋友

其余所有的人虽然公平或聪慧
却埋于无情的忘却——尽管它隶属
现代道德的准则,那条走出来的路
那些可怜的奴隶在上面步履蹒跚
在死人堆里缓缓走向他们的家园
借助这世界宽阔的大路——走啊走
与一个伤感的朋友,抑或提防的对头,
开始那最沉闷最漫长的旅程。

几天后,罗益民发来了伊妹儿,信文是这样的:

> 您的那有落差的两首译诗,我反复品味,觉得第一种,即"我从未属于那个庞大的一族"的译法靠原文更近,那种沉闷的调子能感觉出来,第二种似乎豁达些,但是节奏要急促些,和原文的韵味对不上;再说,这种比较自由的发挥,也还没有炉火纯青又同时丝丝入扣的地步,总的说来,我倾向于第一种,您说呢?

我能怎么说?我如释重负而已,又赶紧告诉罗益民,第二种是查良铮(即穆旦)先生的大译,要他别看走了眼。益民回复说:我相信自己最初的判断。益民是一个认真的人,多年来研究英美诗歌,主攻莎士比亚,把他的话当作一种文学批评是可行的。有一点是肯定的:我做这件事情是认真的,从两次和查良铮先生的译文深入接触来看,作为一种译本,读者欢迎,无可厚非;但是,作为严谨的诗歌翻译,恐怕是问题多多。本章中讨论了他的两首诗,都有语法问题,都失之准确,这是无疑的。既然像王小波这样讲究文体的作家都对查译推崇备至,那么查译作为一个不错的读本,留在我们翻译文化的积累里,应该当之无愧。

但是,从准确性上考虑,能有更严谨的译本出版,应该受到欢迎。

至于哪种翻译方法翻译诗歌更好,我如今的态度是尽可能多地摆出事实,少讲道理或者不讲道理,因为,这里面的道理,实在是不大容易讲清楚。

第五节 小结

诗歌翻译还属于翻译探索的领域。随着中国古典诗歌的渐渐远去,未来的读者可能更倾向直白的翻译,因此,我以为,译文的准确性会越来越被看重,成为诗歌翻译的首要标准。

第九章 翻译作品中常见的错误

第一节 小引

翻译是一种很辛苦的活儿。一首诗、一个故事、一篇文章,摆在眼前,译者必须一字一字地翻译出来。每天多翻译十个字,坚持加法,一个月可以累计多出三百个字,一年累计多出三千六百多个字……这样的累计看似不起眼,但是如果坚持一辈子,也许就会多翻译出一部小说也未可知。每天少翻译一个字,使用减法,如果一字一字地往后推,得过且过,一个星期过去,一个月过去,一年过去……一直使用减法,最终的结果却会十分可怕:摆在眼前的东西,还是原来的东西!换句话说:一辈子可能一事无成。

翻译这活儿还有另一个特点:如果你想在一天、一周、一个月里突击任务,就是急死累死,也许可以救一次急,但是如果反复救急,那一定会把自己累死。因此,翻译最好的方法是每天翻译一千字、五百字甚至三百字,持之以恒,积少成多。大凡优秀的译者,做翻译如同上班或者做仪式,自觉地每天做够一定数量。比如说,一天一千字,一个月三万字,一年完成三十万字的译稿。

后者,无疑是严肃地对待文字翻译的正确态度。

即使认真地对待文字翻译,相当一部分的译者,在翻译过程中,也会出现这样那样的错误。这些错误大致可分为三种:其一是阶段性的,比如中外文水平还没有修炼到成熟的水平,翻译经验尚不足,翻译理念不够清晰,甚至年龄还在青涩期,等等。这类错误,只要译者用心,迟早是会杜绝的。其二是一辈子的,比如中外文水平不行又不注意不断提高,中文好于外文或者外文好于中文,不注意吸纳别人的优点,等等。这类错误,是提高翻译水准的问题,只要没有质的飞跃,译文质量则永远有问题。其三是资质引发的,如同任何一个行业都因为智力高下而分化出来的优劣,这类错误几乎是无法避免的。

总之,不论因为什么原因出现错误,错误就是错误,需要认识、避免和消灭。下面分几个层面,分析翻译过程中出现的一些具体例子。

第二节 语法问题

在所有我谈论翻译的文字中,语法问题是我反复强调的一个问题。如同我在许多地方谈到过的,英语相对别的语种,语法比较简单,那只是学习英语的早期和中期阶段,一旦进入高级阶段,尤其在翻译过程中准确地运用语法,把译文表达得更准确、明了和通顺,却是很难的,轻视不得的。

语法出问题,主要原因是对英语的掌握还欠火候。这可能和学英语的方法有关系。在很久以前,在教会学校学习英语,是不学语法的。靠环境,靠熏陶,靠模仿去掌握英语。这和学母语是一个路子。从小生活在一个环境里,耳濡目染,白痴也能说自己的母语。这样学习英语的好处是听、说、读、写,齐头并进。缺点是忽略了语法,如果不接受专门训练,语法一辈子都可能掌握不了,甚至一窍不通。不过,解放以来,从大学开始学习英语,基本上从语言阶段到高级阶段,都要求掌握英语语法。如果掌握得不好,从我的经历看,应该是老师教学上的问题;不仅仅英语语法教授不够,教学中强调语法作用也不够。当然,如果从事一般的和英语有关的工作,语法不好,不会对工作影响太大。但是,如果从事翻译,语法不好,却是一个大软肋。好在英语语法可以自修,只要有心,完全可以把英语语法掌握得很好。有一点一定要明白,那就是,掌握语法不是目的,熟练地运用语法,才是目的。实际上,掌握语法和运用语法二者之间,还有不小的距离。只有到了熟练地运用语法的阶段,对翻译才有实质性的帮助。

以下通过"一点通"的专栏,批评下列几个句子。

◎ Is that your point? A man who had little money has less—that's mine. / 这就是你的看法? 一个可怜的穷光蛋,他本来只有一点儿钱,而现在却更少了——这就是我的观点。

一点通:这是个小学英语程度的句子,至少在单词量上如此。但是 A man who had little money has less 译为"一个可怜的穷光蛋,他本来只有一点儿钱,而现在却更少了",译文如何? 我说很不怎么样。译家看似用了心,注意到了 had 过去时态和 has 现在时态,因此译文中有了"本来"和"现在"的区别。但是,这还是不能弥补译文的错误。关键是 little 这个词儿,在没有不定冠词 a 的情况下,是一个完完全全的否定用法;a little money 相当于汉语里的有点儿钱,而 little money 就是没有钱,别无他意。至于后面出现的 less,那是作者使用英语高明的地方。再说,这句英语是在表达一种观点,翻译的过分啰唆,对表达观点会有很大影响的。观点,越简练越明了。

参考译文:这就是你的要点吗?一个不明分文的穷人,只会更穷——这就是我的要点。

◎ The various parts had been assigned beforehand, and some of the speeches were amusing. / 各方提出多种不同的支配方式,有些说词十分有趣。

一点通:很简单的原文翻译出错,症结一般也出现在译家对一般的英语语法现象熟视无睹。这个译句的错误是对英语中最最常见的被动式置若罔闻,译文结果可想而知。相比之下,beforehand 没有交代,等于漏译,就是小疵了。

参考译文:事前,各种角色已经分派到人,有些发言满有意思。

◎ Heartfordshire is England at its quietest, with little emphasis of river and hill; it is England meditative. / 哈特福郡是英国最娴静的一面,小河流水蜿蜒于山丘之间,像是沉思中的英国。

一点通:一个译句,前半句翻译错了,后半句错了一大半,基本上就是错误句子。错误都是因为对英语中的小词汇理解不对造成的。…at its quietest 中的 its,一般情况下只能代距离最近的名词,绝少跳过最近的名词而去代更远处的名词。如果相反的情况出现多了,那只能说明作者的文字修养不好。…with little emphasis 中的

little是个否定成分,与汉语"小河流水蜿蜒于山丘之间"恰恰相反。小词汇掌握有问题,最能说明译家的英语水平太差,太差。另,在现代英语中,England不代表英国,只是英格兰。

参考译文:哈特福德郡就像静若处子的英格兰,没有大河,没有高山;哈特福德郡就是沉思的英格兰。

◎ Naturally the man who's in a situation when applies stands a better chance, is in a stronger position, than the man who isn't. / 一个有工作的人要另找一份较好的差事,总比失业的人找工作占优势。

一点通:错了。错在哪里呢?审查这个稀里马虎的译句,你便会发现一定是译家没有找到准确的谓语所致。这个句子里所有的谓语都在做the man的谓语,但是有的是间接的,有的是换位间接的,有的是直接的,而直接的谓语却只有一个。抓住了这个谓语,一切迎刃而解,而抓不住它,便会一败涂地。

如果我来抓,分别占了前、中、后三个位置的is,中间的那个is,是也。因此,这个句子可以简化为:其人处于他人所没有的好位置。这个简化的句子和上边的例句相比,好像颇有相似之处。那么,译家更大的症结在哪里呢? 一定是…applies stands…这两个行为动词了。它们都是第三人称,把它们的主语找到,是解决它们归属的关键。Applies的主语是a situation,而stands的主语是who。如果译家是因为这个地方出了绊脚石而出了错误,是可以理解的。因为很多有相当翻译经验的人,这样的错误也在所难免。这都是语法不好造成的。

参考译文：一个人处在他运用的环境中，比起没有环境可运用的人，自然占据了更好的机会，处于更好的位置。

本节只列举了四个例子，但是其他章节里所举的错译和误译都和语法掌握不好有关系。把这一节放在本章的首位，并且尽量减少例子数量，是希望它们起到举一反三的效果，生怕例子多了，反倒适得其反。

第三节　似是而非

用"似是而非"给这一节命名，是没办法的办法，或许用"莫名其妙"更确切一些。莫名其妙，首先是不明白译家是怎么翻译出来这样的句子；其次是不明白译文究竟是什么意思，要说什么，想说什么，说出了什么。

所以用"似是而非"命名，一是因为译家总能对付出译文，让只懂中文不懂外文的人，以为就是原文里的意思；二是因为我要找出它们的错误所在，荒谬所在，也就是指出"非"的所在；三是下面四个例子很有意思，即便算不上典型，也是错译和误译中屡屡发生的。

以下以"是非分明"为专栏，进行分析。

◎ Or brown rain would descend, blotting out faces and the sky. / 有时候，沉思如雨幕从天而降，一张张脸孔和天际一片模糊。

是非分明:这样的译句读来莫名其妙,"沉思"从哪里翻译出来的?别说是翻译,就是变魔术也变不出来啊。"一张张脸"离"天际"有多么遥远,竟然能和天际"一片模糊",也真够悬的。很多时候,一些译家,好不容易翻译出一个自鸣得意的句子,却往往没有斟酌译文的逻辑通不通,实在是不应该。

参考译文:要么,浑浊的泪水潸然而下,一张张面孔和天空在眼前混沌一片。

◎ And if I drink oblivion of a day,
So shorten I the stature of my soul.
若忘怀一日之种种,
则削我灵魂之尺寸。

是非分明:这确实是两句诗,译文猛地读来似乎有些意思,但细读起来就满不是那么回事儿了。另外,还漏译了一个很关键的词儿——drink。实际上,这句英文很近似"借酒浇愁"的意境,所以 drink 这样的词儿,是漏译不得的。

再者,stature 翻译成"尺寸",也太野了点儿吧?

参考译文:
如若借酒打发日子,
随将丧魂缩短人生。

◎ The imagination ought to play upon money and realize it vividly, for it's the—the second most important thing in the world. / 想象力必须利用金钱,使之发挥最大的效用,因为金钱

第九章　翻译作品中常见的错误　　247

是——是世界上第二重要的东西。

是非分明：英文里的词儿，都是一词多义，极少一词一义的。但是，一般说来，每个词儿都有其本来的意思，比如 play 基本上相当汉语里的"玩"、"玩耍"；realize 基本上相当于汉语里的"认识"、"认识到"等。译者在翻译过程中需要灵活掌握，必须在这样理解的基础上发挥，否则，就很容易出现似是而非的译文。

这个译句就是似是而非的翻译典型，很不好的现象。

参考译文：想象力应该在金钱上尽情发挥，让金钱活灵活现起来，因为金钱是——这个世界上第二种最重要的东西。

◎ It is so slurred over and hushed up, there is so little clear thinking—oh, political economy, of course, but so few of us think clearly about out own private incomes, and admit that independent thoughts are in nine cases out of ten the result of independent means. / 人们避而不谈金钱，所以没有清楚的概念——噢，当然，我们谈政治经济，但是很少有人去想想自己私人的收入。我们很多人想到独立的思考十之八九要先有独立的财富。

是非分明：原文富有哲理，堪称至理名言，很深刻地揭示了物质和意识的关系。对原文有这样的理解，一定会加倍用心，力争翻译出漂亮的句子。这个译句，前半句基本说得过去，而用句号句开，是译家弄不懂原文的结果，不仅断开的地方毫无道理，还把后半句全都弄错了，连似是而非的程度都远未达到，相差万里。如果句子太长，非断开不可，那么应该在… but so few of us…，因为这里是后半句的主语；分明是"很少有人"，却翻译成了"我们很多人"，一个富有哲理的句子,完全弄成了一个是非颠倒的句子。因此可以结论:似是而非的翻译,基本上就是颠倒是非的翻译。

从此也可以看出,阅读错误的翻译文字,与喝慢性毒药差不多是一回事儿。

参考译文:对金钱讳莫如深,三缄其口,到底是什么东西没有思考清楚——啊,当然,有政治经济的说法,可是很少有人想清楚我们个人的收入是怎么回事儿,并且承认独立思想十之八九是拥有独立资产的结果。

就这些例子的错误实质而言,应该是很严重的,完全可并入下列任何一节。之所以专门用一节论述,并且只选用了四个例子,希望只有一个:别因为例子太多,把读者吓跑了。

第四节 望文生义

望文生义是文字阅读时最常见的毛病。即使文字修养很高的人,这样的毛病也难免。"心旷神怡"念成了"心旷神殆";"月落乌啼霜满天"念成了"月落鸟啼霜满天";最新近的一个著名例子,是收藏家马未都给世人纠正的"床前明月光"里的"床",是马扎,而非现代人使用的"床"……

"望文生义"的问题,在翻译领域更为严重,因为涉及了两种语言,便有了双重错误的可能性。

下文分析,开设"以理纠错"栏目,也只能点到为止。

第九章 翻译作品中常见的错误　　　　　　　　　　249

◎ Mr. Wilcox turned to Margaret with the air of humorous strength that he could not so well command. / 魏克斯先生转向玛格丽特，带着他特有的幽默感说。

以理纠错：he could not so well command 的意思是"他无法驾驭自如"，译家却翻译成了"带着他特有的"，是看走眼了，还是如此理解，只有译家自个儿明白。

参考译文：威尔科克斯先生向玛格丽特转过身来，做出那种他无法运用自如的幽默样子。

◎ "Bowling him over with those sentences was what fetched me," cried Evie. / "我真服你那些炮轰他的长句子。"艾菲叫道。

以理纠错：bowl 相当于汉语里的"碗、钵"之类；碗类是圆的，因此 bowl 也当"木球"之类讲。bowling，即滚木球，也就是打保龄球，如今成为非常流行的娱乐活动。bowling over 是保龄球里的"击倒"，差不多是专有术语了，可以翻译成"炮轰"吗？我认为不可以。译家不可能不认识 bowl 这个英文词，但是译家不想如何深入理解，却只是取了这个字的表层意思，甚至更糟糕。

参考译文："滔滔不绝的长篇大论，把他说得晕头转向，真让我着迷，"艾菲叫道。

◎ To follow it is unnecessary. It is rather a moment when the commentator should step forward. / 不需要再继续先前讨论的重点；该是更进一步考虑的时候了。

以理纠错：我不主张随意更改原文的标点，也不主张译者随意制造标点。我已经在多处声明过，这两种行为，都是译者没有彻底弄懂原文造成的。这个句子又是一个极好的证明。

前边那个句子翻译得有问题但还可以糊弄过去，用一个句号打发过去算了，但是，译者用了一个分号。好像译者要玩出什么高明来，却恰恰是为了遮掩对第二个句子的无知。可是，翻译还得进行下去，那就胡来吧。然而，翻译这活儿偏偏胡来不得。除非你运气太好了，你胡来也胡来对了；一般说来，你胡来，一准出错。"更进一步考虑"是从哪处英文出来的？"考虑"又是从哪里出来的？而 commentator 相应的中文在哪里？而 step forward 相应的中文又在哪里？

问题出在哪里呢？commentator 恐怕是个坎儿。尽管原文是个重句，但是只要能理解这个词儿，整个句子一定会迎刃而解。不懂这个词儿，一定是译者阅读西方文学作品不细所致。在西方的小说中，作者突然冒出来评论几句，为虚构人物说事或者索性对时政或者社会评论一番，是很常见的。就是国粹《红楼梦》也有这样的手法。commentator，即作者也。主语出来了，谓语就有着落了。

参考译文：接着追踪这场讨论已无必要。到了这个时刻，本评论员应该先一步说几句了。

◎ Those clever ones come to the worse grief, I've often noticed. Ah, you can't be too careful. / 我注意到一件事实：聪明反被聪明误，往往吃亏较大。啊！愈小心愈好。

第九章 翻译作品中常见的错误

以理纠错：这个译句看起来所有的原文内容都翻译出来一点儿，但是所有的内容都翻译得不对劲。I've often noticed 只是"我注意到"这点儿意思，哪来的"一件事实"？Those clever ones come to the worse grief，到底相当于汉语里的什么意思？大约相当于"那些聪明人更爱忧心忡忡"，怎么就有了"聪明反被聪明误，往往吃亏较大"的意思？Ah, you can't be too careful 翻译成了"啊！愈小心愈好"，译家就敢这样干，真是不知道自己到底在干什么，真可谓无知者无畏啊。

参考译文：我经常注意到，那些机灵的人喜欢杞人忧天。啊，你不能活得怕天掉下来吧。

◎ There is something continental about Chelsea Embankment. It is an open space used rightly, a blessing more frequent in Germany than here. / 切尔西防波堤颇有欧陆风味，空间使用得当；这种恩赐在德国比较常有。

以理纠错：原文分明是两个独立的句子，译家非要合并起来，还煞有介事地用了一个分号，简直是岂有此理呢。

是的，翻译之事，把句子分开或者合并，是一种手段，但是必须在必要的时候使用，也必须使用得当；绝不可以在原文理解不清、不透的情况下使用。

It is an open space used rightly... 的主语是 it，谓语是 is，这是不可随意更改的，而译文中偏偏把 used 当作谓语，不错倒是怪事儿了。相比之下，...than here 译句里没有任何照应，漏掉了，倒真是小小怪事儿了。

参考译文:切尔西的防波堤具有欧洲大陆的风采。这是一片利用得当的开阔地带,这里很少见,而在德国却是处处可见的好去处。

◎ We got on well enough with him in a spirit of excitement, but not think of rational intercourse. / 我们兴奋之余觉得可以和他交个朋友,但是如果理性对谈会如何呢?

以理纠错:有必要翻译成疑问句吗? 如果有,必要的成分是从哪里来的呢? 如果说,随意把句子"句开"是对原文理解不了的表现,那么随意把陈述句改为疑问句,同样是对原文理解不了的表现。

原文翻译过来,基本意思是:在振奋精神方面和他处得很好,可是还没想到理性上的交往。两相对照,上面例句中的"兴奋之余"、"理性对谈"是从哪里翻译出来的呢?

如今有些译家,把这样的编造翻译说成是"意译",竟然还能煞有介事地变出许多所谓的说法,称之为理论。我如今也没有彻底弄清楚到底什么是意译。如果这样的翻译也叫意译,那么我敢肯定说,所有承认这样的说法或理论的人,外文都是很糟糕的。

参考译文:我们和他交往颇有些意思,是精神层面的快活,却没有想到理性层面的交往。

◎ After property had had its say—a say that is necessarily ungracious—the various philanthropists stepped forward. / 所有权人把话说完之后——当然尽是苛刻之语——轮到慈善家们上

场了。

以理纠错:property 可以翻译成"所有权人"吗？在某些条件下,可以;比如不定冠词或者定冠词的出现,又比如一些限定成分的拟人化使用。这个英文句子里没有冠词,却有 its 这样的限定成分,那么翻译过程中就一定要小心了。这个译句的不当之处,是一点儿都不顾及这样的限制,随意走笔,缺乏严谨。

参考译文:财产所有权表明了它自个儿的一套说法——一套可以让人讨厌的说法——各路慈善家纷纷登场了。

◎ She was to hear of it in after years, when she had built up her life differently, and it was to fit into position as headstone of the corner. / 过了好几年以后,她才知道这件事,那时她的生活形式已经改变了。而这件事将如墙角的基石一样适得其所。

以理纠错:还是老话,总想改变原文标点而又没有充分道理的译家,对原文的理解一定有问题,而且问题很严重,导致了黑白错误。

这个句子改变原文句子里的标点,改变得相当没有道理,根源是译家对原文理解得相当没有道理。问题首先出在 it 这个代词。第一个 it 代一件事情,译文基本没有问题。但是,第二个 it 指什么呢？译家弄不懂,只好和第一个 it 联系起来解决。这样的联系方法,英文里是绝不会有的。笔者敢这样肯定,是因为这里有个规矩:只要以时间代词为首开始了一个句子,这个句子的任何代词,就只能在这个句子里寻找被代的对象,绝不会再去代前边的句子里的东西。更何况,在这个句子里,还隔着一个 and 连词呢。另外,"而这件事将如墙角的基石一样适得其所"这句话本身也不通,因为"墙角的基石"怎样才算"适得其所",恐怕译家也说不清楚。这点不清楚,那么这个比喻就站不住脚。

至于"那时她的生活形式已经改变了"一句,简直错得没法纠正了。糊弄了事儿的成分太多,简直弄不懂译家究竟弄懂了多少,高明的读者如果有兴趣,不妨弄弄清楚。

参考译文:她多年后才听说了这件事,这时候她已经建立了很不一样的生活,而且她的生活和地位相符,如同一块墙基石正好用在了墙角上。

◎ As he spoke, some outposts of poetry and perhaps of sympathy fell ruining, and she retreated to what she called he 'second line'—to the special facts of the case. / 他的论点迫使诗意和怜悯心显得不堪一击。于是她回到她的个案来。

以理纠错:As he spoke, some outposts…移植成了"他的论点迫使……",可谓胆大妄为,而 outpost 到底是什么意思,必须弄清楚,否则 second line 就没法交代了。没法交代怎么办? 来个句号,再来个"退而求其次",交代了。

有时候,你还真得佩服瞎译、胡译和错译的译家的本领,跟撞见鬼差不多。

参考译文:他讲话之际,一些诗歌的前哨或者也许同情的前哨正在崩溃,于是她退回到她所谓的"第二战线"——关注这一个例的特殊事实。

第九章　翻译作品中常见的错误

通过对以上例子的逐个分析可以看出,用"望文生义"概而括之,也不一定准确,或者根本就不准确。但是,译家是"望"英文而生"义"的,却是不折不扣的。至于译家怎么"生"出错误的"义",而"生"不出正确的"义",我用"以理纠错"的方式评论,也只是一种猜测。我以为,这样的错误,主要是译家对原文的理解很有问题,或者根本理解不了才导致的。尽管上述例子里的错误,有的轻些,有的重些,有的不可原谅,有的可以理解,但是引发错误的根源必须弄明白。要避免这样的错误发生,只有认真地提高英文水平一条路,包括加强英语语法学习。

第五节　糊弄搪塞

这是文字翻译中比较常见的一种现象。差别在于糊弄搪塞的程度。好的译者,"糊弄搪塞"现象是个别的,即便糊弄,也要讲究一些,巧妙一些,高明一些。差的译者,"糊弄搪塞"的现象在译文中则比比皆是,而且很大胆,很拙劣,很要命。英文水平不好,翻译态度不认真,往往会导致"糊弄搪塞",因为这是最简单可行的翻译方法。

下面的例子,仍以"以理纠错"的方法进行。

◎ Helen at one part of the table, Margaret at the other, would talk of Mr. Bast and of no one else, and somewhere about the entrée their monologues collided, fell ruining, and became common property. / 海伦坐在餐桌一角,玛格丽特在另一角落;

她们的话题一直没有离开巴斯特先生。不知不觉中,她们的独白碎成无数片断,变成大家的共同话题。

以理纠错:这个英语句子有些难度,需要一些理解力和想象力。理解力表现在… somewhere about the entrée… 究竟是指什么,common property 又指什么。这两处理解透了,想象力就用上了,那就是 Helen 和 Margaret 一定不是两个人在用餐,而是多个人在聚餐。不管发生什么事情,都与吃喝的内容有关系。

和所有喜欢断句的译家一样,从哪里断开,对原文的理解错误基本上就从哪里出来。"不知不觉中"是瞎糊弄,根本没有出处,而置 collided 和 fell ruining 这样两个很有冲击力的动词于不顾,用"她们的独白碎成无数片断"来糊弄了事儿,实在是很可怕的翻译。

另外,at one part 译为"一角"而 at the other 译为"另一角落",汉语用词实在可怕,好像一个圆形或椭圆形餐桌变成了一间房子或者一个大杂院儿了。究其实质,是译家的汉语感觉太差了。

参考译文:海伦坐在餐桌的一头,玛格丽特坐在另一头,一旦谈起巴斯特先生便收不住了,小菜上了不久,她俩的独角戏两厢争鸣,一下子乱了套,变成了餐桌上的泛泛之谈。

◎ He has built flats on its site, his motor-cars grow swifter, his exposures of socialism more trenchant. But he has spilt the precious distillation of the years, and no chemistry of his can give it back to society again. / 他在原址盖起公寓,他的汽车愈换愈加速。他受到社会主义的批判更形尖锐。但是他已经把岁月留下的精华分割了。任他有何等大能也无法再将之原璧归于社会。

以理纠错：首先，前面的句子，his motor-cars... 和 his exposure... 是同位性质的，不应该随意断为两个句子。

其次，... his exposures of socialism more trenchant 的含义也许比较含糊，可以有不同的理解，但是一定不会是"他受到社会主义的批判更形尖锐"。遇上这样很典型的英语表达，最好的办法是紧贴原文的表达方式，用汉语表达出来；任何自以为是的发挥，都会导致错误。

最后，... no chemistry of his can give it back to society again 中，chemistry 的使用，一定是"化学"对人们的生活产生了很大影响以后才出现在小说作者的笔下的。其实上句... the precious distillation... 已经作了铺垫，译家就不可以视而不见，忽略不计；不管怎样，"任他有何等大能也无法再将之原璧归于社会"这样的译文，大而化之，缺乏细腻，是极不可取的。

参考译文：他在威克汉老巷地址上修建了公寓，他的汽车越来越快，他把社会主义暴露得越来越尖锐。但是，他把岁月的宝贵精华都分裂了，他的作为无论发生什么化学反应，都无法把岁月的精华还给社会。

◎ But in his day the angel of Democracy had arisen, enshadowing the classes with leathern wings, and proclaiming, "All men are equal—all men, that is to say, who possess umbrellas," and so he was obliged to assert gentility, lest he slipped into the abyss where nothing counts, and the statements of Democracy are inaudible. / 但是在这个宣称"全民平等"的民主时代，各阶级

均有展翅而飞的机会。所谓"全民"即"凡是拥有一把雨伞的人",于是这位年轻人不得不自视为绅士之族,唯恐落入深渊——那儿什么都没有,连民主的口号都听不到了。

以理纠错:前半句全部是译家自己写出来的,而不是原文里有的。令人不能接受的是,原文里固有的内容全丢了,没有的东西却全有了,而"各阶级均有展翅而飞的机会"更是不知从何而来。因为全然掌握不住原文的意思,只好乱译到底,恣意断句,因为译家对后半句的英文是懂得的,只好断开句子,否则连后半拉句子都没法往下翻译了。我不主张译者随意把原文"句"开,就是因为多数把句子断开的译家,基本上是没有读懂原文的人。弄不懂原文,就是增加多少引号和破折号也还是弄不出一个像样的译句来。

原文一"逗"到底,是个长句子,但是很有层次,读来一点不难懂。如果觉得理解困难,最好的办法是把句子的主要成分提出来:the angel... had arisen, enshadowing... and proclaiming... and so he was... , lest he slipped...。把一个长句子分解到这样成分稀少的地步,译者无论如何都应该看清楚该怎样动笔翻译了,否则,译家就根本不具备文字翻译的能力。简练到这样的地步,译者也看得清楚,即便是嫌原文句子长,也应该从 and so he was... 这里把句子分开,因为只有到了这里,这个句子的主语才更换了,由 angel 变成了 he。

不妨把提炼出来的主要成分老老实实翻译出来:天使……已经升起,遮住……而且宣称……所以他是……,害怕……。省略号很多,但是读者仍然能够读出些意思,至少读出来,这个省略多多的句子,和上面那个全部翻译出来的句子,好像不是出于同一种原文。其实,它们同根同源。不同的仅仅是因为译家翻译错了,大错特错了。

参考译文:但是在他的时代里,民主这个天使已经展翅高飞,用皮革般的翅膀把各个阶级遮挡起来,高声宣布道:"人人平等——人人呀,这就是说,只要拥有一把雨伞的就包括在内。"所以他不得不自诩为上流人士,生怕会滑进最底层,因为那里一无所有,连民主的种种说法都难得听见。

这个译句长吗? 读起来一点也不见得长。首先是因为句子层次很清楚,逻辑也很清楚。其次,按照汉语习惯,引号里的内容都是要有句号的,很自然,翻译出来的句子就不显得冗长了。

◎ As a lady's lap-dog Leonard did not excel. He was not an Italian, still less a Frenchman, in whose blood there runs the very spirit of persiflage and of gracious repartee. His wit was the Cockney's; it opened no doors into imagination, and Helen was drawn up short by "The more a lady has to say, the better", administered waggishly. / 雷诺不擅于做女士们的哈巴狗。他不是意大利人,更不像法国人;那两种民族懂得调情应对的秘诀。他是伦敦的智慧,没有想象力。他说:"女人说得越多越好。"海伦无言以对只说:"哦,是的,"一面张罗着点心,心里觉得可笑。

以理纠错:译者若大体上读得懂英文,译文翻得不好,大概也还看得出一点儿意思来。若看不懂英文,只能乱七八糟地对付出一些东西搁那儿,这可就苦了读者了。

这个例句是两句话,前边一句,尽管有些地方也翻译得不对劲儿，但是坏的里面拣好的，也还能拣出一二；比如，...the very spirit of persiflage and gracious repartee 翻译成"那两种民族懂得调情应对的秘诀"根本不像样子，但是好歹没有相去万里吧。第二句就没有这样幸运了。His wit was the Cockney's; it opened no doors into imagination... 和"他是伦敦的智慧，没有想象力"这样的汉语表达，一点边儿都不沾。"他是伦敦的智慧"是多大的表达啊？即便在伦敦城写出全部三十八个剧本的莎士比亚，也不敢担当这个名声。凡是智慧都有想象力，否则就不能称为智慧。原文 it opened no door into imagination 是说"智慧没有对想象力打开门"，这话本身就是一种想象力的体现。这样的表达，一般的作家写不出来，正好说明写出这样出色的句子的作家是很有想象力的。话只说了半句，译家实在没有办法把前后内容统一起来，只好把句子断开再说。再说，也不能瞎说，译家偏瞎说出了"他说"这样原文中根本没有的东西，又瞎说出了"'哦，是的，'一面张罗点心"这样胡编乱造的东西。这样，一个好端端的英文句子，全然乱套了。从此看得出，读不到好的译文，不如不读翻译作品。

参考译文：做一只女人的乖乖狗，伦纳德并不在行。他不是意大利人，也不是法国人，在这两个民族的血管里，流淌的精神要么冷言挖苦，要么巧言以对。他的智慧是伦敦佬儿式的；这种智慧把想象力的大门统统关上了，海伦一下子被"女士说得越多越好"几个字噎回来，只好嘻嘻哈哈地张罗下去。

◎"How much exactly have you, and how much do you expect to have next June?" And these were women with a theory, who held that reticence about money matters is absurd, and that life would be truer if each would state the exact size of the golden island upon which he stands, the exact stretch of warp over which he throws the woof that is not money. / "你到底有多少收入？明年六月你的收入将升到多少？"这两个女人认为规避不谈金钱是荒谬的；她们认为人人若坦白相告所拥有的财富多寡,则生命会更真实。对她们而言,金钱财富是生活的"经",而人们则在上面编织不属于金钱的"纬"。

以理纠错:... how much do you expect to have next June? 是否可以翻译成"明年六月你的收入将升到多少"呢？在主语十分明确的情况下,我认为是绝不可以的。做任何事情都应该有一定之规,一旦无规可循,那就没有任何衡量标准了。因为译家不按规矩翻译,在理解原文非常吃力甚至一窍不通时,胡译、乱译、错译就是最后的一根稻草。

引号里边的两个句子,后一个译文已属胡译,而接下来的翻译简直让人咂舌。后面的英文句子,应该说是比较长的,三行多一点。如果译者觉得长,想分成短句,那么应该在... who 和 each... 这两个人称代词上做文章。这也是断句的基本规则,违反了这个基本规则,胡译、乱译、错译在所难免。把 And these were women with a theory, who held that reticence about money matters is absurd 合起来翻译成了"这两个女人认为规避不谈金钱是荒谬的",显然有乱译之嫌,但是还可以当作胡译来阅读,接下来的翻译可就是由乱译变成错译了。... that life would be truer if each would state the exact size of the golden island upon which he stands 是多么好的一种英文表达啊,但是译家根本顾不上欣赏,因为看不懂,吃不透,翻译还得进行下去,怎么办?根据译家认得的几个单词儿编吧,所以就又有了这样的译文:"她们认为人人若坦白相告所拥有的财富多寡,则生命会更真实"。最可怕的还不是这样不靠谱的翻译,而是译家随意改动了人称代词,应该有的人称代词不见了(两个 he),不应该有的代词出现了"她们",致使原文里的含义大错特错了。

由此我就想到,仅仅靠阅读翻译作品而对原文不懂的文艺批评家之类,怎么写自己的文章呢?

参考译文:"你到底有多少收入,到了下个六月你指望多少收入?"这种女人问话直截了当,自有一种理论,认为对金钱的事情三缄其口是荒谬的,如果大家坦诚相告自己站立的金岛面积到底有多大,坦诚相告"经线"的具体长度,他只是在上面编织不是金钱的"纬线",那么我们的生活便会更加真实。

以上"糊弄搪塞"的例子,都很低级,很拙劣,很要命。这样的错误对译文的破坏作用很大,却很难杜绝。这类错误,主要问题还是英文水平不行,尤其没有从语法上细抠原文的含义。这是态度问题,只有翻译态度认真的译者,才会不断高要求自己,不断消灭这样的错误,渐渐达到更高的层次。

第六节　词义混淆

词义混淆是阅读中常有的毛病,但是所犯毛病的根源比较复杂。粗心往往是词义混淆的一个常见原因。我上小学三年级的时候，村里人就以为我们是识字人了，每到过年就让我们写对联。有的人敢写，也就写了。我的一个发小，写不了门上张贴的大对联，就写财神、天地爷和灶神之类的小对联。这些对联的内容是固定的，比如灶神的：上天言好事，下地保平安；横额：一家之主。他把这横额写成了：一家地主。他请我去看，我看了笑岔气，和他说横额应该是"一家之主"而不是"一家地主"。他听了一愣，随后说：我们上课老说地主地主的，我以为就这个意思。那时候，我们课堂的语文课，几乎堂堂都有阶级斗争的内容，我们又是混合年级一起上课，串听课是常有的现象。听他这样讲，觉得也有道理，便说，你们一家人当一年地主也好。他说：不，是要灶神给我们一家人当一年地主的。这让我恍然大悟：我以为他把词义弄混了，实际上我也把他的词义弄混了。这事儿过去几十年了，我一直没忘。我以为自己理解对了词义，笑得岔气，实际上没有理解对。我一辈子很容易犯这样的理解错误，比如，现今惯称那些孩子在国外谋生或者定居的老人为"空巢老人"，而我一直以为是"空窠老人"。

在汉语中，念错别字的现象，是词义混淆最典型的。

但是，在翻译过程中，把英语单词的意思弄混了，和汉语的类似错误有相像之处，也有不同之处。相同的是，粗心看走了眼，翻译成汉语就会错上加错。不同的是，如果细心一些，仅从翻译过来的汉文里，是能看出来错误所在的。

以下例子，以"点出所在"为专栏，进行分析。

◎ A little boy blocked their way with pig-pails. ／有个男孩

拿了一大捆绳索挡住他们的去路。

点出所在:pig-pail 怎么会有"一大捆绳索"的意思?费解!费尽思量,很可能译家把 pig-pail 看成 pig-tail 了?Pig-tail 汉语解释是"辫子"以及"编成辫子的烟草",可是,就算看走了眼,也还是和"一大捆绳索"没法搭界呀?难为译家,给我们提供了如此精彩的错误。

再说,多大一捆绳子能把路挡住?一个小男孩儿又能挪动多大一捆绳子?

翻译不动脑子,不如不做的好;很可能,能弄出这样的糟糕译文的译家,就是动了脑子,脑力也大有问题。

参考译文:一个男孩儿提着猪食桶,挡住了他们的去路。

◎ The Porphyrion's a bad, bad concern-now, don't say I said so. / 波菲莱恩公司让人很担心——记得,别说我说的。

点出所在:这个简单的原文句子,翻译错了,也只是一个并不复杂的词儿:concern,它有"担心"、"挂念"、"焦虑"等意思,在这里却只当"公司"、"商行"讲。防止这样的错误并不难,一般说来,只要前边的主语是个专有名词,又有不定冠词冠着,就只能是指公司一类。

参考译文:波菲利昂是一家很坏很坏的公司——啊,可别说是我说的。

◎ "... They were men who had nothing better to do,..." said his sister, feeling that she was entitled to score this point. / "他

第九章 翻译作品中常见的错误

们都是些没有更好的事可做的人,"他的姊姊说,觉得有权利批评这点。

点出所在:这样的错误,应该通过读原文发现,因为如果"批评这点"就是指引号里的话,引号里的话不值得批评;引号里的话只不过是一种客观的叙述。从这样的错误里,你还可判断,译家对英文的词汇掌握很有限。score 这个英文词儿,本意就是在某种东西上画痕、画线等,让人引起注意。

参考译文:"他们都是些游手好闲的人,"他的姐姐说,感觉她应该把这点强调一下。

◎ Mr. Wilcox glanced at Parliament contemptuously. The more important ropes of life lay elsewhere. / 魏克斯先生不屑地看了看国会大厦。对他而言,还有其他更重要的生命问题。

点出所在:两个简单的句子,真的就可以把后边的一个句子,翻译得不知所云吗?把词典往深处查一查,译家便很容易看见这样的解释:the ropes,秘诀,内幕。怎么好意思用"还有其他更重要的生命问题"这样的译文搪塞呢?上句明明白白告诉译家"国会大厦"这样非常著名的地理位置,后边用地理性质的译文回应,是很基本的翻译法则啊。

参考译文:威尔科克斯先生不屑地瞅了一眼国会大厦。生活的更重要的秘诀藏在别的地方呢。

◎ They clattered down flagged passages, looking into room after room, and scaring unknown maids from the performance of obscure duties. / 他们踱过挂着旗子的通道,检视一个又一个的房间,吓坏了那些不知名的女仆。

点出所在:没有把 flag 查到位,只取了一种意思,没有查到它还有铺石板的第二种意思。不过,passage 这种地方,也不是悬挂旗子的地方啊。

参考译文:他们咔哒咔哒走过铺了石板的通道,巡视了一间屋子又一间屋子,吓坏了那些叫不出名字的打杂女仆。

◎ Mr. Wilcox had eschewed those decorative schemes that wince, and relent, and refrain, and achieve beauty by sacrificing comfort and pluck. / 装潢方面魏克斯先生以舒适气魄为首要条件,绝不为了美感而有所牺牲。

点出所在:不可否认,eschew 这个英语单词有点生僻,但它绝不是把整个句子译错的理由啊。这个译句真是错到姥姥家去了,错得分析不出来译家究竟症结所在,但凡注意以下句子一开始的过去完成时的使用,就……算了,不费劲分析了,尊敬的读者还是看看参考译文吧。

参考译文:威尔科克斯先生已经放弃了那些退缩、减弱和抑制等效果的装修计划,不惜牺牲舒适和清亮的效果而成全美。

◎"Call? What call?" said he, staring as if her question had been a foolish one, a favourite device of those in mid-stream. / "拜访?什么拜访?"他说,瞪着眼睛,好像她的问题是愚蠢的,是那些"中流分子"最喜爱的伎俩。

第九章 翻译作品中常见的错误

点出所在:听说过"中流砥柱",没有听说"中流分子",更没听说 in mid-stream 可以翻译为"中流分子"。这样的错误,只要出在介词上,一抓一个准。

参考译文:"拜访?什么拜访?"他说,瞪着眼睛,仿佛她的问题问得很愚蠢,是那些到了关键时刻的人惯用的伎俩。

◎ The lovely creature raised domes and spires into the cloudless blue, and only the ganglion of vulgarity round Carfax showed how evanescent was the phantom, how faint its claim to represent England. / 可爱的人儿建筑了圆顶和尖塔,高耸入无云的蓝天。只有在众街道会合的中心点显得粗俗,让人觉得像幽魂般的容易消散,它是不能代表英格兰的。

点出所在:这个英文句子里的一些词儿,有些虚,比如 ganglion of vulgarity, carfax。ganglion 更多的时候是作为专有名词来使用的,解剖学上是神经节,而医学上则是腱鞘囊肿,比较少的情况下当作中心讲,还专门指活动、力量、兴趣方面的。作者使用这样的僻词,有自己遣词造句的喜爱,也不排斥卖弄学问之嫌。更费解的是,vulgarity 本来是个常用词,但是与 ganglion 搭配起来,就很难一下子断定到底是什么意思了。照字面意思,ganglion of vulgarity 大体相当于汉语的粗俗的中心。然而,粗俗的中心又是什么意思呢?难道粗俗还有中心吗?翻译成中文不大容易懂,在英语里它到底是什么意思,英语国家的一般人也未必了然于心,甚至作者本身也未必真正清楚这样的表达到底要说明什么。这种现象,任何语言中都是存在的,因为含糊其辞也是一种表达。译者可以有自己的理解,但是决不能胡译、乱译。"只有在众街道会合的中心点显得粗俗"这样的翻译肯定是有问题的。

首先,Carfax 这个词的意思只有交叉路口,和 cross(十字路口)的区别是,前者可以当作许多条道路交叉的路口讲。它在句子中间大写,显然是指某个城镇的特定交叉路口。"只有在众街道会合的中心点显得粗俗"这个译句中,显然也没有把这个词儿翻译得当。

其次,evanescent 和 phantom 都不是生僻词儿,但是 phantom 前边加了一个定冠词,就一定要找到它的所指是什么。从这个句子的结构和内容看,它只能指 The lovely creature raised domes and spires into the cloudless blue 这个大长句子所表达的景象。因此,翻译成"让人觉得像幽魂般的容易消散"显然很不明朗,读者看不出来到底是指什么"容易消散"。所以,最后一个句子里边的"它"到底指谁,也不清楚。

这样的译文如今大量存在,似是而非,贻害读者。

参考译文:可爱的人儿把一座座圆顶和尖顶修造得直入无云的蓝天,只是街道交叉路口一带粗制俗造的街心景物,表明这种幻象多么短暂无常,它代表英格兰的说法多么不堪一击。

◎ Her thought drew being from the obscure borderland. She could not explain in so many words, but she felt that those who prepare for all the emergencies of life before-hand may equip themselves at the expense of joy. / 她的思路在遥远而模糊的深处慢慢揣摩。她无法用语言表达清楚,但是她觉得凡是有所准备

第九章 翻译作品中常见的错误

的人往往失去惊喜的机会。

参考译文:她的思绪正在摆脱那种模糊不清的界限。她说多少话也难以讲得清楚,但是她觉得那些对生活的所有突发事件未雨绸缪的人,也许牺牲欢乐才能严阵以待。

点出所在:两种译文,乍看差别不大,但是细细看来,差别则很大。draw 无论如何没有"慢慢揣摩"的意思,但是也未见得就是"摆脱"。不过,译家一定要明白,draw 在这里是一个不及物动词,本身是有行为含义的,所以我认为应该翻译成"渐渐收拢"之类,因此整个句子应该是:她的思绪因为在脱离那种模糊不清的界限,渐渐地集中了。"但是她觉得凡是有所准备的人往往失去惊喜的机会。"这个句子首先不通,因为有准备的人不见得会失去惊喜的机会;其次,这里根本没有"机会"的任何隐意。equip 在译文里也没有任何照应。因此,读者完全有权利判定它是错误的。相比较,参考译文更接近原意,也更有句子的本来逻辑。

本节列举的九个句子有长有短,翻译起来应该都不困难,错误基本上都是把单词的意义弄混了才造成的。有些词儿,显然是看走眼了,也就只能翻译错了。有些词儿呢,可能是译家的生词儿,却没有好好查一下词典,把生词儿反复琢磨,熟悉起来,收进自己头脑里的词汇库。无论如何,准确地掌握大量的词汇,是译者做好翻译的先决条件。在翻译的诸多问题中,"词义混淆"是比较容易解决的一种:细心地不厌其烦地查阅词典。

第七节　不求甚解

文字工作,不求甚解的问题,从来就是个问题。就"不求甚解"这个词来说,它原本不是一个贬义词,是指读书但求领会精神实质,而不必处处咬文嚼字。陶渊明(陶潜)在《五柳先生传》里说:"好读书,不求甚解。"这话并没有多少贬义。不过,这个词在当代语文中,是个贬义词。这大概与科学技术发展有关系。农耕社会和农耕社会的文化,粗枝大叶一点很正常。但是,科技则不能容许你粗枝大叶,差之毫厘,很可能铸成大错。这种影响反映在当代语文中,便是渐渐要求人们对文字的理解更细心,更精确。不过,很多人在很多情况下不求甚解也很正常,因为很多情况不需要那么认真。比如说,我们这么多年开了那么多会,说了那么多套话、假话、谎话、大话、空话,如果字字句句都"求甚解",也许会有一个截然不同的局面了。

但是,这样的态度,在翻译过程中,却是万万要不得的。要么你不要从事翻译,要么你字字句句"求甚解"。如果不求甚解,下列错误在所难免。

下面开辟"试求甚解"栏目,进行点评。

◎"Charles, that reminds me of some poem."
"Does it indeed? We shall all be dancing to a very different music presently. Miss Schlegel has fairly got us on toast."
"查尔斯,你这话倒让我想起了一首诗。"

第九章 翻译作品中常见的错误

"真的吗？我说东你倒说起西来了。我看我们现在只好随格勒小姐摆布了。"

试求甚解：文字里一旦提及诗歌，浪漫的气氛多少都会有一点儿的。这是两句对话，刚刚提起一些诗意，却突然向实际生活转化，关键的地方是…be dancing to a very different music presently。这里翻译成了"我说东你倒说起西来了"，不知道原文的情况下，译文似乎还通顺，但是把这句英文好好查一查，会发现它还是很有来头的。有个英语习惯用语是：…dance to sb.'s pipe(tune)，相当于汉语里跟着某人笛子跳舞，唯某人马首是瞻等意。…be dancing to a very different music presently 显然套用了这个英语表达，无论如何不可以翻译成"我说东你倒说起西来了"。接下来的句子，也用了一个英语习惯用语，即…got us on toast，套用了 have sb. on toast，相当于汉语自由摆布某人、愚弄某人等意。因此，"我说东你倒说起西来了。我看我们现在只好随格勒小姐摆布了。"这样的翻译是毫无规矩和章法可循的，应当彻底杜绝。

参考译文：

"查尔斯，你这话让我想起了一首诗。"

"真的吗？用不了多久，我们都要随着截然不同的曲调跳舞了。施莱格尔小姐已经随心所欲地摆布我们了。"

◎ I believe Miss Avery goes in for being a character; some old maids do. / 我相信埃菲小姐是个怪人，才会进屋里去；有些老小姐就是这样。

试求甚解：不见到实际例子，我怎么都不相信会有这样可怕的错误的翻译。go in 是进入、参加等意,而 go in for 则是赞成、支持、追求、沉迷于……等意。偷懒的译家和胡译、乱译、瞎译的译家,本质上是一样的,给读者提供的,基本上是很糟糕的译文。

参考译文:我相信埃弗里小姐钻进某个角色里出不来了;有些老姑娘就这样子。

◎ Henceforward I'm going my own way. I mean to be thorough, because thoroughness is easy. / 从此以后,我要走自己的路;我们要做就做得彻彻底底,因为干得彻底反而容易。

试求甚解:这句译文大错算不上,丢了 I mean,多出来一个莫名其妙的"我们"。英语表达很精炼,很到位,一眼就看得出作者要把自己笔下的人物心态表达到什么程度。译文则远远没有达到这样的效果。为什么?因为"我们要做就做得彻彻底底,因为干得彻底反而容易。"这样的表达本身就很不精炼,很不到位。逻辑上也不十分站得住脚,因为一般情况下,"干得彻底"并不容易。如同这个看似简单的句子,要翻译出彩,并不容易一样。

参考译文:从此以后,我走自己的路。我打算一竿子插到底,因为一竿子插到底只是举手之劳。

◎ Evie heard of her father's engagement when she was in for a tennis tournament, and her play went simply to pot. / 艾菲在她参加网球比赛的时候,听到了父亲订婚的消息,她当然与冠军无缘了。

试求甚解:这句汉语的逻辑不通:一则参加网球赛不一定就能

得冠军,二则听到父亲订婚的消息,也不至于影响到得冠军。是作者写的句子就不通吗?当然不是。作者很俏皮地用到的一个词组,如果译家能够老老实实地翻译出来,译句也不至于逻辑不通。这词组是 go to pot,一般的英汉词典里,都有这个词组,解释基本上都是衰落、垮掉、完蛋等意。在这个英语句子里,her play 是主语,her play went to pot,猜也猜得出大概意思,怎么也不会翻译成"当然与冠军无缘了"。

参考译文:埃维在参加网球比赛期间,听说了他父亲订婚的事儿,她的比赛便松垮下来。

◎ Mrs. Wilcox strayed in and out, ever a welcome ghost; surveying the scene, thought Margaret, without one hint of bitterness. / 魏克斯夫人时而出现在玛格丽特的脑海中,她一直是受人欢迎的鬼魂;玛格丽特回想整个求婚情景,没有丝毫尖酸不快之感。

试求甚解:很简单的句子,仅仅因为一个更简单的插入语,thought Margaret,后半个句子便错置了主语,译文错得无法纠正。

参考译文:威尔科克斯太太或隐或现,一直充当颇受欢迎的幽灵;她看到了那个场景,玛格丽特想,没有表露一点儿怀恨的迹象。

◎ His reticence was not entirely the shoddy article that a business life promotes, the reticence that pretends that nothing is something, and he hides behind the Daily Telegraph. / 那份沉

默并不完全是商场生活的粗鄙产物,它仿佛是一种默认,偏要伪装确曾发生某些事情。雷诺埋首看《每日电讯报》,默默无语。

试求甚解:这个译句一塌糊涂,但是更糟糕的是,译家咔嚓把一个句子分成了两个,前边一个,连主语都不屑给出,前半句英文本来只有一个 his reticence 是主语,后来出现了 the reticence,只是通过重复强调而已;后半句换成了 he,和 his reticence 是有照应的,译为"他"就很好。但是,说不清楚译家出于什么考虑,非要把句子断开,从很远的地方找出个"雷诺",做后一个句子的主语。不管出于什么理论,也不管译家出于什么考虑,这样寻找主语的办法,一定是不可取的。

参考译文:他的三缄其口,并非全是商务生活促成的那种虚假矫饰,这种缄默就是要让人知道,没事就是有事,他埋头阅读《每日电讯报》呢。

这节里的例子都不复杂,但是都因为没有深入了解原文意思,都翻译错了。

第八节　母语不精

母语不精,大约相当于母语不好;或许要比母语不好更糟糕一些。一些译家,可以做翻译,但是如果写一个前言,或者更简单一些的译后记,哪怕千字小文,都写得文理不通。这种现象,一定和母语不好有关系。一个人母语不好,如果做一些科技方面的翻译,也许凑合,但是要做社科和文学方面的翻译,一定弊端多多,反过

第九章 翻译作品中常见的错误

来会给母语带来很多负面影响。当今的汉语表达混乱,没有文采,越来越啰唆,就是母语不精的明确反应。我的朋友给我讲了一个例子,很能说明这点:"把人打成了血和肉的混合体",他改成了"把人打得血肉模糊",那位译家坚决不干,还振振有辞地辩解,说前者更符合当代汉语的表达!

果真如此,汉语的末日就不远了!

一种成熟的语言,和时代同行,这没有错;然而,它的每一点变化,应该是万变不离其宗。那么,汉语的"宗"是什么呢?是方块字表现出来的简洁、明了。世界上任何一种语言,都没有汉语字库里储存的成语、习语、俗语多。这是汉语和西语的主要差别,译者没有理由把汉语的这一特色全然抹掉,只有责任把外语翻译得更符合汉语习惯。

那么,怎样才能提高母语的修养呢?和学习任何一门外语一样,听、说、读、写,全面提高,是最理想的方法。当然,这是很不容易的,因为当今视力冲击实在是防不胜防,影视和网络占去了人们大量的时光。但是,既然选择文字工作,就需要把自己往高拔,凌驾于影视和网络的文字之上。既然从事文字工作,还是把书奉为文字的最高形式为好。如果综合提高文字的时间不够用,那么,多多阅读,坚持阅读,和母语尽可能多地保持接触,是应该做到的。

以下例子,以"点到为止"为专栏,给出一些说法。

◎ It may be a chance in a thousand. / 可能一千次有一次的机会呢。

点到为止:这个译句没有错,或说十分准确。不过,别忘了能否找到更简练的汉语表达。

参考译文:这可能是千载难逢的机会。

◎ But they kept to the life of daylight. / 他们过的是白昼的生活。

点到为止:这个译句太准确了,只是禁不住反问:人类有多少人不是在过白天生活呢? 否则,"夜生活"这个词儿不就多余了吗? 往往简单的句子,是作者要表达更深刻的内容的所在。

参考译文:然而,他们日出而作,日落而息。

◎ The admirable creature isn't capable of tragedy. / 这个好家伙不可能发生悲剧。

点到为止:这样短的句子也会出错吗? 如果 capable of 不可能翻译成"不可能发生",那么这个句子就错定了。无论什么时候,capable of... 只能指能力。

参考译文:这个美妙的人儿弄不出什么悲剧来。

◎ Albert Fussell was seen walking towards them. / 亚伯特·法西尔往他们方向走来。

点到为止:如果这个译句不能算是百分之百的错译,那么可以说是百分之百的笨译导致了不正确的译文。"往他们方向走来"改成朝他们走来不是挺好吗? 为什么非要增加"方向"二字? 即使增加了两个字,原文里的被动式,也还是没有反映出来。照字面意思,这句原文应该是:亚伯特·法西尔被看见向他们走来。这样的翻译当然要不得,但是如何翻译得更得体呢?这就要看译者的本领了。

参考译文:艾伯特·富塞尔正朝他们迎面走来。

◎ I'm a plain man of business. I live and let live. / 我是一个纯粹的生意人。我自己过日子,也让别人过日子。

点到为止:plain 是个多义词儿,唯独没有"纯粹"之意。掌握准确词义,是做好翻译的基础。相比较,英语的词汇,一词多义的词很多,但是基本上是根据本义延伸出来的。所以,学习外语,打好基础非常重要。一般说来,专业是外语的翻译人员,只要施教有方,训练得当,自身又注意综合提高和修养,一定会比非专业外语的翻译要做得好得多。如果外语基础好,上述错误一定不会出现。

另外,在选择词义上,也一定要和上下语境保持联系。不可兴致所至,自以为选到了一个可心的词儿,非要使用,结果和语境不协调,也不值得提倡。I live and let live 这样的表达,也实在是与 plain 和谐。"我自己过日子,也让别人过日子"这样的译文看似可以,但是无中生有的增加词儿,例如"自己",没有必要;就是两处"日子"也属多余。live,更贴近汉语"活",而过日子,应该和英语的 make living 更贴近些。

参考译文:我只是一个平常的生意人。我生活,也让人生活。

◎ Fortunately he had been sitting down; these physical matters were important. / 幸运地,他正坐着休息。体力的恢复是很重要的。

点到为止：短短一个句子，没有一处翻译到位，真是要命。

像…had been sitting down 是个过去完成进行时，所以作者用了分号。

而…these physical matters…绝不是"体力的恢复"之意。

参考译文：还好，他已经坐下来了；这种稍事休息的活动很重要。

◎ It was a woman in revolt who was hobbling away from him, and the sight was too strange to leave any room for anger. / 这个顽抗的女人正一跛一跛的往前走，这幅光景太奇怪了，使他生不起气来。

点到为止：我们常说一些翻译很随意，不懂外语的人，一般说来不大容易听得懂；即使懂些外语的人，如果没有翻译方面的经验或者修养，也很难彻底明白。这个译句倒是可以作为例子，解剖一下。revolt 这个词儿，相当于英语里的反叛、起义、造反、反抗等意，但是翻译成"顽抗"显然是随意了，这是其一。其二，…hobbling away from him，翻译成了"正一跛一跛的往前走"，也显然是随意了。其三，the sight was too strange to leave any room for anger 的主语是 sight，从头到尾没有出现 he，怎么就可以翻译成"使他生不起气来"，显然是太胡来了。一个不长的英文句子，竟然在三处都随意翻译，挑出来作为典型，不过分吧？

还有，from him 和 any room 在译文里也根本没有反映，看得出译家还不仅仅是随意，简直是毫不负责的典型了。

参考译文：一个女人奋起反抗，从他身边一瘸一拐走开，此情此景闻所未闻,根本没有生气的余地。

◎ He inquired after her hand; he set her to pour the coffee and Mrs Warrington to pour out the tea. / 他吻吻她的手致意,他叫她倒咖啡,叫威灵顿夫人倒茶。

点到为止:把 inquire 这个词儿看错了,本是询问情况,却贸然倾身去吻一个女人的手,颇有耍流氓的倾向。另外,倒咖啡、倒茶与倒上咖啡、倒上茶,还是很有差别的;前一种为别人服务的可能性多,而后一种为自己张罗的可能性多。

参考译文:他询问她的手怎么样了;他吩咐她倒上咖啡,吩咐沃林顿太太倒上茶。

◎ A woman and two men—they formed the magic triangle of sex, and the male was thrilled to jealousy, in case the female was attracted by another male. / 一个女人两个男人构成一个有魔力的性关系;男人的嫉妒心因而引发,担心女人被另一个男人所吸引。

点到为止:"性关系"和"性别关系",一字之差,谬之千里!

参考译文:一个女人和两个男人——他们已经组成了性别这个魔幻的三角形,男性受到刺激,产生醋意,因为这个女性被另一个男人吸引住了。

◎ A younger woman might have resented his masterly ways, but Margaret had too firm a grip of life to make fuss. /

一个年轻一点儿的妇女也许会厌恶他这种倚老卖老的态度,但是玛格丽特对生命掌握得稳稳的,不会为此小题大做。

　　点到为止:这个译句基本没有问题,除了...his masterly ways 翻译成"他这种倚老卖老的态度"有些疑问。但是,life 这个词儿是翻译成生命还是生活,有时候确实需要动一动脑子。英语的 life 把生命和生活全都包括了,确实很可取,因为这两种东西实质上是一样的。没有生活便没有生命,没有生命便没有生活。但是,在汉语里,生命和生活在很多情况下是有区别的。比如说,"我的生活全让你毁了"的说法,要比"我的生命全让你毁了"的说法,表达程度上要轻一些,也更符合说话的习惯。在这两种表达里,第一种往往是指物质方面的,而第二种就有可能指肉体上的,诸如伤残之类。

　　具体在这个句子里,应该注意 ways 这个词儿。一般说来,这个英语词儿是指物质方面的。英国著名作家安东尼·特罗洛普有一本非常优秀的小说,名字就是 *The Way We Live Now*,相当于汉语里的《我们现在的生活方式》。

　　参考译文:一个比较年轻的女人也许会对他这种独断的方式感到生气,可是玛格丽特把握生活紧紧的,不会小题大做。

　　◎ Love, say the ascetics, reveals our shameful kinship with the beasts. Be it so; one can bear that; jealousy is the real shame. / 苦行僧说,爱欲是人与禽兽最近似之处,这点虽然可耻,但仍可以忍受。嫉妒心才是真正的羞耻。

　　点到为止:...reveals our shameful kinship with the beasts 实

在不是"爱欲是人与禽兽最近似之处"的意思啊!

参考译文:正如禁欲主义者所说,爱欲总会让我们无地自容,与动物为伍。即便是这样吧;一个人还忍受得了;醋意才是真正的羞耻。

◎ It is jealousy, not love, that connects us with the farm-yard intolerably, and calls up. Vicious of two angry cocks and a complacent hen. / 是嫉妒,而爱欲使我们仿佛见到农家庭院里的情景:两只愤怒的公鸡和一只沾沾自喜的母鸡。

点到为止:多么细致而幽默的英语,却让译家漏译、错译成了这样丑陋而可恶的译文。

参考译文:是醋意,而不是爱情,把我们与农场不可容忍地联系起来,浮想联翩:两只气势汹汹的公鸡和一只洋洋得意的母鸡的情景。

◎ Margaret hoped that for the future she would be has less cautious, not more cautious, that she had been in the past. / 玛格丽特希望,她将来不要再像过去那样凡事谨慎。

点到为止:译文简练,读起来也很通顺。搁在上下文中,也不会显得不连贯。问题是…has less cautious, not more cautious 究竟是什么意思,怎样在译文里体现。less… more… 在英语里很常用的,可以说是英语的特点现象之一。因为特别,我们理解时也格外注意,其实只是一种表达方法。只要在译文中体现出了这类表达的含义,不一定非要翻译成"少一点……多一点……"这类的拗口句子。不管怎样,这样的英语表达绝不是汉语"凡事谨慎"可以传达的;这两种语言的表达,根本就没有互换的一点点儿基础。这样的翻译,其实比黑白错误更可怕。黑白错误,只要找到错误所在,就有正确的答案。这样的错误很难发现译家的软肋究竟在哪里。

实际上,遇到这样的非常英语化的表达,正是译者发挥本民族语言特点,翻译出彩的地方。

参考译文:玛格丽特希望以后的日子少些谨慎,别动不动就设防,如同她过去的生活那样。

从这些例子可以看出来,先不提译文的错译和误译问题,仅从行文上看,都不够清楚明白。如果和"参考译文"相比较,便更容易看出来译文的缺陷。在翻译界,历来有这样的说法:三分外文,七分中文。不管这样的说法是否站得住脚,它强调母语好的倾向是非常明显的。实际上,过去许多老译者,确实是靠母语好给译文增色的。随着国际交往增多,各国文化互相渗透和对比,外语水平整体提高,人们发现不少老译本的译文不准确,原因也在这里。但是,如果对老译本实行更新,新译本在忠实原文的原则下,最大程度地呈现地道母语的精彩,仍然是首要的责任。

第九节　小结

不深究每节所分析的例子的错译和误译的程度,仅从每节所用的名字看,好像没有多少差别,实际上差别还是很大的。前四节,即"语法问题"、"似是而非"、"望文生义"和"糊弄搪塞",应该是

第九章　翻译作品中常见的错误

翻译工作中的大忌,尤其"望文生义"和"糊弄搪塞"。后三节的问题,可能因为翻译经验不多、综合修养尚待提高、母语修炼不够重视,等等。

从上述分析中,每一种错译和误译的结果都是很严重的。从小处说,它关系到能否给广大读者提供优秀的读本;从大处讲,它关系一个民族的文化积累。如果有这样的认识,以上错误都没有什么可怕的,因为有这样的认识,就是一种很正确的态度。我以为,上述错误,尽管分析起来五花八门,原因只有一个,那就是翻译态度。翻译,只要认真对待,总有一天会做得更好。反之,一辈子应名儿是做翻译,实际上是在生产垃圾。

这些例子,都是从正式出版作品里找到的,甚至是从一些所谓"名译"里找到的。找到这样糟糕的译文,乍看很可怕,也确实可怕;但是,如果从事与翻译工作有关的人,都端正态度,严肃对待翻译工作,有朝一日,这些错译和误译都有可能消灭干净;反之,这些错误,永远都在毒害我们的读者和我们的文化积累。

因此,列举并分析这些错译和误译,首先是和愿意对翻译进行探讨的同仁和读者进行交流,其次是希望这样的错译和误译渐渐地从我们的译本里消失。就我自己的目光看,"糊弄搪塞"是最糟糕的现象,也是很多自以为翻译了一些作品的译者,经常犯的毛病。

第十章 文字翻译的沉淀

第一节 小引

　　一个人一辈子要做什么,能做什么,其实是很被动的。我想,我们常说上帝的安排,就是这个意思吧。

　　大学毕业,我被分配到了一个编译室时,还不清楚我这辈子要做什么,能做什么。让我做翻译,我就糊里糊涂地做起来了。刚出学校门儿就让我翻译《光荣与梦想》的一章,力不能及,早有预料,但是没有想到那么吃力,一遍又一遍地查字典,翻译出来的东西怎么看都别扭,怎么看都不像原文的意思。速度极慢,一天翻译不了几行字。这倒没有关系,没有人要求速度,没有具体数量。但是,没有过多久,我撑不住了:如果我自以为翻译出了十几页文字,校订的人却发现根本牛头不对马嘴,这可怎么办?我始终对糊里糊涂做事情的人很佩服。我做事情如果始终糊涂,迟早会发疯的。我天生做事爱较真,性格使然。记得月工资还是三十九块钱时,两块钱买了一个青花瓷茶杯,洗净沏茶,盖盖时丁零碰了一下杯沿儿,碰出来一个小豁口。许多人可以多年使用一个豁口茶杯,我不行,越看越别扭,就暗自打赌:从桌子上拿起来的高度松手,摔碎拉倒;摔不碎,接着用。当然摔碎了,又不是塑料做的。当下,又跑到

第十章 文字翻译的沉淀

楼下的杂货店,花两块钱又买了一个。先后十几分钟,里外花去了四块钱,我工资的十分之一强,但是宁愿省吃俭用,也不用豁口杯子,尽管豁口很小,很小。

我这个人有点儿不耻下问的劲头,只要对方不嫌我。有人对一个词儿不懂或者有疑问,喜欢张口就问人。我不喜欢。学英语,一定要不厌其烦地查字典。这是我的原则。再说,我的问题也不是单词的问题,而是单词好像明白了,放在句子中间,翻译出来,就不敢肯定对不对,准确不准确。于是,我开始向老同事们请教。一开始翻译,感觉最难的是有些词儿,查多少遍字典也翻译不出你放心(更别说满意)的译文。既然是句子翻译出来没把握,我就以句子为单位向他们请教。拿上整页纸向他们请教,有点吓人,于是我就把句子抄下来向他们请教。这样看上去问题不多,也是一种尊重。但是,有趣的是,他们多数都要看上下句子。我很高兴,因为多请教一些内容,等于多学一些东西。我就把上下句子也抄了去请教。但是,个别老同事,还会要了原文,自己看过之后,往往会再多抄写几句。这可能和他们帮我解难去惑的方法有关系。我希望当面讲解给我听,并对我的理解说说是非。这样一来,我自己心下就有数了。但是,他们大都是把抄下来的句子,用另一张纸条,翻译成汉语,交给我。有的老同事,还拿回家里去,第二天给我译文。这下更让我犯难:我是一字不差地照抄呢,还是根据他们翻译的意思,自己再修改一下译文?两种情况我都做不到。我觉得自己翻译得不好,对他们的译文,自然也不大能够区别高下。自己根据他们的译文,再翻译成自己喜欢的译文,更没有那个能力。

本章以单个例句比较为主,主要借助例子,回想当初渐渐进入翻译角色的过程。其中,关键的人物,起到了关键的作用。

五十岁点评,顾名思义,是以现在我年过五十的眼光来审视例子,简单地指出译文的高低,与当时对原文的感受,当然不是一回事儿,只能作为一种参考。另外,当时我请教的老同事,绝大部分也都五十开外了(如今,这些老先生大都已离我而去了)。就我的体验而言,翻译这门功课,五十岁以后做来,更像成年人的作业。不管作业多难,依靠自己的经验,大体上都做得来;做作业的体会,又很希望当作经验告诉别人。

第二节　判断译文是非曲直并不容易

下面这样一个英文句子,现在看来,好像小葱拌豆腐,一清二白。一共两个句子,前一个简单些,后一个复杂一点。它们都只用了一个动词,前一个有个定语从句,后一个用一个介词 with,把更多的内容连接起来。当时,一个句子摆在面前,这样来分析句子是办不到的,因此,如果我向一个老同事请教了下面这样一个句子,当我得到如下几种译文时,要做出正确判断,是很痛苦的。

◎ The somewhat dim coal fire has an essential influence in producing the effect which I would describe. It throws its unobtrusive tinge throughout the room, with a faint ruddiness upon the walls and ceiling, and a reflected gleam from the polish of the furniture.

第十章 文字翻译的沉淀

> 不知何故有些发暗的煤火,在形成我要描述的效果中,具有根本性的影响。那煤火射出无孔不入的光芒,照遍全室,为墙壁和顶棚涂上一层暗淡的红晕,从铓亮的家具上映出辉光。

感觉得出,译文比我理解和翻译的都高明,但是其中许多文字是不是就是原文的意思,我肯定看不出来。全盘接受不行;挑出来一些中意的写在自己的译文里,也不行。比如,"无孔不入"这样的译文,我就不知道和原文哪里能对照上。再比如,"从铓亮的家具上映出辉光",我也看不出来人家是怎么从相应的英语翻译出这样的文字的;甚至在"发暗的煤火"的前提下,怎么能看得见"铓亮的家具",仅从中文上我都读不通。还有,…the polish of furniture 可以翻译成"铓亮的家具"吗?

没把握判断,只好请教另一个老同事,于是得到了另一段译文:

> 这幽暗的炉火对产生我要描述的效果具有重大的影响。它给整个屋子蒙上了一层不太显眼的颜色,四壁和天花板呈一种淡淡的红色,家具的油漆则反射出微弱的闪光。

这下新问题来了:两种译文很不一样,可是有什么根本区别,我看不出来多少,也不敢肯定哪个对哪个不对。还比如最后一句话,…the polish of furniture,可以翻译成"家具的油漆"吗?

于是,请教第三个人,得到了第三种译文:

若隐若现的炭火具有不可或缺的影响,产生了我描写场景的效果。它把平淡的光亮映照在屋子各处,墙壁和天花板上可见淡淡的红色,在家具的光亮上折射出粼粼碎光。

这下,我变得更混乱。因为,三种译文很不一样,我是能看出来的,但是高下不敢妄论,因为他们都是老同事,都年过半百了,都有过辉煌的过去。老同事,终归有一种看不见的权威性。但是,既然不一样,哪种好,肯定是存在的。他们一辈子做翻译,做编辑,我一个没有工作经验的年轻人,对他们的译文断然结论,区别高下,是不可能的。就是内心深处有点倾向性,也不便乱说。何况,我当时确实没有倾向性。

五十岁点评:第一种译文"那煤火射出无孔不入的光芒,照遍全室",读来觉得别扭,自然因为煤火的亮光是很有限的,难称"光芒",更难"无孔不入",因为 unobtrusive 翻译成"无孔不入",显然是错误的。汉语的词汇使用不准确,反映在翻译文字里,似是而非,危害很大。精确地掌握自己的母语,表达准确,是翻译必须过的一道关。

第二种译文,polish 不应该翻译成"油漆",因为家具使用旧了,只要爱惜,同样可以有光泽,而光泽是不可以和"油漆"等同起来的。翻译中的用词,不可想当然。

第三种译文,中规中矩,应属上乘译文。

看到老同事如此认真,都要把译文写在纸上,我觉得不便麻烦一个人,就轮流找他们请教。在这点上,我是很运气的。身边的老同事,搞英语的十几个,光商务印书馆来的就十多个;人文社三四

第十章 文字翻译的沉淀

个;人民社两三个;音乐社两三个。名气最大的当属萧乾先生;绿原先生因为沉重的历史,也尽人皆知;邓蜀生和于干两位先生,在上世纪四五十年代就享誉圈内;刘邦琛和沈凤威现在还留名于《英华大辞典》……当然,我心下也不够单纯:想从请教中看看老同事们的文字功夫,谁更深一些。这点是不难看出来的,因为单从书法上衡量就是一个标准。那个编译室,当时不知怎么倡议的,我们所有的年轻人各有一个老同事指导业务。考虑到反击右倾翻案风的运动正闹得欢,这样的安排,真的是很难得,很幸运。我是于干先生指导的。于干先生原来是人民社的,上世纪五十年代就是农村读物编辑室主任,生性耿直,惹恼了上级,被打成了右派。他给我指导的第一课,只是说:翻译你们现在还做不好,要我说,第一年你们能坐稳屁股就很好了。他看我的译稿,不说翻译得好坏,只是说:一辈子和文字打交道,一笔一画写字吧,别连笔。稿面清楚,就是一个标准。他请我去他家做客,只是说:家务是一件没完没了的事情。我的老母亲一直管家,我们吃惯现成的了。这些日子她病了,我们做家务,才知道不胜其烦,忙得两脚朝天,还是乱糟糟的。后来,我做工作习惯了,认识到能坐稳屁股,确实是起码条件。再后来,我成家了,才体会到家务是流水账,如同流水,一旦停了,连一口水都没处喝,别说饿死,渴都渴死了;再往后,我学会一笔一画写字,改掉了年轻时连笔写字的所谓潦草潇洒劲儿。所以,传授知识,不仅仅是告诉你哪个句子怎么翻译,是个配套工程呢。

  于干先生的钢笔字极好,真正蝇头小楷,一笔一画,六百格的大稿纸,抄写得工工整整,开始的字和收尾的字,笔迹丝毫不变,真令我垂涎。我凡有问题都请教他,但是他也一笔一画地给我写条子，我真的不忍心只请教他一个人，耽误他的时间。好在，大家见我喜欢请教，好像达成了默契，只要我一走向谁，就照例把我的条子收下，当天或者第二天，给我一个写了译文的条子。从此，我不请教则已，请教呢，就写个长段落，也算请教一回。多长算长段落？一般说来，英文书里五六行的样子，抄写在长条纸上，四五行，显得不多也不少。比如下面这个例子，就和我当时抄写比较长的段落差不多。

◎ It might be true, indeed, that this was a life which could not, with impunity, be lived too long; else, it might make me permanently other than I had been, without transforming me into any shape which it would be worth my while to take. But I never considered it as other than a transitory life. There was always a prophetic instinct, a low whisper in my ear, that, within no long period, and whenever a new change of custom should be essential to my good, a change would come.

照例得到一种译文。

确实，这样的生活是不可能泰然地长久持续下去的；否则，很可能无需我改变外形——那倒是值得我花费时间去做的，我就会永非故我了。然而我从来认为这仅只是权宜的生活。一种语言的本能始终在我耳畔低语：在不长的时期

第十章 文字翻译的沉淀

内,只要海关的新变动于我大有裨益之时,我的生活就要改变了。

换一个人,照例得到第二种译文。

的确,这样一种生活不可能平平白白过得太久;要不然,它会使我永远不同于过去的我,而没有把我改变成我值得采取的样子。但是,我决不认为这不过是一种转瞬即逝的生活。有一种预知的本能总是在我耳边低语,说不要太久就会发生变化;还说新的生活习惯的变化一定会对我大有好处。

再换一个人,照例得到第三种译文。

确实,一点儿没错,这样一种生活,不可能处之泰然地一直过下去;要不然,用不着把我改造成任何值得我花工夫转变的样子,这种生活就会把我永远弄得面目全非了。但是,我从来没有认为这只是一种暂时的生活。我耳边总有一种语言的本能,一种低声的悄语,那就是,在不长的时间里,只要习惯的新改变对我真有好处,变化是一定要到来的。

照例,我还是区分不清楚译文的高下。对其中不少地方,翻译成特定的文字,到底对不对,哪些精当,哪些含糊,哪些差劲,我都不能肯定。所以,我如今看见年轻人,开口闭口评论谁的译文高下,我是很羡慕的。我不行,区别译文高下是阶段性的,二十多岁时二十多岁的标准,三十多岁时三十多岁的标准,一直到了四十岁左右,才能比较有把握地区别译文的高下了。

五十岁点评:前两种译文都没有大问题,但是只是在一个词儿上出了错误,就成了黑白性质的了。这个词儿就是 a new change of custom 的 custom,一般情况下,都是习惯、风俗、惯例等意;如果当海关、关税讲,要么第一个字母大写,要么复数形式,要么至少前边应该加一个冠词,a 或 the。还有,第一、二种译文,把 a prophetic instinct, a low whisper in my ear,两个同位成分,合在一起,分别翻译成"一种语言的本能始终在我耳畔低语"和"有一种预知的本能总是在我耳边低语",也不很严谨,严格说来也是错误的。

第三种文字,不仅文从字顺,译文还遵循了原句序,读起来很有层次感,算得上较好的译文了。

第三节 核心词

京剧演出时大角儿总是在最后亮相,成为压轴戏或者压场戏。我的请教活动,一直到了很晚的时候,才请教到了绿原先生。他看了我写的条子,没有写条子,只问:问题在哪里呢?我说不上来,只说就是翻译出来不相信自己的译文。他笑了笑,说:实践不够,经验不多,这样感觉是对的。我是这样理解的,你看对不对啊。他如此这般地说了,可是对不对,我还没有那个本事下结论,但是他的讲解环环相套,词与词之间,句与句之间,都说得很清楚,我第一次听人这样讲,一下子听明白很多东西。

解决了问题,他问我是哪里毕业的,学了几年英语了,然后忽然笑眯眯地问我：你能把 small 和 little 的区别说一说吗？我大惊：三四年中我最熟悉的两个单词，它们有什么区别，我竟然一点儿概念都没有！我老实地说：我真的不知道。他马上说：没关系，没关系，慢慢来。你喜欢请教就好。大学毕业，确实是上了一道坡，很多人以为坡顶上是平路了，就走起平路来。有些人还要爬坡，多爬一截儿，肯定就比别人高一点。学习就是这样的。

听绿原先生的话音，他观察我的请教活动很久了，他的话呢，也就让我刮目相看了。后来，我们一起分到了我所在的出版社，曾经在一个办公室待了两三年，跟他一块儿读完了马克·吐温的《败坏哈德莱堡的人》，还读了德莱赛的部分作品，获益匪浅。这，我在别处提及过，这里就不多说了。

几乎是最后阶段，我才请教到了黄爱先生。因为他在清华大学住，每天往返，路上时间很长，来得晚一点，走得早一点，我实在不忍心打扰他，占用他的时间。最后下决心向他请教，还是因为他太有趣太有个性了。我看见他，是一九七五年十一月一次见面会上，当时我对他的产生印象，是因为领导点名让他说几句。他的相貌也很有特点，尤其脸上的纹路较深，脑门儿上的一绺头发有时会往下垂一点点。后来熟悉了，他总爱笑着对大家说：有人说我演希特勒不用化妆。不过，这不是我决心向他请教一次的原因。那时候，物质奇缺，样样东西都要票。好烟一直是紧缺物质。他只吸大前门牌香烟，吸烟历史已经几十年了。到了年底，有一天，他对全办公室的人说：如果新年没有好烟供应，我就不吸烟了。当场就有人和他打赌，说不吸怎样，吸又怎样。说来该他戒烟，年年过新年都有好烟供应，偏那年彻底断供了。于是，黄爱先生果然戒烟了。

有人逗引他,给他好烟,他说:吸就吸,一根烟都顶不住,那还算戒烟?他当众把烟吸完,照常戒烟。我上大学之前,是个小烟鬼;上大学于我是一次是新生,决心把烟戒了,不过别人吸烟带来的那种诱惑,一直持续了七八年。我是一个对别人的细节特别看重的人。于是,找了个比较合适的时间,我向黄爱先生请教了一个纸条的英文。

"哪个词不懂?"他看过英文,问。我无语,因为我一直以句子为单位向人请教的,这下又回到了单词上,有点发憷。他见我没有接话,便接着说:我认为,一段话里某个词儿应该是主要的,在一定范围之内,别的词句都是围绕它表达的,比如……

当时我请教的那段文字,自然记不清楚了,那个纸条也没有留下来。下面列举一个例子,说说黄爱先生是怎么教我弄懂一段英文的。

◎ This faith, more than anything else, steals the pith and availability out of whatever enterprise he may dream of undertaking. Why should he toil and moil, and be at so much trouble to pick himself up out of the mud, when, in a little while hence, the strong arm of his Uncle will raise and support him?

毫无疑问,当时,这段话里我有多个生词。英语有一个怪现象,那就是,即便一个词看起来并不生疏,但是放在不同的语境里,就和一个生单词差不多。只要有疑惑,一定要多查字典,而且要查

第十章 文字翻译的沉淀

到位。一旦大意,望文生义,十之有九会出错误。我请教之前,字典是一定要好好查的,但是像 availability 这样动词名词化的词,翻译成汉语颇费周折;像 pith, mud, the strong arm 这类本来很实在的词,在原文里形象手法的使用,都让刚刚从事翻译的人,感到为难。我把我认为难办的词儿说了,他想了想说:我看还是要把 he 这个词和每个有关系的词儿放在一起,翻来覆去掂量一下。这两个句子里的其他成分,不管是名词、动词、形容词和介词,都是围绕着 he 使用的。凡是 he 能有的行为和心理活动,你能用中文想出来,翻译过来,大概不会有什么大错误的。一开始,翻译的文字笨一点没有关系,关键先把话说得准确一些,绝不能马虎从事。你可以说说这段话什么意思吗?

如果我说出了如下意思:

> 这种胜过一切的寄托成了他事业心的精髓,使他拒不考虑从事任何其他事情的可能性。既然过不多久,他的山姆大叔的强有力的手臂即将提携和支持他,他又何必胼手胝足、历尽艰辛从泥泞中向外挣扎呢?

他会说:"胜过一切"怎么会有?"拒不考虑"怎么会有?toil and moil 怎么能是"胼手胝足"呢?这样的翻译用词行吗?……一连串问题下来,我就全线溃败了。

如果我有另一种说法:

> 正是这种信念,远甚于别的一切,窃走了他梦寐以求要从

事的事业的精髓和有用的部分。他为什么要辛勤劳动,不辞艰难把自己从泥沼中拔出来?实际上过不了多久,山姆大叔的坚强手臂会把他拉出泥沼并赡养他。

他又会说:"窃走了"合适吗?这里可是第三人称的现在时啊。"把自己从泥沼中拔出来"怎么个"拔"法啊?"拉出泥沼并赡养他"翻译的有问题,raise and support 是这个意思吗?

如果我再说了这样的文字:

这种信念,高于别的一切,不管他可能梦想什么事业,都会窃取其中的精髓和好东西。为什么他要吃尽苦头,费尽周折,把自己从泥淖中拉扯出来呢?看吧,过不了多久,山姆大叔的巨臂就会伸过来拉他一把的。

他会说:这次好得多。翻译,翻译,总是在另一种文字的内容上进行的。要学会紧跟原文走,别自作主张,变动原文的逻辑和顺序。要相信作者的写作能力,译者处理译文时重组原文,一定是迫不得已,但仍有内在的联系。中文的遣词造句,也要尽量简洁明了,能不用生僻的词儿,就不用。比如,"泥淖"这个词儿,如果为多数读者考虑,还是不用为好。自以为有个性的词儿,最好在特别的地方体现,比如特别人物的对话、特别的信文、特别的引文等。通顺的文字,就是好文字。

五十岁点评:译文一把 This faith, more than anything else, steals the pith and availability out of whatever enterprise he may dream of undertaking 这样并不太难的英文句子翻译成"这种胜过一切的寄托成了他事业心的精髓,使他拒不考虑从事任何其他事情的可能性",简直匪夷所思。原文里 faith, steals the pith and availability, dream 等元素一概没有翻译出来,而译句中"寄托"、"拒不考虑"、"可能性"等元素又都是凭空捏造!这样的翻译,简直说不清楚是译家的英语、汉语都很差,还是脑力有限,但凡能对付出来一个译句就觉得差不多了,这是不行的。第二个句子中,toil and moil 译为"胼手胝足"完全是一种蒙骗读者的翻译,这类译家就是喜欢用一些成语把原文中精细的东西抹煞掉,很不可取;raise and support 译为"提携和支持",字面上看似相差不多,实际上相差很多,丝毫没有照顾到原文中的遣词造句。

译文二中,"… dream of undertaking"译为"梦寐以求要从事的……",怎么念都是不通的。看似紧扣原文,其实距离原文远了。再有,…raise and support 译为"拉出泥沼并赡养他",有些莫名其妙,仅从汉语上讲,"坚强手臂"也是无法"赡养"一个人的。作者是一种形象说法,那就要尽量使用汉语的形象的表达才是。

第四节　关键是语法

我记得,黄爱先生第一次给我讲过后,我消化了几天,觉得很有收获。我忽然明白过来,这原本就是我请教老同事的本意;只是看他们给我翻译的条子多了,我就习以为常了。看来,偷懒的习惯是很容易养成的。既然他的讲解我第一次听,就觉得很有收获,不妨再多听听,看看还会有什么收获。于是,我找了一段长一些的英

文,再次向他请教。比如下面这段英文:

◎ My imagination was a tarnished mirror. It would not reflect, or only with miserable dimness the figures with which I did my best to people it. The characters of the narrative would not be warmed and rendered malleable by any heat that I could kindle at my intellectual forge. They would take neither the glow of passion nor the tenderness of sentiment, but retained all the rigidity of deal corpses, and stared me in the face with a fixed and ghastly grin of contemptuous defiance.

我记得,第二次是把我和我的同学翻译的三种译文都给他看的。当然,那些译文段落没有保留下来。以下只是列举三种译文加以阐述:

一、

我的想象力是一面失去光泽的镜子,对我苦心孤诣充塞其中的人物,不肯映出或者只照出模糊得令人难过的形象。无论在我智慧的锻造间如何加热,故事中的那些人物既不温暖也不柔顺。他们既没有激情的光焰,也没有感伤的脆弱,始终全是僵尸,只是面带轻蔑挑衅的狞笑,死死盯着我的面孔。

二、

我的想象力成了一面失去光泽的镜子。它映照不出,或者只能模模糊糊地照出我竭力要写在故事里的那些身影。我思想熔炉里燃起的火焰无法加热与锻冶故事里的人物。他们既没有炽烈的激情,也没有温柔的情感,他们像一具具生硬的僵尸,带着蔑视一切的狰狞冷笑直勾勾地盯着我看。

三、

我的想象力成了一面失去光泽的镜子。它失去了映照效果,或者只有可怜的模糊映照作用,我尽心尽意放进去的人物怎么也折射不出来。我在我的智慧熔炉里燃烧出来的热量,怎么也不能把叙述中的人物加热了,锻打成型。他们既没有激情的烈焰,也没有感情的温馨,依然保持了那种僵尸般的生硬,盯着我的脸不放,露出一种死板的狰狞的干笑,分明是在挑衅。

他看过后,会说:前两种译文都不行,仅从翻译句子上比较,又数第一种译文不精确。The characters of the narrative would not be warmed and rendered malleable by any heat that I could kindle at my intellectual forge,翻译成"无论在我智慧的锻造间如何加热,故事中的那些人物既不温暖也不柔顺。"简直说不清楚到底弄懂了原文没有。仔细阅读原文,立即会发现译文上的逻辑上的混乱,读起来让人不知所云。第二种译文读起来顺当一些,首先是因为译文没有打乱原文句序,紧跟了原文的意思。欠缺在于用词不精,而且最后一句漏了 in the face,译风不够严谨。

第三种译文,问题不多,但是语法问题还是有的。译文的关键词,mirror,抓住了,看出来译文都在回应这个词儿。但是,译文对 would 这个词儿注意不够。would 出现了三次,一定有其用意。一般情况下都有虚拟的作用,would 在句子里多指可能发生的情况,而少指真正发生的情况。这很重要,如果不注意它,有时候还会把内容翻错。这里一共四句话,第一句是叙述,第二第三都是虚拟,第四句虚拟了半句,后半句里的两个动词都又成了叙述。中文这样细致的语法现象是没有的,如果注意了原文的语法现象,在译文里尽量体现,效果还是很不一样的。更重要的是,养成了注意语法作用的习惯,翻译会进行得越来越顺利。

他区别译文的灵敏、对单词词义的掌握、分析句子成分的快捷,尤其是对语法的熟练,让我大开眼界。这和我上学时接受的内容不一样,和别的老同事教授我的翻译方法截然不同。于是,我们四个学英语的,刚巧都是从南开大学毕业的同学,觉得能请黄爱先生教我们深造英语,是难得的机会。我们就找领导,说想请黄爱先生给我们讲英语。谁知领导说,黄爱先生已经表示过,只要年轻人愿意学,他愿意给我们上课。不管是缘分,还是巧合,我们一拍即合,立即行动起来。他给我们找来四五篇小品文,我们用复写纸在英文打字机上打出来四份,四个人各持一份,我们就跟黄爱先生学起英语来。为了文章的多样化,除了杂文,我们还读了《鲁滨孙漂流记》的片断,两篇科普文章,一共十一篇文章。

我们按照我们初次见面时领导教给我们相互的称谓,我们叫他老黄,而不叫老师,他则叫我们小这小那的。我们这样的称呼,一直延续下来,非常亲切。

老黄要求我们务必多念,为了保证熟练,我们十天学习一篇文章,几乎搞得烂熟才进行下一篇。谁要是偷懒,一开口念英语,他

第十章 文字翻译的沉淀

就能听出来。念准念熟了,每人一段讲解,并用中文说出意思,由他指点误解、错解和是非曲直。我们都是成年人,看到领导不计误工,老同事热心执教,深知这样的机会不可多得,所以都很自觉。每个星期二和星期五上午,老黄给我们上课,成了整个版本图书馆的一景,引得别的语种也纷纷效仿。

我们四个人上老黄的课,每个人轮着朗读并讲解。我们为了说得更有条理,往往把原文翻译在一张纸上,在讲解中念出来。老黄似乎不反对我们这样做。在课下做准备工作,总是一种认真的学习态度,对老师也是一种尊重。有时候,我们实在表达不清楚,请老黄说,他会很听话地翻译出来给我们听。以下用几个例子,演示一下老黄是怎样指导我们学习英语的。

◎ Even yet, though my thoughts were ultimately much absorbed in the task, it wear, to my eye, a stern and somber aspect; too much ungladdened by genial sunshine; to little relieved by the tender and familiar influences which soften almost every scene of nature and real life, and, undoubtedly, should soften every picture of them.

讲解一:即使我的思绪最终几乎全神贯注到这一任务上,但在我看来,由于被和暖的阳光反衬得过于令人不快,却对柔和了几乎所有的自然景象和现实生活、并且无疑会柔和其每一幅画面的温情和亲切的影响展现得过少,这故事总有一种严峻的昏暗的外观。

讲解二:然而,尽管我全神贯注、全力以赴来写作,但故事在我看来显得太严峻,太阴沉;和煦的阳光难以使它变得高兴些,温柔亲切的影响也难以使它轻松一些。通常这些影响使几乎每一个自然景色和实际生活场景柔和和温存,无疑也应该使故事中的每一个画面变得柔和温存些。

老黄的点拨:分号在英语中,是把文字表达的意思分出层次,或者前后分开。一般说来,有了分号,文字看起来、念起来会更清楚。所以,译者一般说来不会把句序打乱。第一种讲解把两个分号的内容全都当作条件句来翻译,这是不行的。哪怕这是一个人的一种翻译手段,翻译出来的句子也必须更清楚,更易懂。可是,"和暖的阳光反衬得过于令人不快"是什么意思?"柔和了几乎所有的自然景象和现实生活、并且无疑会柔和其每一幅画面的温情和亲切的影响展现得过少"这样扯长拉不断的一个句子又是什么意思?"柔和"能当作动词使用吗?权当它能当作动词使用,它的宾语又是什么?我们连汉语都读不懂,还能指望你把英文清清楚楚地翻译过来吗?你可以认真对照一下,充分利用你的英语水平,哪些地方可以大概地、笼统地对照上呢?如果你能读懂这样的译文,你的阅读一定是囫囵吞枣的。

比较起来,第二种讲解得还算合理,听起来能得到一些信息。因为原句很长,译家把句子断开的地方,也比较有道理。细究起来,…though my thoughts were ultimately much absorbed in the task 翻译成"尽管我全神贯注、全力以赴来写作"有问题,因为即便 my thoughts 可以翻译成"全神",而"全力以赴"这样的添加内容,就是极不严谨的了。"太严峻,太阴沉"中的"太"字是原文中根本没有的。中文的"太"好像可以随便使用,而英语里的 too 却不能随便使用;too 表达的意思,基本上是相反的方面。从"和煦的阳光……"以后,译文较前严谨了一些,但是"使它变得高兴些"这样的句子是不大通的,因为"它"如果指"故事",那么故事是不会"高兴"的。更何况,原文是 ungladdened,而不是 gladdened,完全弄反了。另外,…of them 这个复数形式,也没有照顾到,因此也给译文造成了疑问。

老黄的指导:话说回来,尽管我的思想完全专注于这个差事,可在我看来,写出来的东西仍有一种严峻而阴郁的色彩;和煦的阳光下滋长了过多的不快情绪;各种温柔的熟悉的影响,把大自然和真实生活的几乎所有感觉都软化了,而且,无疑还会软化它们的每种画面,因此揭示的东西就太少了。

◎ He might truly be termed a legitimate son of revenue system, dyed in the wool, or, rather, born in the purple; since his sire, a Revolutionary colonel, and formerly collector of the port, had created an office for him, and appointed him to fill it, at a period of the early ages which few living men can now remember.

讲解一:他完全称得起是税收机制的地道的正统子嗣;彻头彻尾或者更确切地说天造地设的税务官;早在如今在世的人所无法记起的年代,他那位革命时期的上校和本港当年收税官的父亲,就为他创建了一间办公室并指定他在其中任职。

讲解二：他真正可以称为税务制度的婚生子，地地道道或者还不如说名门正配的婚生子。他的父亲是革命战争时期的一位上校、原先港口的税收官，他给他创设了一个官职，派他充任，当时他年纪很轻，现在还活着的人都已记不得具体的年代了。

老黄的点拨：这是一个基本上一"逗"到底的大长英语句子，只有一个分号，分号在英语里仅比逗号高一点点，典型的十八九世纪的文风。译者处理这样的句子，一般来说都需要费些力气。第一种讲解把…created an office…说成了"创建了一间办公室"，算得上贻笑大方。总的看来，你们两种讲解都是常见的译文。把原来的句子成分打乱重组译句，一般说来，都是你们对原文理解上不透彻、不彻底的表现，因此翻译出来的东西，总有这样那样的毛病。

不过，这里要说几句的是两个英语短语怎么处理：dyed in the wool 和 born in the purple。毫无疑问，这是很有文化背景的两个短语。在古代，物质极端缺乏，wool 作为穿衣保暖的材料，自然十分宝贵，而把羊毛染成颜色，高升一档，本来不易，偏偏紫色是最难染的，所以珍贵。因此，在字典中，这两个英语短语，大体相当于汉语"珍贵"、"高贵"等意。前一种译文用"彻头彻尾"、"天造地设"，后一种译文用了"地地道道"、"名门正配"，这是各自的理解，其中的差异，挺有意思。想一想，同样的英文，你们能用这样截然不同的汉语成语翻译，有些难以相信。实际上，在中国的古代和现代，羊毛和紫色，都很有褒义。译者照原文翻译，加一个注解，逐渐为汉语读者接受，我以为，更可取。

老黄的指导：他完全称得上税收系统的嫡系儿子，在羊毛里浸染，或者更确切地说，在紫色中出生；因为他的先人，一位革命时期的上校，这个海港的前稽查官，已经为他专门谋下了一个职位，然后任命他填补这个空缺，那是多少年前的事儿了，如今活着的人很难有谁还记得。

◎ Meanwhile the press had taken up my affair, and kept me, for a week or two, careering through the public prints, in my decapitated state, like Irving's Headless Horseman; ghastly and grim, and longing to be buried, as a politically dead man ought. So much for my figurative self. The real human being, all this time with his head safely on his shoulders, had brought himself to the comfortable conclusion that everything was for the best; and, making an investment in ink, paper, and steelpens, had opened his long-disused writing desk, and was again a literary man.

讲解一：与此同时，新闻界抓住了我这件事，使我在一两个星期之内屡屡见报，令我陷入绝境，如同欧文的无头骑士一般；直叫我哭笑不得，巴不得像政治僵尸应得的下场那样被埋葬掉。关于我的自我比喻就不赘述了。那个真人，肩上可始终长着头颅，已经为自己得出了自我安慰的结论：一切事情都有好的一面；于是便对墨水、纸张和钢笔进行了投资，打开我长期弃置未用的记事本，重新当上了作家。

讲解二：同时，有人报道了我的事，使我有一两个星期没头没脑地在各种报刊上横冲直撞，就像华盛顿·欧文《睡谷传奇》里的那个无头的骑士，阴森可怕，渴望像一具政治僵尸一样给埋葬起来。这就是比喻里的我。而那个真实的我在这个时期肩膀上一直安安稳稳扛着脑袋，给自己找到了一个舒舒服服的归宿，一切事情终归有了好结果；我花钱购置了笔墨纸张，重新起用我那张搁置多年不用的写字桌，又当起文人来了。

老黄的点拨：... ghastly and grim，讲解一翻译成了"直叫我哭笑不得"，莫名其妙，毫无可取之处，因为前边已经有了"无头骑士一般"的比喻，人头都落地了，还怎么"哭笑不得"？你们不能只管图翻译中的一时表达，不顾及前后，搞得译文破绽百出。... making an investment，照字面意思，是"进行了投资"，但是，下文分明是说案头的纸笔之类，用大词表达，没有任何意义。另外，... literary man，也绝不可以翻译成"作家"。

讲解二把 ... like Irving's Headless Horseman; ghastly and grim, and longing to be buried, as a politically dead man ought 合并起来，翻译成了"就像华盛顿·欧文《睡谷传奇》里的那个无头的骑士，阴森可怕，渴望像一具政治僵尸一样给埋葬起来"，一些情况下，这样的处理可以采取，但是把典故出处的篇名添加进来，又把作者的名字添加全了，是绝不可取的。这里可以用注释处理，但是不能随意多出一个篇名或书名，因为原文里没有的，译者随意添加，这是个不好掌握的标准。

第十章 文字翻译的沉淀

老黄的指导:与此同时,新闻界抓住了我的事端,而且一两个星期抓住不放,在我被免职的落难之际,还让我在报纸上频频出头露面,如同欧文笔下的无头骑士一般;身置鬼蜮一般,阴森森的,恨不得被活埋了,落得一个政治上死人应有的下场。拿我自己打比喻,就说这么多吧。这位真实的人呢,他的脑袋始终好好地长在他的肩膀上,已经为自己找到舒心的结论,那就是凡事都有最好的一面:花了些钱买来墨水、纸张和钢笔,收拾开长期冷落的写字台,又当起文人来。

◎ He had slain men with his own hand, for aught I know; certainly, they had fallen, like blades of grass at the sweep of the scythe before the charge to which his spirit imparted its triumphant energy; but, be that as it might, there was never in his heart so much cruelty as would have brushed the down off a butterfly's wing. I have not known the man, to whose innate kindliness I would more confidently make an appeal.

讲解一:他曾亲手杀人,亦未可知——在他那充斥着胜利能量的精神的冲锋陷阵面前,人们自然是如同扇镰横扫之下的草叶一般纷纷倒了下去;但即使如此,他心灵中绝无丝毫落井下石的残忍。我既然了解他,就会对他固有的善良充满信心地做出呼吁。

讲解二:亦未可知,他还亲手杀过人——当然,在他所向披靡的冲刺面前,他们就像在大镰刀挥舞下的草也纷纷倒下——尽管事实可能如此,但他内心决不是冷酷无情的,他甚至不忍心扯下一只蝴蝶的翅膀。我还没有遇到过另外一个人,能够这般自信地向他内在的赤诚之心呼吁。

老黄的点拨:第一种讲解中,短语 brushed down off a butterfly's wing,可以翻译成"落井下石的残忍"吗?悬了点儿。按照原文的意思翻译出来,就很好。译者可以发挥自己的才能和主动性,但不能越出原文的框定。如果恣意发挥,不受界定,翻译就会乱套。

第二种讲解,本来做得不错,但是最后一个句子翻译得乱了套,真是可惜。I 是主语,始终未变,干什么非要乱换主语呢?这样一换,换出了错误。

老黄的范文:他曾亲手砍杀过人,不过我不大知道——敌人当然纷纷倒下,如同大弯镰刀扫过,野草叶子齐刷刷躺下一般,因为他的精神散发出了所向披靡的能量,冲锋的锐气势不可挡;然而,尽管在战场上这般杀气腾腾,可他内心从来没有那么多残忍,连一只蝴蝶翅膀都不忍心信手撕下。我还没有遇见过第二个人,会像他的内在的慈悲一样,让我这般信心满怀地大声疾呼。

◎ His position is then one of the most singularly irksome, and, in every contingency, disagreeable, that a wretched mortal can possibly occupy; with seldom an alternative of good, on either hand, although what presents itself to him as the worst event may very probably be the best. But it is a strange experience, to a man of pride and sensibility, to know that his interests are within the control of individuals who neither love nor understand him, and by whom, since one or the other must needs happen, he would rather be injured than obliged. Strange, too, for one who has kept his calmness throughout the contest, to observe the bloodthirstiness that is developed in the hour of triumph, and to be conscious that he is himself among its objects!

讲解一：当时他的地位令人出奇地厌倦，所做的每一件事情都令人难以接受，一个倒霉鬼恐怕也不过如此任职了；由于颠来倒去也少有好的选择，即使可能是最好的事情，在他面前也像是最坏的了。他被一些既不爱戴又不理解他的人玩弄于股掌之上，而且，既然伤害和感激二者必居其一，他是受到他们伤害而不是得到他们感激的；对于一个又骄傲又敏感的人来说，了解这一点倒是满奇妙的体验。同样奇妙的是：一个在征战中始终泰然自若的人，居然要在凯旋之时观察嗜血行为的肆虐，何况他明知道他本人就在目标之列！

讲解二：他的位置是最为恼人的了，而且在一切情况下是一个人可能据有的职位中最不愉快的了；极少有选择的余地，虽然对他来说看起来最坏的情况说不定是最好的情况。但是，对于一个有自尊心和敏感的人来说，他感到很不自在，当他知道自己的利害关系置于一些既不爱他又不理解他的人的控制之下，他宁肯受到他们的伤害，也不愿意为他们效力。对于一个在整个过程中一直保持冷静的人来说，看到胜利的时刻那副杀气腾腾的样子，并意识到自己就在被宰的对象之列,他同样感到很不自在。

老黄的点拨:讲解一的翻译,不管你用怎样的精力和善意来阅读,都会是一头雾水,除非你用这样的态度:好歹是方块字儿拼凑出来的,权当读过了。可是,这样的阅读态度,又是最坏的。一句话,这样的译文,真能出书,就是对读者的亵渎。问题是,事情糟糕到这样的地步也还罢了,真有人拿来原文对照,你的洋相就大了,人家会发现你简直把原文糟蹋到了难以想象的地步。错误是难免的,因为除了你理解不透,还有你犯迷糊和精力不好的时候。所以,读懂原文很重要,一遍不行,就反复多次阅读,借助字典阅读,先获得大概的信息也好,因为你一旦马虎从事、瞎翻胡译,养成不良习惯就很难扳过来了。出了这样的错误,最大的教训是没有彻底弄懂原文之前,不要轻率动手翻译。

讲解二的翻译,不能算多么好的译文,但是对照讲解一,只用对照几处,就看得出两种译文的高下。这就是把两种译文放在一起的好处了。有时候,互相看看译文,比较一下,也是一种提高的方法。讲解二的问题,主要是没有细抠原文中句子与句子之间的内在联系。一些词,如 strange, bloodthirstiness 还是紧扣住原文本来的意思进行翻译为好,很想利用母语的表达,达到自以为是的效果,往往适得其反。

老黄的范文:他的位置当时让人厌烦透了,而且,就是把偶然性都算上,一个倒霉的人可能占据的那个位置都是令人不快的;无论从哪方面都看不到好的一面,尽管在他面前出现的最糟糕的事件,也许可能就是最好的。不过,对于一个自尊而理智的人来说,这是一种奇怪的经历,因为他知道自己的利益掌握在极不爱他又不理解他的个人手中,而且由于二者必居其一,他宁愿受到他们伤害,也不愿意为他们效力。奇怪的经历还在于,一个在竞争中保持平静的人,竟然看见了取胜时显露出来的那种渴望血腥的样子,而且意识到他们本人就在被喝血的对象之列!

第五节 老师的遗产

毫无疑问,以上都是我积累的例子,而不是当时的记录。但是,我所列举的内容,都和老黄的授课有关系。可以肯定,如果没有老黄当初热心而认真的教授,我这辈子的英语都是半瓶醋,别说做翻译、写专著,就是普通的编辑工作,充其量也只能应付而已。遇上了老黄,真是我们的幸运。尤其在我到了四五十岁以后,老黄的传授更能显示其珍贵、作用和力量。

到了很晚的时候,老黄才告诉我,当时教授我们英语,一些老同事很为他担心,尤其听说他给我们准备的英语读物,都是地地道道的英国小品文和原著。有人问他:"你不怕小青年说你灌输资产阶级思想吗?"这可不是耸人听闻。我后来才知道,我们十几个年轻的外语人才,和一批被原出版社剔出来的"老出版们"混合在一个单位,是有政治任务的,那就是"掺沙子"。现在的年轻人对这样的政治术语,一定很陌生。不过,想想"掺沙子"这样的东西,也够让人牙碜的。谁从食物里边吃出沙子,都会难受、讨厌、咒骂。我经常想,我们人类有时候真的是很垃圾。竟然有人发明出"掺沙子"这样的政治路线、方法并强迫国民付诸实践,还煞有介事地声称这是什么最高级的社会阶段;而我们大家,也会出于切身的利益,高高兴兴地投入实践,还人云亦云地说自己是在闹革命……真的别无他说,只能说是很垃圾的表现。

老黄是个懂政治的人,并非不知道他给我们上课有什么危险。但是,他是正人君子,坦坦荡荡。还好,碰上了我们四个来自工农家庭的青年,知道每粒粮食都必须等待一年,才能吃到口里,知道好歹。在那个荒诞不经的年代,我们和睦相处,平等相待,互相尊重,保持了终生的友谊。当然,我们年轻人是最大的受益者。

老黄的英语学习方法,是他自己发明的。他考西南联大,其他科目很平常,但是英语考了全国第二名。他是钱锺书的研究生,参加过《毛泽东选集》的汉译英工作,在我所在的出版社外文编辑室,一直是顶尖骨干,甄别和编辑了一大批英美文学的翻译著作。他的英语为这个国家做出了贡献,他知道有用,是好东西,一心一意传授给一心一意接受他的人。这种境界,令我仰望。

据说,一个口令,从排头传到排尾,比如说,排头传出来"猛虎",挨个往下传,传到了排尾,口令最好的情况变成了"梦话";糟糕的情况,口令变成"蒙糊"和"蒙骗";甚至面目全非,也是常有的。还好,我和老黄真真切切交往了整整三十三年,吃喝玩乐,谈天说地,其乐融融。尽管如此,我在本章中传达出来的关于英语学习和英汉翻译的信息,虽然得益于老黄,但是能达到"梦话"的水准,我就满意了。更接近真实的经验,我想,应该来自老黄的小女儿黄宜孟的叙述:

"我上大学不久,我爸爸说,我给你找一本原著,我来教你怎么学英语吧。经过挑选,他给我选了一本狄更斯的《奥利弗·退斯特》(一译《雾都孤儿》),每天让我读三至五页,每个句子都从语法分析,具体到每个词的作用和用法,熟读如流;文中的生词,记在卡片上,三五天小复习,十几天大复习。我啃过这本书,接着啃《简·爱》,那就容易多了,差不多是寓读于乐了。"

难怪,黄宜孟现在是华盛顿世界银行总部的高级职员。

当然,老黄的直接真经,是他的十几本译著和一本专著——《文学翻译探索》。这本书是一九四九年以来,第一本探讨文学翻译的经典性专著,凡是读过这本书的人,都在发问:谁是黄雨石?黄雨石就是黄爱,老黄的笔名,他的所有译著,都署了这个名字。

第六节 小结

二〇〇八年十月二十九日二十一点五十八分,老黄驾鹤西去,享年八十九岁。他和该死的帕金森顽症对抗了整整十六年,多么坚强的人!每次见到他,我都奇怪地感觉到,他的英语也在和他共患难,因为我当初和老黄相处,见他经常从领导那里接受任务,领了一本原版书回家阅读,而后写出报告,供领导定夺能否翻译过来。老黄是一个非常利落的人,上下班很少背什么包。所以,我经常看见他腋下夹一本原版书回家,过些日子便夹回来,书里掖了他的读书报告。那时候,我看英文,生词像蚂蚁,看一页书都需要半上午;看一本书,没有一年半载,怕是啃不下来的。老黄腋下夹一本书,轻来轻去的样子,令我羡慕不已。我总暗自盘算,我什么时候能轻松地阅读一本原版书呢？

老黄那种胸有成竹的身影，至今仍然深深地印在我的脑子里。他的身影和行为是他留给我的遗产。